治理与多元化社会规范研究

武 婧 著

中国海洋大学出版社

·青岛·

图书在版编目(CIP)数据

治理与多元化社会规范研究／武婧著．-- 青岛：
中国海洋大学出版社，2024.12． -- ISBN 978-7-5670
-4035-9

Ⅰ.C916

中国国家版本馆 CIP 数据核字第 2024FB3019 号

治理与多元化社会规范研究

ZHILI YU DUOYUANHUA SHEHUI GUIFAN YANJIU

出版发行	中国海洋大学出版社	
社　　址	青岛市香港东路 23 号	**邮政编码**　266071
出 版 人	刘文菁	
网　　址	http://pub.ouc.edu.cn	
订购电话	0532-82032573（传真）	
责任编辑	付绍瑜　刘怡婕	**电　　话**　0532-85902533
印　　制	日照日报印务中心	
版　　次	2024 年 12 月第 1 版	
印　　次	2024 年 12 月第 1 次印刷	
成品尺寸	170 mm×230 mm	
印　　张	12	
字　　数	210 千	
印　　数	1—1 000	
定　　价	59.00 元	

引　言 ▶

　　改革开放已 **40** 余载,中国社会各个层面发生了质的飞跃。从政治层面看,社会主义民主政治的独特优势逐渐显现,可以更为广泛与充分地调动不同主体参与民主政治的积极性,中国共产党领导人民实现了全过程人民民主;法治建设不断深化,将全面依法治国作为"四个全面"战略布局的一方面去把握,充分发挥法治在国家治理体系和治理能力现代化中的积极作用。从经济层面看,我国经济取得了巨大成就,经济总量稳居世界第二;相较于前,经济结构得以优化,可持续性与协调性大大增强,已由高速增长阶段转向高质量发展阶段。从文化层面看,新时期,我党高度重视精神文明建设,全党及各族人民文化自信明显增强。习近平文化思想为新时代新征程继续推动文化繁荣、建设文化强国、建设中华民族现代文明提供了强大的思想武器和科学行动指南。从社会发展层面看,人民生活不断改善,幸福指数不断攀升,实现了从温饱到小康的历史性跨越。总体而言,我国正坚定不移以中国式现代化全面推进中华民族伟大复兴。这些无疑得益于中国共产党的正确决策以及全体人民的共同努力,也得益于我国社会治理模式的转变。

　　我国曾经在很长一段时期内奉行国家与社会一元化的理念,其直接表现就是公共权力集中于国家这一单一主体,由国家对社会各层面实行全面、直接的管理,一定程度上促进了经济快速发展、推进决策高效率执行。但也致使社会自我调节、自我治理的空间被不断压缩,产生了社会活力不足、创造力弱等问题。为增强社会活力,调动社会积极因素参与社会治理,我国一直进行积极的探索。改革开放以来,中国共产党高度重视国家治理,在政府履行宏观调控、社会管理和公共服务职能的同时,关注多元化社会主体在社会中发挥的积极作用,曾提出"社会治安综合治理""社会治理""社会自治"等概念。可以看出,我国逐渐由传统的命令性、控制性的社会管理模式,逐渐转变为增强社会主体活力、充分发挥社会各主体作用的社会治理模式。党的十八大以来,以习近平同志为核心的党中央提出了一系列对社会治理的新阐释。党的十八届三中全会首次使用"社会治理"代替传统的社会管理概念,由"管"到"治",坚持依法、综合治理,是对我国改革开放40多年来的经验总结,也表现了在中国经济快速发展的新阶段中,中国共产党执政能力的提升以及对社会发展客观规律的回应。党的十八届四中全会明确,要推进多层次多领域依法治理,并着重强调法治在社会治理中的重要作用,此为推进多层次多领域依法治理,多元化主体、多元化规范协同共治奠定了重要基础。多元化规范协同运用于社会治理就是现阶段提升社会治理效能、推动利益协调的集中体现。党的十九大明确社会治理格局为"共建共治共享"。党的二十大又进一步将具有中国特色的社会治理的内涵丰富为要健全共建共治共享的社会治理制度,提升社会治理效能,畅通和规范群众诉求表达、利益协调、权益保障通道,建设人人有责、人人尽责、人人享有的社会治理共同体,即在建设人人有责的社会治理共同体中,调动公民参与到社会治理中来的积极性,推进人人尽责,最终实现社会治理成果人人享有。

社会治理突破以往社会管理的局限性成为社会持续性发展新模式,相较于以往的管理模式更为科学。为了充分发挥社会治理的作用,将治理模式转化为治理效能,我国一直在积极探索将更多积极因素引入社会治理中来,从政府领导下的多元社会主体共治开始,多元化社会规范协同社会治理逐渐被理论与实务界关注。从实践层面看,多部门联合出台的《关于做好村规民约和居民公约工作的指导意见》中指出要"发挥市民公约、乡规民约、行业规章、团体章程等社会规范在社会治理中的积极作用",发挥法治建设中多元化规范处理纠纷、协调利益关系的积极作用。2020年出台的《民法典》将不违背公序良俗的习惯作为没有法律规定时可参照适用处理纠纷的依据。①以法律的形式明确其他社会规范在处理纠纷、协调利益中的重要作用。从理论层面看,越来越多的学者从研究社会规范本身(概念、功能等)加入对多元化社会规范的类别、冲突、协同、审查问题的研究中来,学界越来越关注什么规范可以运用至社会治理,可以调

---

① 《民法典》第十条　处理民事纠纷,应当依照法律;法律没有规定的,可以适用习惯,但是不得违背公序良俗。

节利益关系解决纠纷;关注法律与其他社会规范之间发生的冲突,以及冲突的表现及解决方式,探究应当如何避免这些问题的出现,这些都为多元化社会规范协同社会治理奠定了重要的理论基础,有助于缓解社会规范的冲突问题,积极发挥各类社会规范的重要作用,进而推进治理优势转化为治理效能。

社会治理是一种规则之治。全面依法治国背景下,作为国家规范的法律为社会建设提供了明确的规则,这种规则虽然是一种最低的要求,但其对公民的行为具有较强的指引、规范、评价的效能,协调了自由与秩序、人与人之间的利益关系,明确了社会应当如何发展,为社会稳定向好提供了基本依据。除法律规范外,其他社会规范的效能也逐渐显现。例如,乡规民约可以用于调整乡村邻里之间的关系,行业规章、团体章程约束组织内部的行为。不同种类的社会规范在调整社会关系中存在着单一或交叉适用的形式,使得纠纷处理的多元化、针对性与效率性均有提高,这无疑是在尊重社会发展客观规律的同时,最大限度调动一切积极因素,积极将治理优势转化为治理效能,从而实现新时期从管到治,创建和谐美丽的现代化强国的美好愿景。但现阶段,多元化规范协同共治仍存在一些问题。如何处理多元化社会规范之间的冲突与矛盾,使多元社会规范真正发挥出效用尤为重要。现阶段学界对此方面的研究关注欠佳。本书在社会治理中研究多元化社会规范的类别、影响社会规范地位分配的因素、冲突情形、协同方式等内容,具有一定的研究意义,以期为创新社会治理方式、多元化社会规范协同社会治理提供一些建议。

本书共七章内容,第一章为治理中的多元化社会规范,介绍了治理、多元化社会规范的概念与特征,明确本书研究的侧重点为社会治理,并对本书的研究对象——社会规范采取广义上的认定,即从社会本位的角度出发,认为法律与其他社会主体制定的规范或经由社会实践形成的能协调利益关系、约束人的行为的规范均为社会规范。随后,对社会规范的类型进行了论证,有助于更为充分地理解社会规范。章节最后阐述了规范与秩序、规范与自由的相互关系。第二章为治理中多元化社会规范的逻辑证成,阐述了社会治理中多元化社会规范的必要性与可行性。可以发现,社会治理中运用多元化社会规范是顺应社会发展规律,受政治、经济、文化因素影响的必然选择。多元化社会规范的运用可以为多元化的社会纠纷提供更多的解决途径,有助于构建强政府与强社会模式,同时也是社会治理追求良善之治的必然选择。第三章、第四章与第五章共同阐明了社会治理中的多元化社会规范的具体内容。结合社会实际情况,本书认为现有社会规范类型包括但不限于法律、政策、道德、宗教、民俗习惯、组织纪律规范、市民公约、乡规民约、行业规范、团体规章、公序良俗、社会组织章程等。本书主要选取法律、党内法规、道德规范、民俗习惯、公序良俗、市民公约、居民公约、乡规民约 ① 、行业规章、团体章程,依据正式规范、非正式规范、准正式规范的划分进行分类研究。第六章为治理中的社会规范冲突及挑战。从实践中可以发现,多元规范之间的互动并不总是能够衔接得当,而是要在不断实践中相互补充、相互促进。由于不同规范之间在产生渊源、调整对象、调整方法以及所追求的目标方面存在差异,它们之间的关系复杂多变,时常发生摩擦和冲突。具体表现为法律规范之间的冲突、法律规范与其他社会规范之间的冲突、其他社会规范之间的冲突。规范冲突不仅直接影响规范的有效性,还增加了社会治理的复杂性与难度,影响了社会治理的效率,增加了治理的成本。最后一章试图探寻社会规范的冲突调和的具体路径,主要通过论证加强法治的共识凝聚作用,探寻多元化社会规范关系和谐共处的积极因素,坚持以法律为中心加强规范之间的协调与整合,以及建立完备的社会规范备案审查制度来缓解社会规范之间的冲突,使法治中国建设更加科学化和民主化,社会治理更趋近于善治,更能反映和满足公民的需求和期望。

---

① 因乡规民约与村规民约具有较强交叉性,本书仅选取乡规民约进行研究。

目 录 ▶

第一章
治理中的多元化社会规范

一、治理

（一）概念阐述

治理（governance）一词的内涵极为丰富，已被广泛应用于理论研究与实务。从文字释义角度来看，通过查阅《康熙字典》《古汉语字典》，可以发现中国古代的"治"字原义为"水"，后引申为管理、统治之义，强调的是一种主观意志性，如"治国无法则乱"；"理"有管理、处理之义，强调的是一种客观实在性，如"圣人之所在，则天下理焉"；将"治"与"理"结合使用，同含有管理、统治之义，如"吾欲使官府治理"。因此，"治理"作为一个合成词，强调统治与管理的统一，既凸显主观层面的目的性，又强调客观层面的实在性，是将二者有机地结合与统一的释义。从词源角度来看，古法语（governer）、希腊语（gubernare）与拉丁语（kubernan）中均包含着引导、指导、掌舵的含义。一直以来，治理经常与统治交叉使用，通常应用于公权力主体行使与国家公共事务相关的管理类或政治类活动中。自20世纪90年代以来，西方学者结合实际的经济、社会发展的新情形重新审视治理一词，赋予治理以新见解，其不再局限于政治学领域，而逐渐拓展至社会经济领域，这也使得新治理概念逐渐去"统治化"。"'更少的统治，更多的治理'（Less Government, More Governance）——治理理论逐渐成为了社会管理的一个重要理念和价值追求。"（徐秦法，2010）在国家政治层面，"更少的统治，更多的治理"理念推动了一系列重要转变，尤其是在提升政府透明度和公众参与度方面。这种转向鼓励政府采用开放的态度，使更多的利益相关者参与政策制定过程。通过增强民主机制，如增强选举的公正性和可接触性、加强议会监督和拓宽公民参与渠道，可以使公众直接影响政策决策。通过强化民主机制、增加公众对政策制定过程的参与提升政府透明度,强化问责机制,能够促使政府更有效地回应公众的需求。从社会层面看,这一理念促使政府从传统的自上而下的管理模式,转向更多依赖公众协作与社会力量的管理模式。社会组织、非政府组织和普通公民在这一过程中扮演着越来越重要的角色,他们不仅是政策的接受者,还是解决问题的积极参与者。总之,治理理论的核心强调提高治理的质量与效率,推崇一种包容性高、透明度强的管理方式。这种理念特别强调各种利益团体、政府机构和公民个体的广泛参与,以及这些参与者之间开放且有效的互动过程。通过这样的方式,管理活动不再是单向的命令或指示,而是一个多方参与、共同协商的动态过程。治理理论的实施有助于政府更精准地识别和回应社会需求,提高决策的科学性和民众的满意度。例如,通过增强社区参与,可以更直接地解决地区内的具体问题,如社区安全、环境清洁。这种基层的参与也帮助政府在更宏观的政策制定中,获得来自基层的真实反馈。这不仅仅能提高政府的运作效率,更能通过多元化的参与和开放的互动,实现政策制定的民主化和科学化,从而更公正有效地管理社会,应对不断变化的挑战。这种理念的成功实现,依赖于全社会对于高质量治理的共识和支持,以及所有参与者的积极贡献。

学界对治理的定义,始终是结合治理原有的含义并结合新的现实情况赋予治理更丰富的内涵,但同时学界也承认明确定义治理的困难性。诚如菲利普·施密特所言,治理的定义包罗万象,是因为使用者希望能够参与在范围上同样"包罗万象"的各种援助性活动(敬义嘉,2016)。学者彼埃尔·德·塞纳克伦斯指出:"治理一词从来没有确切的定义。"(彼埃尔·德·塞纳克伦斯 等,1999)它反映出的是一种理念,其中所表达的核心是政府并非垄断权力的唯一主体,社会其他机构与组织同样可以作为一股重要的力量维持秩序,参与经济和社会调节。尽管明确定义治理具有一定的困难性,但学界未放弃对治理进行明确的界定。正如黑格尔所言:"按照形式的、非哲学的科学方法,首先一件事就是寻求和要求定义。"(黑格尔,1961)治理是政治学、经济学与管理学等学科研究的基础性内容,只有先明确治理的含义才有助于对治理的具体内容进行研究。治理理论的重要奠基人詹姆斯·N. 罗西瑙在其著作中向学界传达了其对治理含义的两方面看法。一方面,他指出,相较于传统的统治模式,治理是一种内涵更为丰富的现象。因为治理不仅包含了政府机制,也包含了非正式、非政府的机制。另一方面,他认为,治理是一种规则体系。没有政府的治理是可能的,治理是只有被多数人接受才会生效的规则体系,其发生效力的源泉为多数人接受,而非主体的唯一性(詹姆斯·N. 罗西瑙,2001)。同时,治理理论另一重要开创人罗茨,也从不同角度阐述了治理的含义。值得注意的是,他多次将治理与公共服务联系至一起。罗茨指出:"作为新公共管理的治理,它指的是将市场的激励机制和私人部门的管理手段引入政府的公共服务;作为善治的治理,它指的是强调效率、法治、责任的公共服务体系。"国内有学者从治理主体与治理目的出发,将治理定义为官方的或民间的公共管理组织,"在一个既定的范围内运用权威维持秩序,满足公众的需要"(俞可平,2000)。

通过分析学界对于治理的定义,可以看出,因为治理本身的复杂性,学者对于治理的定义具有一定的抽象性。不论是外国学者将其界定为一种现象、一种规则体系、一种公共服务体系,还是国内学者使用的"多元主体""善治"等词语,都在一定程度上具有非明确性,这使得治理一词只能被描述,而不能被定义。但是,不可否认,学者都从不同层面阐述出了界定治理概念的关键,如治理应该是被人们接受的规则、治理的主体应该具有多元性、治理应该追求善治。综上所述,结合现有研究与实践运用情况,可以将治理定义为,为维护社会秩序稳定、保障社会正常运转、增进公共服务与保障公民权益,政府、市场、社会以制度、规则、政策等手段和方式,来管理和解决社会问题的过程。治理的目标是维护社会秩序、促进社会发展和改善人民生活。治理需要政府、市场、社会等方面的参与和协调,需要建立健全的制度体系和管理机制,以实现有效的治理。治理的范围涉及政治、经济、文化、环境等各个领域,需要不断地适应社会发展的变化和挑战,不断完善和创新治理方式和方法。治理也是维护社会秩序稳定、保障社会正常运转、增进公共服务与保障公民权益、政府协同与调动社会积极因素共同管理社会事务的过程。其中的社会事务包括但不限于法律制度、公共安全、社会保障、环境保护、文化教育等方面。

(二)概念之辨

1. 管理与治理

管理和治理都是组织与社会系统中的重要概念,在社会发展早期,二者概念具有一定的重叠与交叉。但是,随着社会政治、经济、文化的进一步发展,管理与治理在体现的理念、应用的场景以及意欲实现的目标等方面区别日渐明显。从文字释义角度来看,根据《康熙字典》的释义,"又总理其事曰管"(张玉书 等,1993),"管"体现的是一种硬性、单一性、全权性;而"治"体现更多的是一种柔性、综合性、多元性。具体而言,管理与治理之间的区别具体表现在以下方面。

从主体层面看,管理与治理的区别显著体现在主体的构成和功能上。传统管理模式通常由具有公权力的政府或者执行公共职能的组织机构担当,这些主体通常具有较为单一和固定的结构。例如,政府部门通过法规和政策来直接管理社会事务,其决策和执行过程较为集中。相比之下,治理的主体结构呈现出明显的多元化特征。在政治领域,除了传统的政府机构,社会主体也参与其中,他们在处理一些问题时起到了关键作用。在经济领域,企业和市场机构不仅作为经济活动的参与者,同时也是治理的重要主体。他们通过调整市场策略、推动技术革新,以及通过企业社会责任项目直接参与社会治理。这样的经济主体不仅追求利润最大化,也关注其对社会环境和经济稳定的长远影响。社会领域中,治理主体的多元化更为突出。非政府组织、非营利组织、社区团体等,都在社会发展过程中发挥着越来越重要的作用。这些组织和团体通过提供服务、倡导政策改变、参与公共事务的讨论和决策过程,增强了社会治理的包容性和效率。此外,随着信息技术的发展,普通公民通过网络平台也能直接参与治理过程,比如通过在线投票、公众咨询和社交媒体平台发声,影响政策的制定和执行。这种从下至上的参与模式强化了治理的透明度和民主性,使得治理过程更加符合公众利益和社会需求。总体而言,治理的主体具有多元性和动态性,这种多元化的参与结构有助于提高治理的适应性、创新性和公平性,使之能够更有效地应对当代社会面临的复杂挑战。

从权力范围层面来看,可以看到管理与治理明显的差异和发展趋势。管理通常表现为一种集中化和全权性的形式。在这种模式下,从国家重大政策的制定到日常社会管理的各个方面,均由政府全权负责,体现出政府在社会发展中的绝对主导地位。这种管理方式强调效率和命令的下达,确保政策和法律得到统一和标准化的执行。相对于管理的集中权力,治理则体现为一种权力的分散和综合性。治理不仅仅涉及政府,还包括社会多元主体的广泛参与。在政治领域,治理模式鼓励公权力机构与社会各界进行更广泛的对话和咨询,政策制定更加注重吸纳和反映民意,这种方式有助于增强政策的透明度和公众的接受度。例如,通过民主协商、公开听证会等方式,政府可以更有效地聚合社会各方面的意见和建议,作出更加平衡和全面的决策。在经济领域,治理强调政府权力的下放,倡导"放管服",即简政放权、放管结合、优化服务。这一转变意味着更多的市场主体如企业和商业组织在市场运营和管理中扮演更加重要的角色,政府则转变为市场的监管者和服务提供者,推动以市场为主导的经济发展。在社会领域,治理模式尤其突出非政府组织、社会组织和公民团体的作用。这些组织在提高社会福利、促进公益活动和推动公共问题的解决等方面发挥了巨大作用。它们的参与不仅促进了社会公正和民主的发展,也填补了政府服务的空白,使得社会治理更为全面和多层次。总之,管理的权力结构更集中、更强制,而治理的权力结构更为分散和综合,体现了政府与社会各方力量的协同合作。这种权力的共享和责任的分担有助于构建更加动态和适应性强的社会管理体系,能够更有效地应对现代社会的复杂性和多变性。这种治理方式不仅增强了社会的自我调节能力,还促进了公共参与和民主的深化。

从行为方式与意欲达到的目标来看,两者展示了明显的区别和转变。管理通常代表了一种传统的命令性和控制性的方式,是政府行为的一个重要特征。在这种模式下,政府通过法律、规章、命令等强制性手段来确保政策的实施,主要目标是维持社会秩序和推动经济的稳定发展。这种方式强调效率和控制,以确保政府的指令和政策能够迅速且准确地得到执行。相比之下,治理代表了一种更为现代和动态的社会管理方式,适应了新时代的需求和挑战。治理不仅关注于社会稳定和秩序的维护,还更强调创新管理模式、激发市场活力和推动社会各界的广泛参与。在治理模式下,政府角色从"主宰者"转变为"协调者"和"促进者",通过非强制性的策略,如政策激励、行政合同等方式,来促进不同利益主体之间的协作与对话。治理的目标是实现更加开放和多元的社会参与,增强公共政策的透明度和问责机制,从而提升政策的接受度和有效性。积极鼓励和支持非政府组织、社会团体和普通公民参与社会治理,旨在促进社会的整体福祉和公平。这种方式认为社会的创新和发展需要各方面的智慧和资源共同参与,通过合作解决复杂的社会问题。此外,治理还强调利用技术和创新来提高管理效率和响应速度,比如利用大数据和人工智能来改善城市管理、环境保护和公共安全等领域的治理。这种治理模式在维持社会秩序的同时,能够推动社会更快更好地发展,确保公民权益得到更好的保障,并增进公民的整体福祉。总之,治理相较于管理,体现了从单一的政府主导向多元参与者协同治理的转型,旨在通过更为开放和多方协作的方式,实现社会管理的创新和社会发展的可持续性。

从行为传达的价值理念来看,管理与治理呈现了截然不同的价值取向和社会影响。管理模式通常体现了追求效率与效益的价值理念。在这种模式下,政府或其他管理机构侧重于集中力量提高决策和执行的效率,从而达到快速响应社会需求和推动经济发展的目的。管理的优势在于能够在短时间内集中资源办成大事,如基础设施建设和大型国家项目。然而,从长远来看,这种集中权力的模式可能导致国家权力过于集中,相应地弱化市场和个人等社会主体的作用。这种单一的决策和执行模式可能抑制市场的自由竞争和创新,难以激发社会的其他活力和潜力,可能导致资源配置的不合理和社会发展的不平衡。相对于管理的集中和控制,治理则体现出一种更全面协调、创新和以人为本的理念。治理模式识别到了传统管理带来的市场活力减弱和国家权力过大的问题,并通过更加创新和协调的方式来解决这些问题。治理强调在国家权力的指导下,充分发挥社会主体的积极作用,推动多元主体的参与和多层次的合作。治理还强调以人为本的理念,不仅追求经济效益的最大化,更注重社会公益和居民福祉的提升。这包括改善公共服务、提升生活质量、保障社会公正和增强民众参与。治理模式通过增加政策的透明度和公众参与度,确保政策制定更贴近民众需求,同时增强政策执行的公正性和有效性。总的来说,管理与治理虽然都是社会运作的重要手段,但治理相较于管理展示了更为复杂和先进的社会运作模式,更能适应现代社会多变的环境和需求,通过创新和全面的方法,促进社会发展更加包容、公正和人本。

2. 国家治理与社会治理

十八届三中全会提出,全面深化改革的总目标是"完善和发展中国特色社会主义制度,推进国家治理体系和治理能力现代化",国家治理体系与治理理论被学界广泛关注。从字面层面看,国家治理与社会治理的区别在于治理前的限定词语的差异,即"国家"与"社会"。正确辨析国家治理与社会治理的区别与联系,首先需要明晰"国家"与"社会"的区别与联系。在原始社会中,人与人之间的利益关系主要靠社会权力、个人权力进行调节,但随着经济的进一步发展,人与人之间的利益关系逐渐复杂化,原始的社会调节与自发调节难以处理复杂的利益关系,在这种情况下,产生了国家。马克思曾阐述国家产生的过程:"正因为各个人所追求的仅仅是自己的特殊的、对他们来说是同他们的共同利益不相符合的利益,所以他们认为,这种共同利益是'异己的'和'不依赖'于他们的,即仍旧是一种特殊的独特的'普遍'利益……另一方面,这些始终真正地同共同利益和虚幻的共同利益相对抗的特殊利益所进行的实际斗争,使得通过国家这种虚幻的'普遍'利益来进行实际的干涉和约束成为必要。"(马克思　等,2012a)也就是说,需要国家这种形式调节利益关系。那么,可以将国家与社会的关系总结为:国家是由社会分离出来的虚幻共同体,其权力源泉为社会,国家未产生前,社会秩序由社会权力与个人权力调控;国家产生初期,权力由社会和个人集中转向由国家高度集中,逐渐形成了国家与社会两分化的局面。在此理论基础上,再重新审视国家治理与社会治理的区别与联系便更为清晰。

国家治理和社会治理是现代社会管理的两个关键方面,涵盖了广泛的领域并且具有各自独特的重点和目标。国家治理是一个全面的概念,指的是国家对其内部所有事务的管理和调控,包括政治、经济、社会、文化等层面。从权力结构上看,国家治理覆盖了从中央政府到地方政府,再到基层政权的广泛网络,确保各级政府机构的策略和政策得到有效实施。从内容方面来看,国家治理包括但不限于:政府机构的运作,确保政府职能的有效性和效率;法律和法规的制定与执行,通过法治保障社会秩序和公民权利;公共服务的提供,如教育、医疗、交通,直接影响到民众的生活质量;社会管理的组织和协调,确保社会各个方面的平稳运作。国家治理的目标是实现国家的持续发展和社会的整体进步,同时保障人民的基本权利和福利。这要求国家不仅要有强大的组织能力,还需要具备高效的资源配置能力和对国民需求的敏感度。社会治理则更侧重于社会各方面对社会事务的共同管理和调控。它是一个多元主体参与的过程,涉及政府、社会组织、企业、公民个体等多种力量,这些力量共同努力实现社会的公正、安全与和谐。社会治理的关键活动包括:解决社会问题,如环境污染可能需要跨部门和跨领域的合作;提供公共服务和产品,如社区服务、公共卫生等直接关系到民众日常生活的服务;促进社会各界的有效沟通与协调,通过建立更开放的对话平台来收集和反馈社会各界的意见和需求。社会治理的重点在于通过促进包容和参与,增强社会各方面的协调与合作,从而实现社会的稳定和可持续发展。总之,国家治理和社会治理虽然在关注点和实施方式上有所不同,但都旨在通过高效和公正的管理来提高国家和社会的整体福祉。

(三)社会治理的表征

上文提到,社会治理涉及多元主体的协同合作,这些主体可能包括政府、企业、非政府组织、社会团体以及公民个体等。各主体在社会治理中各司其职,通过各自的资源和能力为公共目标的实现作贡献。这种多元主体的参与体现了社会治理的包容性和广泛性,更能适应多样化的社会需求和问题。为进一步理解社会治理,明确其特征及属性十分必要。社会治理外在表现出的特征,可以概括为:全过程性、共治性、多元性、包容性、系统性、人本性。

第一,社会治理具有全过程性。从一个社会问题的预防到出现与解决,从公共服务的提供到社会管理的组织和协调等各个方面,都是社会治理的过程。在预防阶段,社会治理侧重于通过教育、政策制定和社会动员等手段预防潜在问题的出现。在问题识别与监测阶段,利用如大数据分析等科技手段和工具来识别问题迹象,以便在问题成为危机之前采取行动。干预与管理阶段则包括危机管理和动员社会资源以控制问题影响。最后,在问题解决阶段,通过具体策略和措施解决问题,并帮助社会及其成员恢复到正常状态。此外,社会治理还涉及全过程提供公共服务,从服务设计到执行及反馈。这涵盖了根据公众需求设计服务,实施并通过持续监测评估服务效果,根据反馈进行调整和优化以满足公众需求的所有步骤。同时,社会治理还包括社会管理活动的组织和协调,确保不同管理活动和机构之间的有效合作,包括多部门协作、公私合作以及鼓励社区参与和民主治理。总体而言,社会治理的全过程性不仅增强了社会的应对能力,还促进了公民的积极参与和社会的整体福祉,通过全面覆盖社会发展的各个阶段,确保了社会问题的有效管理和公共服务的高效提供,推动了社会的和谐与进步。因此,社会治理具有全过程性。

第二,社会治理具有共治性。社会治理不仅涉及政府,还包括社会组织、企业、公民个体等各方面的参与,形成了一种多元共治的治理局面。同时,社会治理也并非一种单向活动,不是传统意义上的上对下的绝对命令以及下对上的绝对服从,公共领域与私人领域的界限不再泾渭分明,而是一个上下互动的管理过程。社会治理更强调管理对象的参与,主要通过合作与协商的方式对社会主体进行管理,其中反映出的是社会多元主体协同,体现的是一种共治性。

第三,社会治理具有多元性。不可否认的是,相较于传统的国家管理依靠行政审批、行政命令、主张法律万能等方式处理社会矛盾的管理方式,社会治理不仅涉及政府,还广泛包括社会组织、企业、公民个体等各方面的积极参与,各方共同形成了一种多元共治的治理局面。社会治理并非一种单向的活动,而是一个双向互动的过程。这种过程在一定程度上模糊了公共领域与私人领域的传统界限,鼓励社会主体使用更多的非正式手段,如协商、对话、合作、互动等协调方式处理利益冲突问题,更强调管理对象的参与性和主动性。在实际操作中,社会治理主要通过合作、协商和伙伴关系等方式进行,需要社会多元主体之间的密切协作和协调,体现出一种多元共治的本质。这种治理方式不仅增强了社会的整体参与感和归属感,还有效提升了治理活动的透明度和公众满意度,从而推动了社会更加和谐与进步。因此,社会治理具有多元性。

第四,社会治理具有包容性。社会治理在处理社会事务和解决问题方面,以及处理问题的主体都具有较强的包容性。相较于传统管理中常见的单向管控和命令式指导,社会治理更加提倡多元主体之间的平等协作。这种协作不仅涉及政府部门,还包括企业、非政府组织、社会团体及公民个体,鼓励这些不同主体在社会治理中发挥各自的独特作用。社会治理特别强调激发社会各方面的活力与创造力。在这种治理结构下,社会的各个层面积极参与问题的识别与解决,从而使得解决方案更为多样化和创新。这种方式不是寻找立即的、暂时的解决策略,而是通过包容性的对话和协商,探索有持续影响力的长远解决方案。此外,社会治理在对待问题的解决方式上展现出高度的包容性。它倡导一种开放的治理环境,让各种意见和建议都有机会被听取和考虑,确保决策过程不仅公正而且透明。这种开放性确保了不同背景和利益的主体都能在社会治理中找到自己的位置,从而增强了整个社会的凝聚力和向心力。通过这些方式,社会治理不仅解决了现有的问题,还通过激励各参与方的活力和创造力,为避免未来的问题和挑战奠定了基础。这种全面而包容的治理模式是实现持久和谐与社会稳定发展的关键。

第五,社会规范具有系统性。社会治理是一个系统工程,社会治理的系统性表明它不仅是多方面、多层次的整合,还要求这些元素之间保持良好的协同和互动。社会治理中包含了一个全面而均衡的框架,以应对复杂多变的社会需求。首先,制度建设是社会治理系统性的核心。这包括法律、政策、规范和程序的形成,它们为社会行为提供了基本的规则和指导。有效的制度可以确保社会治理的正义性和合法性,同时促进公民的预期一致性和行为规范化。其次,管理机制的创新是保证社会治理系统性的另一个关键方面。这涉及治理结构的优化和决策过程的完善。此外,社会治理的系统性还需要强调人的因素,包括公民参与和社区动员。通过鼓励公民参与决策过程,可以增强政策的接受度和有效性。社区动员则是利用社区内的资源和力量,促进基层治理和社会自我管理。因此,社会治理作为一个系统工程,包含了制度建设、管理机制的创新以及公民和社区的积极参与。这些要素相互作用和补充,共同构成了一个复杂但有机的治理体系,能够有效应对社会的挑战和需求。

第六,社会规范具有人本性。社会治理的人本性是其核心理念之一,强调以人的福祉为中心的治理目标和策略。这一理念主张治理活动应首先考虑到对公民生活质量的直接影响,确保每个个体的权利和利益得到充分的尊重和保障。首先,社会治理的人本性体现在其致力于保障和提升公民的基本权利,包括但不限于生存权、发展权、平等权和参与权。例如,通过提供公平的教育机会、医疗服务和社会保障,政府可以有效地提升公民的生活水平和社会福祉。这些措施不仅保护了个体的基本权利,也为社会的长远发展打下了坚实的基础。其次,社会治理的人本性强调公正和公平。这意味着治理活动应确保所有公民在法律面前的平等。通过消除歧视和不平等,加强法律的公正,可以建立一个更加和谐的社会环境。此外,现代社会治理更加尊重人权,特别是在信息化和全球化的大背景下,对个人隐私的保护、数据安全的保障以及网络空间的自由表达都是现代社会治理必须重视的人权问题。通过制定相关的法律和政策,可以在保护个人信息的同时,促进信息自由流通和知识共享。社会治理还注重对公民需求和利益的关注。这不仅仅是通过提供基础设施和公共服务来满足物质需求,更包括通过文化、教育和精神生活的丰富来提升公民的生活质量。这种从人的全面发展出发的治理策略,能够更有效地激发社会活力和创新能力。总之,社会治理的人本性要求政策制定者和执行者始终将人的福祉放在首位,通过全方位、多层次的措施来响应公民的期待和需求,不断推动社会向着更加公正、公平和和谐的方向发展。

二、多元化社会规范

（一）社会规范的概念及特征

1. 社会规范的概念

规，有法度也。《史记》中又曰"必将崇论闳议，创业垂统，为万世规"（司马迁，2006）。范，法也。范，常也。"所以恢弘至道，示人主以轨范也。"（孔安国，1990）此处的范即为法则之意，也可以视为一种规律，常规之事。规与范同时使用，意为一种行为准则，"是关于人类的行为或活动的命令、允许和禁止"（舒国滢，2019）。从词源角度来看，规范（norm）一词，源于古拉丁语 norma，等同于 precept 与 rule，义为"规则、训诫、规章、条例等"，还可以译为"木匠的尺子"，引申为准则的含义。社会规范，是存在于发展中，影响集体、社会、个人的意识，调整人们的行为，"规范地"发挥作用的规则。关于社会规范的概念，埃里克•A. 波斯纳（2004）认为："社会规范是我们给行为的规律性——指在缺乏有组织、有意识的个人管理的情况下出现并存续的行为规律性——贴的标签。"苏联学者 C. Л. 采帕耶夫、段和珊（1988）认为："社会规范是在社会历史实践中形成的、以制度系统形式反映出来的活动与社会关系的客观调节器，这种调节器能够显示活动和社会关系的特征与相互关系。"庄平（1988）认为："社会规范是人们在改造社会的长期实践中形成的适应性行为模式。"社会规范是对人们的社会行为与社会关系的一种反映，也是国家、团体认可的某种习俗、传统方式等，以及社会成员普遍认可的行为准则。刘作翔（2021）认为："社会规范是由社会自身产生的以及由各类社会组织制定的规范类型所形成的体系性组合或集合。"刘颖（2016）认为："社会规范是调整人们社会行为的规矩，整合社会活动与社会关系的准则。"社会规范是指在人们日常互动中形成的一系列预期行为模式，代表了社会成员对"恰当"或"不当"行为的普遍看法。这些规范在人类社会中发挥着至关重要的作用，因为它们不仅是社会秩序的基础，也是文化传承和社会认同的重要载体。

实际上，社会规范是一个较为宽泛的概念，哲学、社会学、行为科学、心理学、法学均有关于社会规范的研究，但是，在法学领域未达成统一见解。法学领域中所使用的"民间法""习惯法""非国家法"等称谓均同非法律规范外的调整人们社会行为的其他规范有关，这是一种遵循"国家-社会"二分法下对社会规范的理解,即认为社会规范是不包含法律规范在内的,在长期实践中反复适用而形成或由社会私主体制定的行为准则。其实,对社会规范的理解应当跳出"国家-社会"二分法的局限,正如福柯在《词与物》中阐明的现代社会在对事物命名时,"词与物之间的联系不再是必然的,而是一种任意性的关系"(魏治勋,2009)。概念本身只是一种区分不同事物的符号,只要在使用时可以获得普遍的共识,便能在福柯这种"词与物"之间的任意性关系中获得理解的合理性。再如刘作翔(2003)所言:"作为社会规范形式,无论是国家法,还是民间法,都是一种社会治理方式和社会秩序方式,它们在不同的社会结构和条件下发挥着不同的作用。"对国家法或是民间法的区分不过是不同名词之间的概念差异,仅是一种不同符号显示,实际上更需要探究的是不同社会规范形式的具体内容。也就是说,"国家-社会"二分法本身不是影响社会规范概念的依据,只要社会规范一词——"一种规范人们社会行为的准则"可以得到人们的普遍认可即可。另外,除从"国家-社会"二分法出发考虑规范类别外,还应当注意从社会实践角度出发认识规范。从社会实践的角度来看,与自然规范相对应的即为社会规范。自然规范通常是指人类生存和社会发展的自然条件和限制。自然界为人类提供了必要的物质条件,是生产力发展的基础,同时也对生产方式和社会关系形式施加影响。社会规范则更多关注人与人之间的关系以及这些关系如何在特定的社会和历史条件下形成和发展。社会规范涉及权利、义务、行为准则等。这些规范是在人类社会活动中形成的,反映了一定的生产关系和社会结构。综上所述,本书所称的社会规范是包含法律规范在内的一切用于约束人的社会行为、维持社会秩序稳定、协调社会利益关系的行为范式。

2. 社会规范的特征

社会规范作为规制人行为的准则,其所表现出的外在特点可以概括为普遍性、多元性、系统性、历史性与相对独立性。

第一,社会规范具有普遍性。社会规范的普遍性是指它们适用于所有人,而不仅仅是特定的个体或群体。"无论是社会整体(国家、民族)、群体(集团、家庭)还是个人都离不开社会规范。"(董鸿扬,1988)一方面,从整体来看,法律规范与道德规范调整着整个社会的各种社会关系;另一方面,从局部来看,社会团体内部又有自己的规范章程,比如乡规民约、团体规章、行业规范等。所以,不论是从社会整体来看,还是从社会局部来看,人作为一种具有社会属性的主体,其一言一行均受到社会规范的约束。因此,社会规范具有普遍性。

第二,社会规范具有多元性。多元性是与传统单一性相对应的一种特性,具体是指一个事物具有多种不同的形式、类型、特征等,而不是单一的或单一形态的。上文提到,自中国古代起,规制人的行为的规范种类繁多,除了经常提到的具有普遍适用性的礼、法、道德外,还包括调整特定区域的规范,如乡规民约,调整特定范围的规范,如家风家规。社会规范从制定主体、形式与内容上都具有多元特性。

第三,社会规范具有系统性。系统性是指,事物或问题具有完整、相互关联、综合考虑的特征,能够从整体和细节的角度去认识和解释。虽然规范具有多样性,但其并不是毫无相关性、毫无秩序性的随机存在,不同种类的规范构成了完整的规范体系,规范与规范之间又是相互关联的关系。从社会客观存在的规范类型来看,我国现存的主要规范类型包括法律规范、国家政策、党内法规以及乡规民约等社会规范,它们分别在不同领域中发挥作用,但是各种规范类型之间又是一个相互联系的状态。以法律规范与其他社会规范之间的关联为例。法律规范与其他社会规范均依托于社会客观实际,二者最明显的区别为其他社会规范并不依靠国家强制力保障实施。但是它们之间的联系也颇为密切,其他社会规范源于多元社会主体对社会实践的概括与总结,相较于法律稳定性较弱,在一定程度上更能及时解决纠纷,法律在修改时在一定程度上也受到了其他社会规范的影响,正如《民法典》对习惯的认可。

第四,社会规范具有历史性。所有的规范都具有历史的性质,不存在永恒不变的普适性或永恒真理。因为社会是物质的,人类社会与人类历史都是在人类劳动的基础上形成的。随着人的实践能力提高和生产方式的多元化,社会关系也会发生变化。在不同社会关系的需要下,必然会产生不同的适应社会发展的规范。必然不存在一成不变、超越历史阶段的规范类型,规范必定与当时的生产与交换方式相适应。正如恩格斯在《反杜林论》中在谈到道德原则时所指出的,“我们断定,一切以往的道德论归根到底都是当时的社会经济状况的产物”(马克思 等,2012c)。由此可以看出,社会规范具有历史性。

第五,社会规范具有相对独立性。规范的相对独立性指的是规范体系在一定程度上与政治、经济、文化等因素相对独立。如果规范过于依赖政治、经济、文化等因素,就会导致规范的主观性和不稳定性,从而削弱规范的可信度和实用性。相反,如果规范体系具有相对独立性,就可以更好地保障规范的客观性和稳定性,从而提高规范的可信度和实用性。当然,规范的相对独立性并不意味着规范体系与政治、经济、文化等因素完全隔离。相反,规范体系应该与社会实践相结合,不断适应和反映社会的发展和变化。同时,规范体系也应该与政治、经济、文化等因素协调一致,以确保规范的实施符合社会的整体利益和价值观。

(二)社会规范的构成要素

1. 主体要件

自中国古代起,社会规范就具有多元化的特性,其直接根由就是制定规范的主体并非单一的主体,而是多元主体。例如,自夏商周时期开始,法律逐渐成为统治阶级实现统治的重要工具,尤其是历朝历代的刑罚制度。制定与落实法律规范的主体均为统治阶级。而同一时期的古代中国还存在着由私主体制定的调整范围具有特定性的乡规民约(简称"乡约")与家规。一方面,以中国古代的乡约为例。与具有普遍适用性的法律不同,乡约适用范围具有有限性,其制定主体也限定为私主体。乡约是调整中国古代乡村中乡民利益关系的重要规范,对推行礼仪教化乡民、倡导乡邻互助、维护基层社会稳定具有重要作用。据考证,最早的乡约为北宋蓝田理学家吕大钧所创的《吕氏乡约》,其调整范围即陕西蓝田的"乡人"——一般不包含普通乡民,而是指"有一定文化、家世和才干的乡绅或家族"(朱仕金,2021)。凡加入乡约者即可按规定享有权利,但同时也应履行相应的义务。此种乡约的存在证明在中国古代,除了统治阶级制定的法律外还存在其他主体制定的调整特定范围利益关系的规范。另一方面,以中国古代家规为例。家规是家庭成员自行制定的行为准则和规范,用于规范家庭成员行为,提高家庭成员素质,调整家庭内部成员关系,增强家庭凝聚力与维持家庭关系和睦。家规的制定主体为私主体,通常为家庭内部成员。例如,《居家杂仪》即司马光为教诫子孙和家人所撰写的规范,其中提到了家规的基本要求,其曰"凡为家长,必谨守礼法,以御群子弟及家众。分之以职,授之以事,而责其成功"(夏家善,2017)。近代中国多元化规范表现更为明显,尤其是随着法治建设和社会治理实践的不断深入,多元主体共同进行社会治理已为大势所趋。十二届人大二次会议上的政府工作报告中提出,要"推进社会治理创新。注重运用法治方式,实行多元主体共同治理",此乃对改革开放多年的经验总结,也是增强市场活力、打破管理僵局、促进经济健康快速发展、深化改革的必然要求。因此,构成规范的首要因素即为制定规范的主体,并且这种主体体现出多元化的特征,此为社会治理科学性的必然要求,在治理主体多元的前提下,多元化主体又创造了多元化规范调整社会关系,促进社会良性发展。

2. 行为要件

社会规范被多元主体制定出后,若欲发挥约束或促进的作用,必定明确其调整范围内规范所约束对象应为的行为,即行为要件为规范的第二要件。具体而言,以法律规范为例,法律规范是一种具有强制约束力的调整人行为的规范,由假定条件、行为模式、法律后果三要素构成,其中行为模式指的就是在法律规则表述的适用范围中对人的具体行为的规定,即法律规定了允许、应当、禁止做什么。关于允许做什么、应当做什么和禁止做什么的规定,其所对应的即为法律规定的人应享有权利做什么(允许)、人应尽的义务要求人做什么(应当——积极义务)、人不应当做什么(禁止——消极义务)。虽然并非所有的规范都同法律规范一样是成文规范,并且不同规范的行为模式表现出的具体形式略有差异,但是任何一个规范都必定包含行为模式,规范通过行为模式要件构建一种秩序,使人与人之间遵循一种互不侵扰或互帮互助的秩序。

3. 对象要件

社会规范被制定后,通过明确具体的适用范围与行为要求,即指向特定的对象。也就是说,谁受到规范的约束,谁就需要遵循规范,否则将产生不利后果。无可否认的是,多元主体所制定的多元规范的适用范围具有一定的差异性,其所规制的对象也不完全相同。例如,法律规范具有普遍适用性。具象化来说,法律规范直接对应的主体即为国家范围内的公民、组织、社会团体。抽象化来说,法律规范的调整对象是特定的社会关系。因为不同种法律所保护的法益具有差异性,所以其所调整的具体的社会关系也具有差异性。比如,民法所调整的是平等主体之间的人身关系与财产关系,而行政法所调整的则是行政机关与行政相对人之间所产生的不平等主体之间的行政关系。再如,乡规民约作为基层群众自治规范的一种形式,在调整乡村邻里之间的关系中发挥着重要作用,其通常是由基层群众在法律指引下,依据当地具体的实践情况,自行制定的具有一定约束力的规范。此种规范所约束的对象通常具有特定性与地域性,所调整的社会关系也限于制定乡规民约地区范围内的平等民事主体。综上所述,不论是具有普遍约束力的法律规范还是具有特定适用范围的乡规民约,可以看出,规范中必定包含对象要件。只有明确所调整的社会关系及所约束的对象,规范才能有针对性地发挥作用。

4. 目的要件

规范的设定必有其意欲达到的目标。自党的十八大以来,我国一直积极探索如何促进社会又好又快发展,增强市场活力,社会治理就是在此背景下提出的。如何发展极具中国特色的社会治理模式,我国一直在进行积极的探索。党的二十大将具有中国特色的社会治理精准表述为要"健全共建共治共享的社会治理制度,提升社会治理效能,畅通和规范群众诉求表达、利益协调、权益保障通道,建设人人有责、人人尽责、人人享有的社会治理共同体"。其中传达出的重要信息是,极具中国特色的社会治理模式需要"共建共治共享""人人有责、人人尽责、人人享有",这反映出的就是一种参与社会治理的多主体性。多元主体在积极进行社会治理中,最直接的方式就是以多元化规范为人们设定行为模式,以实现其期待的价值,因此,规范的又一构成要件即为目的要件。规范的设定无非为实现特定的目的,不存在制定主体不为追求特定目的而设定的规范。具体而言,设定规范的目的大致包含以下几点。

第一,维护社会秩序。社会一切发展都要建立在稳定的秩序之上。社会是由大量的个体组成的,每个人都有各自的利益与需要,当社会作为一个整体时,其也有自身需要保护的利益与需要。个人与个人之间、个人与社会集体之间的利益必然会有冲突,而规范就是为调解这种利益冲突而存在的。在社会中,人们需要遵守一定的规则和规范以确保各自的权利得到尊重和保护。例如,在交易规则中,每个人购买物品都应当支付相应价钱,出售物品方应当保障物品质量,这样可以保障交易顺利有序地进行,使得每个主体在作为买方或者卖方时权益得到保障。再如,交通规范的制定,是为了保障交通有序、减少交通事故的发生。

第二,协调利益关系。在社会生活中,人们之间的行为和活动往往涉及各种利益关系,如财产、权利、安全等。如果没有一定的规范和标准来调节这些利益关系,就会出现不公平、不合理的情况,甚至可能导致冲突和矛盾。规范中的行为模式已经明确了人们的行为标准,即可为、应为、不可为。其根本目的是为协调人与人之间可能存在的利益冲突,而为其构建一种行为模式,通过遵循这种行为模式,使得人与人之间的利益可以得到平衡。

第三,促进社会经济发展,保障公平竞争,保护消费者权益,推动技术进步和创新等。在市场经济中,规范是市场运行的基础和保障,可以促进市场竞争、保护消费者权益、规范企业行为,从而促进经济发展。例如,制定公正的市场准入规范可以促进市场竞争,提高产品质量,保障价格合理;规范企业行为可以保护消费者权益,防止企业垄断和不正当竞争等。此外,规范还可以保障公平正义,防止社会不公和权利侵犯,维护社会稳定与和谐。

(三)社会规范的类型

研究社会规范的分类对于理解社会运行机制、进行社会治理、解决社会问题都具有重要的意义。首先,社会规范是社会生活的重要组成部分,规定了公民的行为准则,维护了社会秩序,促进了社会公正。对社会规范的分类研究有助于更深入地理解各类规范的特点和作用,从而更好地理解和把握社会的运行机制。其次,不同类型的社会规范在社会治理中起着不同的作用。对社会规范的分类研究便于更高效地制定和执行社会规范,更好地进行社会治理。最后,社会问题的产生往往与社会规范的缺失或不完善有关。具体探究社会规范的分类问题有助于更准确地找出问题的症结,更有针对性地制定和实施解决方案。本书拟从不同角度对社会规范进行分类研究,以便于更加充分、深入地理解多元化的社会规范的具体所指,有助于推进多元化社会规范在治理中的运用与发展。

1. 广义的社会规范与狭义的社会规范

根据社会规范适用的范围大小,可以将社会规范分为广义的社会规范与狭义的社会规范。从广义层面考量社会规范,是从社会本位的角度出发,认为社会是权力的主要行使主体,国家与伴随国家而产生的法律规范均只是历史长河中的一种社会现象的反映。国家并非权力行使的单一主体,因此由国家权力主导下制定的法律与其他在实践中形成的或由私主体制定的规范并无差异。广义的社会规范是指在长期反复实践中形成的或由特定人群制定的用以规制人的行为范式,自古用于调整官与民、民与民之间的利益冲突,构建稳定的社会秩序。例如,从社会规范的类型来看,中国古代社会规范既包括礼、法律、道德,也包括民约、家规等。从社会规范调整的范围来看,上及中央、下至百姓均受不同规范影响,既有调整皇宫礼仪的规范,又有规制科举、为官的行为规范,还有规制普通百姓的规范。从狭义层面考量社会规范,是从国家与社会二元化观点出发,认为国家与社会之间是分离和独立的关系。在这种观念下,国家被视为一个独立的政治实体,拥有自己的主权和权力,而社会则被视为一个独立的领域,由个人和民间组织组成。由国家制定、代表国家权力的法律规范与由社会实践形成或社会主体制定的规范二元分化。狭义的社会规范不再包含法律规范,而是指由社会主体制定的不具有国家强制力,但被特定人群认可,起到调解社会关系作用的行为范式。这主要包括道德规范、市民公约、行业规范、组织纪律等内容。本书主要是从广义角度对社会规范进行考量与分类的。

2. 正式社会规范、非正式社会规范与准正式社会规范

根据社会规范的制定、执行和接受程度的不同,可将社会规范分为正式社会规范、非正式社会规范与准正式社会规范。正式社会规范是"人们有意识建立起来的并正式加以确定的各种规范"(陈永奎 等,2006),通常包含法律、法规及政策等通过权力机关明确表达和强制执行的规范,违反这些规范可能会受到法律上的惩罚或其他官方的制裁。非正式规范与正式规范相对,指那些在人们的社会生活实践中逐渐形成的、在社会演进过程中自发产生或通过民间协商形成的行为标准。这类规范通常没有正式的法律文本或政府规章来支持,但它们在维持社会秩序和促进社会和谐方面发挥着至关重要的作用。这些规范的形成和实施往往基于长期的社会实践和文化传统。它们可以体现为一地区或社群内共同认可的价值观、道德信仰、习俗和行为惯例。非正式规范之所以能被广泛遵守,主要是因为它们被社会成员内化为自我约束的行为准则,而非通过外在的法律强制执行。这种规范的遵守,很大程度上依赖于个体对集体的认同和社会压力。当个体违反这些非正式规范时,可能会遭到社会舆论的谴责、被排斥出社会群体或失去社会信誉。这些社会性的制裁有时甚至比法律制裁更为有效。在一些情况下,非正式规范也可能通过民间的某种形式的组织或集体行动得到强化,这些规范虽由社会主体自发制定和执行,不具备法律效力,但在实际生活中具有极高的约束力和指导性。准正式规范是一种独特的社会规范类型,通常由非国家机关的社会主体依照国家法律制定,或经由国家机关协

助制定。准正式规范的特点是具有一定的组织或集体背景支持,这使得这些规范在社会中具有广泛的适用性和较高的影响力。这种规范形式有效地结合了正式规范的权威性与非正式规范的灵活性,使得它们在特定社会环境中更容易被接受和遵循。准正式规范的一个重要功能是它们为社会提供了一个过渡机制,在纯粹的法律命令和完全的自愿遵守之间建立了桥梁。这些规范通过强化社会组织的角色,不仅增强了社会治理的多元性,还提高了政策的适应性和接受度。

3. 描述性社会规范与规范性社会规范

根据社会规范的形式与内容不同,可将社会规范分为描述性社会规范与规范性社会规范(或称为命令性社会规范)。此种规范分类类似于法理学家伯恩·魏德士对应然规范与实然规范的论述。他认为,应然规范是规定特定行为的规范,而实然规范是描述物与事件之间现实存在的一般关系的规范(魏德士,2003)。描述性顾名思义是一种客观陈述,是在一个特定社会或群体中大多数人所采取的行为或态度的表述。描述性社会规范是指对社会事实的描述,提供关于社会世界"是什么"的信息,其功能主要在于澄清有关社会现象的概念,促进不同研究者之间的交流与合作。这种规范是基于实际观察或感知到的行为模式,而不是基于明确的规定或法律。规范性意味着明确性、确定性。规范性社会规范,或称"命令性规范",是指那些明确规定了"应当如何做"的社会标准或规则。它们为社会成员提供了行为准则,并定义了什么是被社会接受或期望的行为。规范性社会规范通常涉及道德、法律、习俗等方面的规定。总的来说,"前者是对大多数社会成员在特定行为上怎么做的现象描述,后者则是指出社会中的大多数人认为特定行为应该怎么做"(刘盼 等,2023)。

为进一步区分描述性社会规范与规范性社会规范,可将其中的区别界定如下。第一,属性不同。二者侧重解决的问题不同,描述性社会规范是对社会事实的客观描述,回答的是社会世界"是什么"的信息,其功能主要在于澄清有关社会现象的概念,促进不同研究者之间的交流与合作。相比之下,规范性社会规范回答的是社会世界"应该是什么"或"必须是什么"的规范主张,旨在以规范形式构建人们的行为规范,解决人们应当如何行动的问题。第二,侧重点不同。描述性社会规范关注的是事实本身,即某种行为在某个方面的具体表现。而规范性社会规范关注的则是人们对于事实的态度和应当达到的标准。

4. 刚性社会规范与柔性社会规范

根据社会规范的特性不同,可以将社会规范分为刚性社会规范与柔性社会规范。刚性与柔性通常用于描述管理行为或者行政行为的不同特性。刚性可以描述一个系统、组织或管理方式的不易改变和灵活性弱的特性,而柔性与之相对,强调的是人性化的管理,以及在引导和规范行为时给予一定的灵活度。刚性社会规范是指具有强制性,在社会中普遍遵守且难以改变的规则和标准,对人们的行为有着直接和强烈的约束作用。法律规范与制度规范通常被视为刚性社会规范。柔性社会规范是指在社会治理过程中,通过非强制性的手段来引导和规范人们的行为准则。相较于刚性社会规范,柔性社会规范具有更多的灵活性,制定与修改的程序简易,如行业规章、乡规民约。具体而言,刚性社会规范与柔性社会规范的区别体现在以下几个方面。第一,形成机制上的差异。具有刚性约束力的社会规范,通常具有较强的规范性、强制性,是由社会中占统治地位的阶级通过国家权力制定与形成的。而柔性社会规范,虽然同受最高权力的影响,但既可以被制定也可以在长时间的反复实践中形成,既可以以成文的形式表达也可以以非成文的形式表达,具有较强的灵活性(林剑,2010)。第二,实施主体的差异性。刚性社会规范通常由代表公权力的机构制定,制定时需要满足特定的程序要件。而柔性社会规范则通常是社会私主体用于调整私人利益关系的规范。第三,违反后果的差异性。不论是刚性的社会规范还是柔性的社会规范,均具有约束力,约束力的强弱取决于违反社会规范后所受到的惩罚与制裁。违背刚性社会规范通常会受到严厉与强制的制裁。如违反法律规范会受到财产处罚或人身处罚,违反制度规范会受到政治或经济上的处罚。而违反柔性社会规范可能会面临社会舆论的指责或道德谴责,通常情况下受到的处罚不具有严厉性与强制性。

5. 自发性社会规范与自觉性社会规范

根据社会规范的起源与形成的社会机制不同,可将社会规范划分为自发性社会规范与自觉性社会规范。从经济学角度讲,自发性描述的是一群自由人在没有特定设计的情况下,会自觉地追求各自的利益。哈耶克曾用自发性一词阐述社会秩序,他认为"社会是一种自生自发秩序,社会并不能成为正义的评价对象,唯有人的行为才能成为正义的评价对象"(高景柱,2020)。自觉性则是指"主体的活动是在反映了客观规律的意识、目的、计划指导下进行的"(欧炯明,1999)。结合对自发性与自觉性特性的阐释,可以将自发性社会规范定义为直接或间接反映特定人群的生活环境或状况,在长期实践中反复适用后确定下来而非特定设计的,为人们所认同的用于调节利益关系的规则。最为明显的自发性社会规范即为习俗。相较于法律规范,习俗的形成缺乏明确的目的性,但是它又能用于调节人们之间的社会关系,人们普遍遵循其价值,认可其效力。而自觉性社会规范,是指在尊重客观规律的情形下,结合社会实践情况,人们有意识、有目的地自觉努力而制定的社会规范形式。法律即为最常见的自觉性社会规范,具有明确的目的性,通常由占统治地位的阶级制定,体现统治阶级的利益与意志,是被有意识地制定出来的规范形式。而且,法律是被人们普遍遵循的社会规范,这也可以看出法律是一种具有意识自觉的自觉性社会规范。

(四)规范、秩序与自由

人作为一种社会存在物,其现实生活是一种社会生活。一方面,人具有社会属性,且社会属性是人的本质属性,这一观点是马克思对人的属性的深刻认识。马克思在《关于费尔巴哈的提纲》中提到"人的本质……在其现实性上,它是一切社会关系的总和"。在《政治经济学批判导言》中,他又提出"人是最名副其实的政治动物,不仅是一种合群的动物,而且是只有在社会中才能独立的动物"(马克思 等,2012b)。人所具有的社会属性表明,人能够从自然界分离与提升,其必然进行社会活动。人的劳动也不只是单个人的孤立活动,而必须是一种以劳动者之间的相互合作与协作为前提的活动(林剑,2010)。因此,人与人之间必然存在合作关系以追求更多的资源与利益。另一方面,人自发地崇尚自由。自由意味着人们可以按照自己的意愿和选择行事,不受外部强制或限制,始终为满足自身利益而行动。根据囚徒困境理论,"即使两个人合作可以得到互利的结果,如果同时行动的话,他们也将不会合作"(波斯纳,2004)。因为,人们总是自发地选择不遵守规范。也就是说,"对本人来讲,这一选择是受益最大的也是损失最小的"(朱力,2009)。所以,人所具有的社会属性所反映出的人需要在合作中进行社会活动与人自发地追求自身利益、崇尚自由二者之间存在着天然的矛盾,而这种矛盾的调和剂即社会规范。

人们的生活深受社会性特征的影响,这就要求社会治理在秩序、规范与自由之间找到恰当的平衡点。社会治理不仅仅是对规则的执行,更是对善治的追求,旨在创造一个既有序又自由的社会环境,从而促进社会的稳定与发展。首先,社会治理的核心在于建立和维护一个有效的社会秩序。这种秩序的目的是确保社会运作的有序性,防止无序和混乱。例如,交通法规要求道路使用者遵循一定的行为规范,这不仅保护了公众的安全,还提高了交通效率。然而,维护秩序的同时,社会治理还必须保障个体的自由。自由是推动社会进步和创新的重要动力。在一个开放和自由的社会环境中,个体能够发挥其创造力,表达不同的观点和想法,这对于社会的文化、科技和经济发展都至关重要。因此,制定规范时必须考虑到不仅要防止混乱,也要保护和鼓励个体自由和权利。此外,自由本身也需要在一定的规范框架内实现。完全无约束的自由可能会导致个体行为的极端化,甚至侵犯他人的权益,从而引发社会冲突。因此,合理的规范是必要的,它们定义了自由的边界,确保个体自由不会转化为对他人或社会的伤害。社会治理的艺术在于如何平衡秩序与自由,确保两者相互促进而非相互排斥。通过合理的政策制定和有效的法律执行,可以促进社会的稳定,同时激发人们的创新精神和生活活力。社会治理应当致力于创建一个既有规则又有自由发展空间的环境,使社会不仅秩序井然,而且充满活力和创造力,进而提高社会效率、促进社会创新和加强社会文明。这种平衡是实现善治的关键,是社会治理工作的重要目标。

1. 规范与秩序

秩序是指在一定的规范和制度约束下,人们的行为和活动按照一定的规则和程序进行,从而形成一种有序、稳定的状态。也就是说,"人们可以对自己的行为作出一定的预期判断,重复的同一行为不会在短时间内遭到不同的后果"(王启梁,2006)。首先,秩序是人类赖以存在的基本要素。每个个体都有自己的利益,如果没有秩序的存在,个人都可能会因为追寻自己的利益而妨害到他人,这种天然的自我保存的本能使个体可能会为获取更多资源而产生冲突。正如现代自然法思想认为,"个人是国家最基本的组成部分,个人最初所生活的状态并非以法律为基础的社会状态,而是无序与混乱的自然状态"(付子堂 等,2020)。"如果不对人的这种本能给予一定的约束,使人与人之间的竞争具有一定的秩序,人类就会连基本的生存需求也无法得到满足,并将最终在自相残杀中走向毁灭。"(麻美英,2000)其次,秩序为人们的选择提供了一种可预见性,即人们可以预见在此种秩序下作出的选择可能带来的后果。正如哈耶克(1997)

所言,"社会的秩序,在本质上便意味着个人的行动是由成功的预见所指导的,这亦即是说人们不仅可以有效地运用他们的知识,而且还能够极有信心地预见到他们能从其他人那里所获得的合作"。随着人类社会的发展,人们的交往关系的复杂性与不确定性逐渐显现。这种多变性为人们的社会生活增加了诸多风险。因此,人类社会需要探索一种使复杂多变的社会生活趋于稳定的方式。反之,"如果不存在秩序、一贯性和恒长性的话,则任何人都不可能从事其事业"(哈耶克,1997)。

那么应如何满足人类社会发展对秩序的需要?秩序与规范之间的关系是什么?实际上,二者之间关系的最直接表现就是,为了维护人们日常的生产、交换、分配、消费等社会生活秩序,需要依据意欲构建的秩序形式,形成相应的规范内容。反之,规范提高了人类社会的交往行为的可预期性,人类社会以形成或制定规范的形式构建了一种社会秩序。秩序的形成和维护需要依靠法律规范、道德规范等手段和机制。秩序直接关系到社会的稳定和发展。一个有良好秩序的社会可以提高效率,减少错误和风险,保障公共安全和个人权益,促进经济发展和社会进步。换言之,一方面,秩序影响规范的制定、内容及目标等内容。首先,秩序影响规范的制定,为了缓解了人与人之间因为追逐个人利益而造成的紧张关系,使人们追求共同利益成为可能,必然需要制定规范,并且因为社会利益关系的复杂性,为了能真正构建稳定的社会秩序,并非只需要法律一种规范,而需要多元化的规范。其次,秩序影响规范的内容。社会秩序必然直接反映规范的具体内容。例如,奉行资本主义的国家提倡自由竞争,需要一种能自由竞争的和谐稳定的经济秩序,在这种情况下所制定的法律或者行业规范,交易惯例内容均体现为有利于维持和谐的经济秩序。因此,秩序影响规范,规范的制定及其内容应当以维护良好社会秩序为目的。另一方面,规范对秩序的构建起到了非常重要的作用。一是规范可以为人们的行为和活动制定统一的准则,防止因为行为准则不统一而导致混乱和冲突。二是规范可以促进公平竞争,制定公正的市场准入规范、反垄断规范等,防止企业垄断和不正当竞争。三是规范可以为科技创新提供良好的环境和条件,鼓励人们创新创业,推动科技进步和社会发展。

2. 规范与自由

自由是指人们在不受限制和干扰的情况下,按照自己的意愿和选择进行行动和活动的权利。自由是人类的一个重要属性,许多哲学研究伊始于"人是自由的"。自由是人类普遍追求的一种重要价值和权利,具有非常重要的意义和价值。洛克主张,人类最初的自然状态是完全自由的状态,这意味着人天生就拥有自由。而卢梭则进一步强调,人不仅本能地享有自由,而且自由是构成人的本质特征,即人之所以成为人,核心就在于拥有自由。社会治理追求的是一种良治,是一种善治,其本质是在秩序稳定的前提下,充分保障人自由而全面的发展。而为了防止人因为追求自由而陷入无序的状态,保障个人自由能最大限度地实现,需要通过规范对其进行调节。因此,自由和规范是社会生活中不可或缺的两个方面。自由和规范之间存在一种相互制约的关系。一方面,自由需要在规范的框架内实现,否则会导致混乱和冲突。霍布斯曾指出,在"自然状态"下每个人都以自己意愿的方式保全自己的生命,人在不顾一切追求自身利益的同时必然会侵犯他人的利益,就会产生一种"战争状态",即"一切人反对一切人"。当人人都只为追求自己利益的时候,就可能侵犯他人权利或者被他人侵犯权利,在这种状态下人人都难以实现自我保存。在此种情况下,为了生存,人们开始自愿地放弃别人也同样放弃的权利,协商缔约,在相互信任的基础上实现了联合,而这就产生了国家。"缔约就是在人与人之间建立规矩,有了规矩,人之为人的真正自由才出现。"(郭冰娜,2017)也就是说,为了使每个人的自由得以实现,需要规范对其进行规定,实现对人无限自由的约束,协调人与人之间的利益关系,最终才能真正实现人的自由。另一方面,规范也需要在保障自由的前提下实现,否则会限制人们的自由和创造力。规范对于保障自由具有重要的积极作用,可以为社会提供有序、公正和自由的环境,促进社会的稳定和发展。具体而言,一是规范可以保障公民权利自由。规范是制定和执行法律的基础,通过规范可以确保公民享有基本的权利和自由,例如言论自由、宗教自由、集会自由。二是规范可以保障市场经济自由。规范可以为市场经济提供有序的环境和公平的竞争机制,保障市场主体的自由选择和自由竞争,促进市场经济的繁荣和发展。三是规范可以保障个人隐私自由。规范可以通过制定和执行隐私保护法律,保障个人的隐私自由,防止个人信息被滥用和泄露。四是规范可以保障知识产权自由,鼓励创新。规范可以制定和执行知识产权保护法律,保障知识产权的自由和权益,鼓励创新和发明,促进社会进步和发展。因此,自由和规范需要相互平衡、相互协调,才能保障社会的稳定和发展。在现代社会中,自由和规范的平衡和协调是一个重要的社会问题,需要通过法律、制度、教育等多种手段来实现。

综上所述,规范与秩序、自由的关系密不可分:意欲构建的秩序决定了规范的内容,规范的落实又成为形成良好秩序的依托;自由并不是毫无约束的自由,而是规范框架内实现的自由,自由离开了规范,必然导致混乱和冲突,但如果规范过分限制自由,也将不利于维持稳定,需要在保障自由的前提下制定规范。也就是说,规范必须具备建立秩序与保障自由的功能,要既能满足人们对稳定秩序的需要,又能满足人们内心对个人自由的追寻。但是不能否认的是,秩序与自由存在冲突是必然的。人类社会发展需要稳定的秩序,这要求规范所构建的秩序具有稳定且持久的特性,但是过分追求秩序的稳定性则会在一定程度上限制个体的创新性,会束缚人们对自然权利,也就是更符合人类自身需求的自由的追求,从而弱化社会发展的驱动力。反之,如果规范的内容过分强调个体的自由,则必然会侵扰已构建的稳定秩序,使社会发展走向混乱无序,这种情形下反而无法真正实现自由。不难看出,秩序与自由始终对立统一,社会发展就是在这种此消彼长的对立中不断寻求二者统一,不断完善与发展。但是并不应该将秩序与自由之间存在的对立视为一种完全消极的产物,要知道这对对立范畴正是不断促进规范调整、社会进步的内生因素,因为人类社会需要形成或制定规范从而构建一种稳定的秩序。同样,从反面角度来看,规范其实是对自由的一种限制与否定,但是自由并未排斥规范的存在,因为规范只有在实践中不断地否定自身、超越自身,才能适应社会生活中个体对自由的实际需要,从而不断趋向于社会生活的理想模式与个体对自由的需要,具有将来的合理性。总而言之,秩序与自由的对立统一正是规范的合理性和生命力所在。正确处理好秩序与自由的关系,以形成或制定规范的方式在秩序与自由的对立中寻求统一,使它们达到一种均衡状态是社会治理中必须注意的问题。只有以规范构建和谐有效的社会秩序才能夯实"善治"的基础,只有以规范充分保障个体自由才能激发创新治理的社会活力,这也是推动"善治"的关键。

第二章
治理中多元化社会规范的逻辑证成

一、多元化社会规范的必要性

（一）多元化社会规范是社会纠纷处理的必然选择

在现代法治建设过程中，法律起着至关重要的作用。法律不仅是社会治理法治化的重要保障，是治理国家的基本手段和重要工具，是国家治理体系与治理能力现代化的关键组成部分，同时也是社会公正的保障。通过制定和实施法律，可以维护社会秩序，保护公民的合法权益，促进社会公平正义。但是不可否认的是，单一的法律规范并不能解决社会实践中的所有问题。马克思曾尖锐地指出："但社会不是以法律为基础的。那是法学家们的幻想。相反地，法律应该以社会为基础。"（马克思 等，1961）这暗示了法律并非万能的，并不能解决一切社会纠纷。随后，马克思又指出社会运行需要多元化社会规范，进一步否定了法律万能论的观点。马克思指出："在现实中，私法、道德、家庭、市民社会、国家等等依然存在着，它们只是变成环节，变成人的存在和存在方式，这些存在方式不能孤立地发挥作用，而是互相消融，互相产生等等。"（马克思 等，2002）从马克思的论断中可以看出，单一的法律规范不能调节社会中的一切关系，还需要道德、家庭、市民社会等共同发挥作用。这一点，从人类学家吉尔兹关于法律认识的论述中也可获得启示。吉尔兹认为，不同的市场有不同的市场观。不同的文化共同体所反映出的法律认识是存在差距的。也就是说，不同认识观念不仅在明确与模糊的程度上有差别，在对社会生活的影响、具体风格与内容、描述事件的手段、所描述的内容、所作的分类和所反映的观念上均有差别（梁治平，1994）。这种差距表明，知识分布以一种离散化形态存在，并且是以一种地方性知识形态存在的。所以，法律规范只能使人们的部分认知得到统一，在面对复杂多变的客观实际时,稳定性强的法律规范难免与客观实际存在不适配的情形,其将难以处理社会生活的一切问题,多元化社会规范才是社会纠纷处理的必然选择。

第一,多元化对于纠纷解决发挥着不可或缺的积极作用。法律规范相较于其他社会规范,从制定程序到具体落实无不体现着规范性。但无法否认的是,规范性背后反映出的是适用法律规范解决纠纷时客观存在的审判周期长、程序繁琐等问题。因此,公民只通过诉诸法律这一种途径解决纠纷是存在一定弊端的。维护社会秩序稳定,调节人与人之间的关系仍需要其他社会规范发挥作用。根据《立法法》第四十条规定,制定法律需经过法律草案的提出、审议、表决和公布四个阶段。列入常务委员会会议议程的法律案,应当在常务委员会会议后将法律草案及其起草、修改的说明等向社会公布,征求意见,但是经委员长会议决定不公布的除外。也就是说,一部法律的出台,需要经过多重程序,并且公民只有在法律草案的征求环节可以提出自己的建议。由此制定的法律具有强普遍性、稳定性,但特殊性与灵活性较差。另外,除法律制定外,法律的执行、司法程序的启动均需要较强的专业性,认知差异导致部分公民选择"私了"或认为诉诸法律解决纠纷需要"找关系"。而其他社会规范特殊性与灵活性较强,在一定程度上弥补了法律规范存在的问题。因为道德规范、民俗习惯、乡规民约等社会规范的形成是特定主体在客观实际反复适用、试错、完善中"磨"出来的。虽然此类社会规范不同于公权力统一制定的法律规范,没有国家强制力保障实施,但是这类社会规范的内部认同更深入,更容易被相关主体接受。因此,社会治理无法通过单一的法律规范达致善治,社会治理仍需要融入更多元的方式来解决纠纷,多元社会规范对于纠纷解决发挥着不可或缺的积极作用。

第二,多元化社会规范共同协同社会治理,可以有效填补法律规范的不足。形式正义与实质正义是法治建设过程中需要注意的两个重要问题。法律规范在处理社会纠纷时,既需要严格按照法律规定的程序进行,保证程序的公正性和合法性,保障所有当事人都能在同等条件下参与诉讼,享有平等的权利和义务,又需要保障案件处理的结果符合实体法的规定,能够真正维护当事人的合法权益。它强调的是结果的公正性,即在处理案件时,最终的裁决或判决应该基于事实和法律的真实情况作出,以确保当事人的权利得到实际的保护。一方面,部分司法机关只遵循形式正义而忽略实质正义,保障诉讼当事人平等地享有诉讼的权利,却未获得当事人满意的结果;另一方面,部分司法机关在保障形式正义的同时,依照客观事实与法律,积极追求判决得以实现实质正义,但未能使得诉讼当事人完全满意,当事人仍会进行第二次"私力救济"。社会客观实际是复杂多变的,不同地区也因差异性对问题有不同的处理方式。曾发生在 J 村的案件中显示,F 乡的一位佤族人被打死在 J 村,按照司法程序处理案件后,当事人之间的纠纷并没有完全得以解决。J 村的傣族头人认为外村人死在本村不吉利,破坏了该村的禁忌,死者家属必须按照传统习俗"做礼",即赔偿一头牛、一头下过仔的母猪和 6 000 元钱。为了不使矛盾激化,村干部按照传统习俗进行调处,死者家属赔偿了一头牛、一头下过仔的母猪和 200 元钱,纠纷得以平息(曲艳红,2019)。该案件审理时既满足了程序上的公平公正,也秉承以事实为依据,判决结果并无不妥之处。但当事人仍然会通过二次"私力救济"即额外要求赔偿一头牛、一头下过仔的母猪和金钱。此请求与案件事实并无关系,无法律或法理依据,如若以诉讼请求提起,必将以败诉告终。但是,以民俗习惯进行调处,才使得纠纷得以真正平息。也就是说,仅依靠法律规范解决纠纷,尽管满了形式上的公平公正,遵循事实与法律努力达到实质正义,仍然可能与当事人的真实诉求有差距。此时,需要其他社会规范对法律规范发挥补充作用,使处理结果更趋向于人们内心的正义标准,由此更有助于构建稳定和谐的社会秩序,为社会发展营造较好的氛围。

(二)构建"强政府-强社会"模式的必然选择

我国曾经历了很长一段时间的政府机构改革,坚持探寻政府与社会之间权力分配的合理比例。从"强政府-弱社会"向"强政府-强社会"的社会治理模式转变,必然需要还权于社会,加强社会主体在社会治理中的重要作用。而充分发挥社会主体的重要作用,就需要尊重并认可由社会主体制定的其他社会规范。也就是说,尊重并认可多元化社会规范在社会治理中的重要作用,实际上是调节政府与社会权力配比的直接手段。社会主体通过制定并运用具有特殊性的社会规范,不仅可以高效地解决纠纷,还可以在反复适用多元化社会规范中影响国家法律的运行,即在长期实践中反复适用的社会规范可能作为修改法律的重要依据。从根本上看,多元化社会规范影响权力的重新分配。因此,意欲构建"强政府-强社会"的国家与社会合作共治模式,需要加强多元化社会规范协同运用至社会治理中来。

　　新中国成立以来,我国经济飞速发展,一些社会矛盾逐渐暴露出来,社会秩序的构建与传统的治理模式经历了严峻的挑战。具体可以划分为三个阶段。首先,在计划经济时期,我国社会管理模式呈现出"强政府-弱社会"的特点,权力高度集中于政府部门,是一种政府凌驾于社会之上,权力覆盖整个社会发展的全面控制模式。此阶段社会组织与公民的权力十分小,发展空间也极为狭窄(朱锦红,2016)。权力高度集中于政府,社会与个人权力难以与政府抗衡,在一定程度上滋生了权力高度集中下的腐败问题。从规范类别来看,法律与其他社会规范互相的认同感均较低,代表国家强制力的法律并无明确规定承认独具特色的其他社会规范可以作为解决纠纷的依据,部分乡村地区对法律并不了解且持抵触态度。其次,自十一届三中全会提出发展市场经济起,与经济基础相适配的上层建筑转变为由政府全能控制向政府主导模式转变、积极增强市场活力、鼓励市场创新的"强政府-弱社会"模式。此模式下,政府力量仍为主导社会发展的力量,但会下放部分权力给社会与公民,使社会组织与公民参与社会发展的热情逐渐提高。权力仍高度集中于政府,虽然有向个体与社会转移的趋势,但个体与社会享有的权力仍难以影响政府权力。政府机构仍存在机构臃肿、效率低下的问题。从规范类别来看,在市场经济影响下,多元化社会规范调整社会关系的客观事实逐渐被承认,经济团体、企业与行业组织在经济发展中的作用逐渐显现,团体规章、组织纪律规范、行业条例对调节社会经济关系起到了十分重要的作用。最后,十八届三中全会上提到,要把传统的政府主导型的社会管理模式转变为提高社会自主性的社会治理模式,努力打造社会协同治理格局。2020 年 12 月,中共中央印发《法治社会建设实施纲要(2020—2025 年)》,提出要完善社会治理体制机制,完善党委领导、政府负责、民主协商、社会协同、公众参与、法治保障、科技支撑的社会治理体系,打造共建共治共享的社会治理格局。公民与社会权力日益壮大,对监督政府权力起到了十分重要的作用,最为直接的表现即为《民法典》将不违背公序良俗的习惯作为没有法律规定时可参照适用处理纠纷的依据,同时也积极鼓励基层群众积极参与至市民公约、乡规民约的制定中来,行使自治权力,制约政府权力的无限扩张。

　　构建"强政府-强社会"的社会治理模式,必然要处理好国家公权力与社会、个人私权力之间的关系,而多元化社会规范恰恰为私权力制约公权力提供了最直接的方式。提倡多元化社会规范协同社会治理,可以充分调动社会组织的积极性、发挥社会组织的作用以及提高个体的权力意识。在强政府模式下构建强社会模式，需要多元化主体协同进行社会治理，需要公权力提高对私权力的重视，使其能够在辅助公权力构建和谐社会的同时对公权力进行制约与监督。也就是多元化主体可以通过参与制定调节社会关系的多元化规范，将体现自身意志的规范渗透至社会治理中来，这不仅能够提高处理部分纠纷的效率，同时也提高了纠纷解决的满意程度。具体来说，一方面，构建"强政府-强社会"的社会治理模式，需要充分发挥社会组织的作用，鼓励社会组织在不违背法律的情形下创设社会规范，使其在特殊领域处理问题更有针对性和高效性。社会组织在我国的社会治理中起着重要的作用。它们通过制定和执行各种社会规范，帮助维护社会秩序，促进社会公正，提升公民的道德素质和社会责任感。通常情况下，社会组织所制定的社会规范主要包括行业规范、道德规范、行为规范、团体规章等。这些规范旨在引导成员的行为，促进行业的健康发展，提升社会的道德水平。例如，行业协会制定行业规范，规定行业内的竞争行为，保护消费者的权益，促进行业的健康发展。社会组织制定的社会规范是我国社会治理的重要组成部分，与法律法规相辅相成，共同维护社会的秩序和公正，也是私权力进行社会治理的直接手段。只有通过社会规范加强私权力在社会治理中的比重，才能为权力向社会转移提供明确的路径，进而推进实现"强政府-强社会"的治理模式。另一方面，构建"强政府-强社会"的社会治理模式，需要充分发挥个人在社会治理中的重要作用。个人权力是个体在社会活动中所拥有的影响力和支配力，主要源自个人的知识、技能、财富、社会地位等因素。个人权力使得个体能够在社会活动中实现自己的意愿，并影响他人的行为和决策。个体通过参与社会规范的制定可以有效起到监督公权力的重要作用。个体参与可以提升社会规范的公正性和公平性。因为公民个人是社会规范的直接受益者，他们对规范的需求和期待最为直接和真实。公民参与制定的社会规范更能反映大众的需求和意愿，更能保障公众的利益。同时，公民参与可以提高社会规范的大众接受度和大众执行力。当公民参与到社会规范的制定过程中，他们会对规范产生更强的认同感和归属感，更愿意遵守和执行这些规范。公民参与社会规范的制定是我国社会治理的重要组成部分。公民个体是构成社会的基本元素，参与社会规范的制定是公民行使私权力进行社会治理的直接手段。只有公民个体真正参与至社会规范的制定中来，充分表达自身意愿,使社会规范的民主性与特殊性加强,加强私权力在社会治理中的比重,才能为权力向社会转移提供明确的路径,进而推进实现"强政府-强社会"的治理模式。

(三)社会治理追求良善之治的必然选择

善治,即良好的治理。学者俞可平将其定义为"使公共利益最大化的社会管理过程"(俞可平,2003)。学者王利明从狭义层面将善治界定为"全面依法治国的方略",从广义层面上界定善治,认为其包含民主治理、依法治理、贤能治理、社会共治、礼法合治等内容(王利明,2015)。善治,应是强调政府、公民和社会组织等各方共同参与,旨在实现社会公共利益的最大化的一种协调社会关系、促进社会良性发展的方式。对于什么样的治理方式可被称为善治,实务界与理论界提出了多项标准。例如,世界银行将善治的标准界定为政府行为的责任性、透明性与法治。联合国发展计划署认为,善治需要具备政治的合法性和责任性、结社和参与自由、可靠的法律制度、负责任的公众服务、新闻和表达自由、有效能的公共部门以及公民社会组织的合作等条件。再如,学者俞可平提出了善治所具有的合法性、法治、透明性等十项要素。[①] 学者万俊人、任剑涛、李建华和龙兴海等提出善治应符合合法性、参与、法治、透明性、回应性、一致同意、公平性与包容性、效力与效率、责任性九项标准(熊节春,2014)。实际上,善治就是能正确处理政府、社会组织、公民个体共同进行社会治理的关系,使其能通过良好的合作和良性的互动达到好的治理目标和效果。社会治理意欲实现善治,即需要处理好政府、社会组织、公民个体在社会治理中的关系与权力配置问题。多元化社会规范,是多元化社会主体参与至社会治理中的直接手段。多元化社会主体通过直接制定或参与制定社会规范的方式,影响社会行为,为达到良好的治理效果提供具体路径。

制定多元化社会规范为国家、社会、个人如何协调关系指明了具体路径,有助于社会治理趋向善治。社会规范是影响社会行为的直接手段,多元化社会规范将整个社会又进一步区分为多个交叉的领域,明确了不同领域内的行为准则,不仅为构建稳定的社会秩序提供了明确的保障,同时也有助于协调国家、社

[①] 善治的基本要素有十个:合法性、法治、透明性、责任性、回应、有效、参与、稳定、廉洁、公正。参见俞可平.政治与政治学 [M].北京:社会科学文献出版社,2003:23-24.

会、个人之间的关系。法律规范作为国家公权力的象征，为维护社会秩序稳定、保护公益与私益提供了具有一般性与普遍性的准则，是社会一切主体必须遵守的行为规范，由此也体现了国家公权力的最高性与权威性。但是，法律规范不能解决一切社会问题，社会秩序的稳定与纠纷解决的终局性有时仍需要其他社会规范发挥作用。正如《民法典》将不违背公序良俗的习惯作为没有法律规定时可参照适用处理纠纷的依据，这实际上是公权力对其他社会规范代表的私权力的一种认可。再如，中共中央印发的《法治社会建设实施纲要（2020—2025年）》中提到"加强居民公约、村规民约、行业规章、社会组织章程等社会规范建设，推动社会成员自我约束、自我管理、自我规范"。这两点都可以看出国家公权力通过承认多元化社会规范解决社会纠纷的作用，将制定这种影响多数人行为规则的权力分配给社会私主体。私主体通过直接或间接参与社会规范的制定，将自身意志传递至影响自身行为的规范之中，可以增强人们对规范的认同性，增强规范的可执行性。同时相较于具有普遍性的法律规范，此类社会规范更具有特殊性，解决纠纷更具有针对性，也更有益于增强纠纷解决的终局性。

此外，从法律规范与多元化社会规范之间的关系来看，它们之间的相互影响背后实际上反映出的是国家、社会、个体之间协同社会治理时的相互关系。可以通过制定规范的方式协调三主体在社会治理中的权力、地位、作用，使社会治理向善治而努力。一方面，国家在社会治理中是具有领导性、全局性、最高性的主体，起到纵览全局、协调各方的重要作用。社会治理意欲达到善治，离不开国家这一主体发挥的指导性作用，任何社会主体都不应与此原则相违背，以此才可以保障社会的稳定发展。从法律规范对其他社会规范的影响来看，法律规范为其他社会规范明确了一个最低标准，也就是其他社会规范应当在法律规范的范围内制定，不与法律规范相违背。法律规范反映的是国家权力的权威性、国家这一主体在社会治理中的核心与主体地位，以及其在社会治理中起到的决定性、引导性的重要作用，其他社会主体不能与其冲突或违背，反之不利于社会秩序的稳定与社会发展。另一方面，社会与公民个体积极参与社会治理，可以为社会治理注入更多活力、提供更多智慧，同时也有助于提高国家决策的民主性与科学性，增强民众的认同感与参与感，助推社会治理向善治发展。多元化社会规范在法律规定的范围内发展，一定程度上也会影响法律规范的制定与修改。多元化社会规范反映的是社会与公民个体对国家权力的影响。社会组织与公民个体通过参与社会规范的制定,将自身意志与智慧融入社会行为的准则中,有助于社会治理更具科学性与合理性。例如,道德规范是社会主体在社会反复实践中得出的一般性、普遍性、为广大人民群众所认可的准则。在制定和修改法律规范时,需要考虑这些因素,以确保法律的有效性和适用性,此为其他社会规范对法律规范的影响。因此,社会与公民个体制定与参与制定其他社会规范有助于提升社会治理的科学性与民主性,有助于社会治理达到善治的目标。

二、多元化社会规范的可行性

(一)逻辑起点: 顺应社会发展规律

多元化社会规范反映了社会内部各种力量的互动和平衡。这种规范不仅仅是多种治理方法的集合,更是一种社会动力学的深刻体现。它体现了多元社会主体之间的合作与协调,以及这些主体在社会治理过程中的权力如何分配与调整。从历史角度看,社会的发展往往伴随着权力从集中到分散,再从分散到重新集中的循环过程。这一过程反映了社会对于治理结构和效率的不断探索和优化。多元化社会规范正是在这种权力动态变化中产生和发展的。从权力类型来看,多元化社会规范涉及的权力可以分为以下几种。一是国家权力。这是通过法律和政策表达的权力,具有强制性和普遍性。国家权力通过法律规范来规定和限制个体和集体的行为,确保社会秩序和公共利益的实现。二是社会权力。这种权力通常体现在社会习俗、传统和非正式规则中。它基于社区成员之间的共识,虽然缺乏法律的强制执行力,但在日常生活中具有很强的约束力。三是个人权力。这指的是个体在私人领域中的自主权,包括个人的选择和自由行为的权力。在多元化社会规范中,尊重个人权力是维护社会多样性和创新的重要条件。在社会实践中,不同权力来源的识别和平衡是关键。例如,法律规范需要与个人权利保持良好关系,以确保规范的实际适用性和有效性。这种平衡不仅有助于减少社会冲突,也促进了社会整体的和谐发展。进一步地,了解多元化社会规范的起源和发展,可以帮助我们更好地理解其在现代社会中的作用。通过分析不同规范背后的权力结构,我们可以更有效地设计和实施社会治理策略,不仅有助于保持社会的稳定性,也能促进其动态发展和创新。总之,多元化社会规范是一种复杂且极其重要的社会治理工具,涉及从微观个体到宏观国家层面的多方权力的协调和利益平衡。在现代多元社会中,恰当地理解和应用这些规范,对构建一个公正、高效和充满活力的社会至关重要。

权力源于个人与社会。个人权力应当是权力形态中最基本的权力,其构成了社会权力与国家权力。在社会发展的初级阶段,个人权力是保障和实现自身需求的主要方式。随着社会逐渐发展,个人权力的作用被其他权力形态掩盖,尤其是国家这个虚幻共同体产生后,其他权力的形态被国家权力所掩盖。加之我国自古受封建君主专制影响,君权强盛,个人权力未得以重视。随着资本主义的萌芽和西方文明的传播,公民的权利意识有所觉醒,但也没有达成社会普遍共识,公民对国家权力一直保持一种敬畏的状态。权力就由传统的分散式转为由国家高度集中,这种情形在计划经济时期与改革开放初期仍有体现,最直接的表现就是权力一元化,即国家权力在整个国家范围内的行使具有统一性、集中性和最终性的特点。

社会发展经历了由权力分散向权力高度集中的转变。权力高度集中的弊端显现后,权力集中又必然转向权力分散,形成权力之间的良性互动与相互监督,促进社会持续向前发展。这一点在马克思与恩格斯关于国家的观点中也有所体现。1883 年,恩格斯提到,"未来无产阶级革命的最终结果之一,将是称为国家的政治组织逐步解体直到最后消失……工人阶级应当首先掌握有组织的国家政权并依靠这个政权镇压资本家阶级的反抗和按新的方式组织社会"(马克思 等,2012d)。可以看出,国家归于消灭后,仍需要按新的方式组织市民社会履行原有国家的职能。也就是说,国家权力归于消灭,社会管理职能与治理的职能将从由国家履行转为由市民社会履行,社会有序发展将依赖于个人权力与社会权力对社会关系的调整,其中最直接的表现就是需要明确约束人们生活的规范。现阶段,社会正处于权力第二次分散的开始,相较于第一次分散有了质的转变,具体体现在个体权利意识的觉醒,即个体有意识地通过发挥个人权力与社会权力的作用来防止国家权力的侵犯,其中最有助于个体权力行使的方式,即参与规范的制定。

多元化规范背后反映的实际上是权力由集中向分散的转变。从规范的视角来看,这实际上是由代表国家权力的法律所表现出来的万能理论向承认国家权力调整社会关系具有局限性的观点的转变。在法律随国家产生的初级阶段,虽然存在法律,但法律的主要功能是维护封建君主的统治,忽略个人权益的保障。受这种封建人治的影响,人们对法律持一种"法律虚无主义"的态度,并未正确理解法律的意义。随着社会生活的不断发展,公民的个人权利意识逐渐增强,人们将对善治的渴望寄托在法治之上,认为万事有法可依即可以防止国家权力对个人权益的侵害。但当人们将对法治的渴望全部寄托于法律之上时,就有可能存在矫枉过正的问题。各个领域的法律、规范性文件层出不穷,社会生活的各个方面都出现了法律的式样。例如,"某市曾经出现关于居民邻里关系立法的建议、某市规定婚丧喜庆酒宴桌数的上限、某地规定不孝敬父母的干部不能提拔重用"(黄涧秋,2008)。这种无限夸大法律作用的历史唯心主义观点,即"法律万能论",是认为法律能解决一切社会纠纷的错误观点。实际上,社会治理所追求的善治,固然离不开法律的保障作用,但也需要承认法律调整的社会关系是有限的和僵化的。多元化社会规范不仅是个人权力和社会权力行使的直接手段,更是调整复杂的社会实践关系的现实需要。也就是说,法律无法完全解决社会发展中的全部问题,社会关系的复杂性与多元性带来的问题需要更为贴合实际情况、在某些问题上更具有灵活性与适用性的特殊规范进行调整,这不仅可以提高解决问题的效率,也是在尊重个人权力与社会发展规律下,促进社会更好更快发展、实现社会自治、精准解决社会矛盾的必然选择。

(二)政策导向: 协同共治

自党的十八大以来,我国探索出一套更加科学、极具中国特色的管理社会的模式,即社会治理。社会治理是国家治理的重要方面,实现国家治理体系和治理能力现代化,离不开社会治理的现代化。实现社会治理现代化离不开对社会实践的具体分析、治理经验的总结、治理理论的深化,只有这样才能不断加深对社会治理的规律的理解,探索出极具中国特色的社会治理新模式。党的十九大将社会治理格局明确为"共建共治共享"。党的十九届四中全会又明确强调要"社会治理重心向基层下移,发挥社会组织作用,实现政府治理和社会调节、居民自治良性互动"。这无疑是党中央对社会治理经验的进一步总结以及深化治理理论研究后得出来的重要结论。"共建共治共享"是新时代对社会治理核心要义的深刻总结。共建、共治、共享三者相互交融、相互促进,是社会治理中充分发挥人民主体性与坚持以人民为中心的具体体现。其本质是在坚持中国特色社会主义道路为根本要求的基础上,充分调动社会多元主体的主观能动性参与社会治理,由此从单纯的政府一元管理社会转向社会组织、法人、公民等多元社会主体参与社会治理,使社会多元主体之间变得更为融洽,为社会发展构建更为稳定的社会秩序,也使治理方式更具科学性、民主性与凝聚力。从本质上看,"社会治理共同体的构建是一种人民广泛参与的协同性公共活动,呈现出现代协商民主的特点"(韩升 等,2021)。其中共治是社会治理的关键,其背后反映的是治理主体的问题,即社会应该由谁来治理的问题。社会治理需要解决好为什么治理(依据)、由谁治理(主体)、怎么治理(方式)、治理成效(目标)的问题。社会治理是在社会实践经验和社会发展规律基础上、以人为本原则下的必然选择,协同共治则是社会治理的必然结果。协同共治的政策为多元社会主体参与社会治理正名,那么多元社会主体如何协同社会治理成为其能否真正行使社会治理权力的关键性问题,也是整个社会治理问题中的关键性问题,这也使社会治理达致善治不再是理想化问题,而是提供具体的现实路径的问题。其中,规范协同治理成为多元社会主体真正能参与社会治理的主要方式。

十八届四中全会提出要"发挥市民公约、乡规民约、行业规章、团体章程等社会规范在社会治理中的积极作用"①,发挥法治建设中多元化规范对于处理纠纷、协调利益关系的积极作用。《关于做好村规民约和居民公约工作的指导意见》为社会主体如何参与社会治理提供了具体路径,即社会主体通过参与制定规范的方式,表达意见和建议,提高所制定的规范质量,使所制定的规范能够切实有效地规制特定的社会行为。这不仅可以提升社会主体的自治意识,还可以提升规范本身的效用,更有利于规范的落实,以此促进社区和谐、增强社区自治意识、加强社区管理和提高社区凝聚力。以乡规民约为例,乡规民约是保障基层群众参与社会治理、实现基层群众自治的重要方式。我国乡村历史悠久,乡村问题也极具中国特色。中国乡村是一个"熟人社会",受中国传统文化中"厌讼"影响和各地群众观念差异影响,一些基层群众为防止邻人之间关系恶化,遇到矛盾纠纷往往不愿意诉诸法律解决。乡规民约一般由基层组织或委托专业人士提出,召开村民会议集体讨论,每位村民都可以表达自己的想法并参与表决。也就是说村民直接参与乡规民约的制定,对此种规范的参与感、认同感强烈。相较于法律规范,乡规民约更为具体,对于乡村的特殊情况更具有可行性。例如,乡规民约中包含对婚丧嫁娶、房屋搭建、宅基地、家庭矛盾与遗产继

---

① 中共中央关于全面推进依法治国若干重大问题的决定[N]. 人民日报,2014-10-29（001）.

承、乡村乡貌、治安建设等问题的规定。这可能反映出某一地区的独特性。乡规民约对这些内容进行明确，依靠村俗、舆论等，村民以调解、协商方式解决处理邻里纠纷，这对倡导村民之间团结友爱、相互帮助具有重要作用。乡规民约为解决普通民事纠纷提供了有益补充，对基层矛盾解决具有不可或缺的作用。因此，协同共治更有利于社会的稳定与发展。

（三）经济助推：企业自治

我国经济具有巨大的发展韧性和潜力，长期向好，发展前景光明。近年来，我国经济结构不断优化，可持续性与协调性大大增强，稳中向好，持续向高质量发展扎实推进。尽管受疫情防控与国际复杂严峻的环境影响，但在党中央坚强领导下，我国经济在量的合理增长和质的有效提升上都取得明显成效，稳中有进的主流和大势不断巩固（刘伟，2023）。具体表现在经济实力稳步提升、制造业竞争优势持续提升、创新能力不断增强、强大国内市场建设扎实推进、生态文明建设取得新进展、城乡区域协调发展水平、人民生活水平等也在稳步提升（王昌林，2023）。党的二十大报告中科学研判了我国发展形势，明确我国正处于"新时代新征程，我国发展面临新的战略机遇、新的战略任务、新的战略阶段、新的战略要求、新的战略环境"[①]，同时也以辩证的思维，强调在新机遇下也不可忽略改革发展稳定中面临的问题与矛盾。

企业是市场经济发展的重要主体。习近平总书记指出，"我们必须毫不动摇巩固和发展公有制经济，毫不动摇鼓励、支持、引导非公有制经济发展，充分发挥市场在资源配置中的决定性作用，更好发挥政府作用，激发各类市场主体活力"（习近平，2023）。如何充分发挥市场在资源配置中的决定性作用、充分激发企业在经济建设中的活力，党中央积极探索，明确应"持续深化'放管服'改革，加快建设一流营商环境"。"放管服"具体指简政放权、放管结合、优化服务，是中央政府为下放权力、肃清无执法权滥执法之行为、创新性加强政府部门监管、减少对政府干预、降低行政成本、增进市场活力的重要举措。持续深化"放管服"改革，对减少政府干预、鼓励企业自治、增强企业创新能力具有重要作用。习近平总书记强调，"高质量发展是'十四五'乃至更长时期我国经济社

---

① 《人民日报》评论员. 推进中国式现代化必须进行伟大斗争 [J]. 理论导报，2023（02）：20-21.

会发展的主题,关系我国社会主义现代化建设全局"①。企业是市场经济中的重要主体,企业实现高质量发展是中国经济高质量发展的微观基础。实现高质量发展,不仅要为企业创造优良的发展环境、对新兴企业持包容审慎态度、鼓励企业创新、增强企业活力,还要鼓励企业自治、增强企业自主性。

法律不仅是保障企业权益的重要手段,也是鼓励企业创新发展的重要工具。从立法的不断完善中可以看出,我国非常重视企业的权益保障问题,具体表现在《公司法》《专利法》的修订完善,以及从中央到地方陆续出台的多项支持、鼓励、保护企业发展的法律文件与相关政策。例如《企业技术创新能力提升行动方案(2022—2023 年)》(国科发区〔2022〕220 号)中提到,要推动惠企创新政策扎实落地、引导企业加强关键核心技术攻关、促进中小企业成长为创新重要发源地、加大科技人才向企业集聚的力度等内容。鼓励企业改制创新,使企业产权司法保护制度体系建设取得长足进步,为企业健康发展注入了强大动力。但是,在法治对企业的保护作用愈发突显的同时,一些侵犯企业财产权、知识产权的案件以及行业乱象仍时有发生。要解决、改善这些问题,不仅需要在立法、执法、司法等全过程中深入贯彻落实依法保护产权的法律精神,同时也要鼓励企业自治,充分发挥行业规章、团体章程的作用。法律是具有较强稳定性的规范,但无法否认的是,法律较强稳定性下反映出的是法律的滞后性,法律可能无法针对实践中的客观情况及时进行反馈,法律的制定与修改往往是在客观实践中反复出现问题、矛盾逐渐深化后的产物。现阶段,经济发展迅速,经济发展中出现了诸多新实践新发展情形,法律不可能针对一切新事物时时修改。在此种实际情况下,团体章程、行业规章对适应经济发展、及时解决经济发展中存在的问题、鼓励企业自治起到了重要作用。所以,经济发展必然需要多元化规范对经济关系进行调节。例如,行业规章对经济发展有重要作用。行业规章是指在特定行业中,为了保障行业正常运作、提高产品质量和服务质量,由行业组织或政府机构协助制定的一系列规则、标准和准则。一方面,行业规章有助于企业自治。行业规章和企业自治是相互关联的,其通常是由行业组织制定的,体现的是众多企业的共同智慧。行业规章可以明确企业运营标准、促进企业之间交流与合作、防止企业不正当竞争、帮助企业实现自治。另一方面,行业规章

---

① 中共中央宣传部,国家发展和改革委员会. 习近平经济思想学习纲要 [M]. 北京:人民出版社,学习出版社,2022:63.

有助于企业创新。行业规章相较于法律灵活性更强,有助于对企业竞争中出现的问题及时进行规定。同时,行业规范还要求企业尊重和保护知识产权,包括专利、商标、著作权等。这有助于保护企业的创新成果,激励企业投入更多的资源进行研发和创新。同时其也有助于促进技术交流与合作。行业规章鼓励企业之间的技术交流与合作,这有助于企业共享创新资源,降低创新成本,提高创新效率。法律及其他社会规范形式可以将实践中成熟的规范内容以法律或规范、政策的形式确定下来,根据行业规章制定相应的政策措施,如税收优惠、资金支持,更好地保护企业的权益,防止不正当竞争,鼓励企业创新。

(四)文化积淀:历史延续与中华民族多元一体

多元化社会规范得以可行,有着深厚的文化根基。一方面,我国自古就存在多元化社会规范的历史传统,除经常被提到的"礼"与"法"外,还存在调整家庭内部关系的家庭规范以及调整特定乡域的乡规民约等规范。可见,多元化社会规范协同治理社会是一种经过时间与实践检验的历史经验,一种具有深厚的文化传统的治理方式。另一方面,我国是一个统一的多民族国家,多民族所具有的统一性背后蕴含着多样性。多元化社会规范协同进行社会治理,实际上是顺应民族文化多样性的一种具体实践表现,是对民族文化多样性的一种肯定,是对各民族极具特色的习俗规范的一种尊重与认可。

第一,我国古代的社会规范是多元化的,其中最为重要的是"礼"与"法"。我国古代的"礼"是一种重要的社会规范,不仅包含了日常生活中待人接物的礼节与规矩,还涵盖了我国古代社会生活中各个领域的制度和规范。这些制度和规范背后反映的是与之相适应的思想观念或道德理性,是一种以外显的仪式与规范程序确定下来的处理社会关系的基本原则和方式,其背景是以血缘谱系为前提的宗法观念和等级秩序。我国古代的"法"是统治阶级为维护统治而制定的成文规范。"法"伊始于夏商周,直至今日其发展脉络仍然清晰,有因有革,内容丰富,特点鲜明。除"礼"与"法"两种主要的规范外,还存在家规或乡规民约等规范形式调整着社会关系。在我国历史中,乡规民约作为约束乡村居民日常行为规范的"契约性"约定,在一定程度上有效整合了广大民众的道德认知,具有独特的社会教化功能和社会整合功能,特别是通过各种处世规范与道德要求等影响着人们的价值认知和内在精神生活的转变。虽然《吕氏乡约》中的很多内容不符合现代法治的要求,但是,不得否认的是,我国古代客观存在着多元化社会规范,且乡规民约作为我国"乡治"的文化传统,可称为一种"大地之法",在历史传统中获得了"生命能量"。深入考察传统乡规民约,其中仍有不少内容值得我们借鉴,比如邻里互助、患难相恤,严禁盗窃、赌博、滥伐林木。因此,构筑适应现代法治文化的乡规民约,不是要我们完全摒弃治理传统,而是去其糟粕、取其精华,在传承中创新。以此可以看出,我国自古有多元化社会规范的传统,并且现代法治建设仍然需要继续汲取多元化社会规范中的精华。例如,现代法治需要注意德法契合,需要结合客观实际充分发挥民俗习惯、乡规民约的补充作用。

第二,我国历史悠久、地域辽阔,民族众多,文化底蕴深厚,是一个统一的多民族国家,这种多元一体的文化传统也是中国人民的共同精神纽带。中华民族多元一体的客观实际背后,反映出的是多样性文化的统一性。也就是说,不同民族、不同地区、不同历史背景的文化在相互交流、融合的过程中,既具有各民族的独特性,也形成了共同的文化认同和价值观念。在此种文化氛围的熏陶下与客观实际的需要中,我国必然需要更符合各民族实际情况的多元化社会规范。也就是说,多元化社会规范在我国得以实施,其根源之一就是我国民族具有多样性的文化积淀。为保障多民族紧密凝聚在一起,就需要不同民族在共同的利益、目标和价值观基础上,形成紧密团结和共同奋斗的精神纽带,就需要依靠共同的价值观和道德规范来维系社会稳定。同时,还需要尊重并鼓励文化多样性带来的社会规范多元化的必然选择。多元化社会规范是精准调节多样性文化反映出的不同社会关系的重要手段,是促使社会成员相互理解、尊重和支持的基础。尊重并承认不同民族的民俗习惯作为解决具体问题的重要手段,其实是对多样性民族文化的一种认可,是对马克思普遍性与多样性观点的一种继承。在民族文化统一性的前提下,尊重民族文化的多样性,充分发挥多元化社会规范调节社会关系的重要作用,有助于增强民族文化认同感,促进各民族团结统一。在少数民族地区,存在与法律规范略有差别又极具特色的规范内容。一般情形下,在具体案件审判中,少数民族地区的民俗习惯对处理刑事、民事、行政案件均有影响。一方面,少数民族地区的一些民俗可能被作为对犯罪嫌疑人量刑的参考依据,在民事、行政案件中该地区群众普遍接受的公序良俗、民风习惯可能会被作为处理纠纷的重要依据;另一方面,在具体处理纠纷时,可能会邀请当地德高望重的寨老、头领等运用传统社会规范调处纠纷。例如,凉山彝族在婚嫁方面,男方有给女方身价钱的习俗,在离异时男方可索回身价钱。再如,"根据彝族继承的习俗,在遗产分配上一般主要照顾子女中最小者的利益,而不是平均分配"(胡启忠,2002)。地方司法机关在解决具体纠纷时,会考虑这些极具特色的地方习俗,其背后反映出的是对多元化社会规范调节社会关系、解决具体纠纷方式的一种认可。而这种对多元化社会规范的认可背后反映出的是对多民族文化多样性的认可,这有助于增进多民族之间的情感,加强多民族团结。

第三章
治理中的正式社会规范

正式社会规范是社会结构中非常关键的组成部分,这些规范是通过有意识的集体决策和官方明确制定而确立的。它们包括法律、政策、制度规章等。这些规范通常由国家公权力机关或执政主体通过正式程序制定,并通过法律文件、官方公告或政策指导书等形式公布。正式社会规范的制定和执行不仅是权威机构的职责,而且在很大程度上反映整个社会的价值观和期望。随着社会变迁和文化发展,这些规范也可能发生变化,以适应新的社会需求和价值取向。正式社会规范是社会组织和治理的基石,是确保社会功能正常运行和促进公平正义的重要工具。本章主要分析了社会治理中的法律与党内法规两种正式社会规范。

一、法律

(一)概念及特征

自夏商时期开始,法律一直是巩固阶级统治的重要工具。至今,法律的概念已耳熟能详了。西方对法与法律的研究较为充分,通常情况下,西方学者使用的法与法律并不是完全同等的概念,有时以法代指权利、公平、正义等内容,或是代指永恒的、普遍有效的正义原则与道德公理。有时,将法定义为规则、法则。而法律则指由国家机关制定和颁布的具体行为规则,是法的真实或虚假的表现形式。我国古代的"法"通常与"刑"或"律"结合使用。如,"法者,刑罚也"。再如,"法亦律也,故谓之为律"。法律一词在我国古代虽同现代词义略有差距,但法与律均有约束、法令、规章、制度的含义。《唐律疏议》《法经》中提到的法律均为调整社会关系、维护统治阶级统治、规制人民行为的准则。现代使用的法律一词,有广义和狭义两种用法。广义的法律通常指的是制定法,在我国,法律具体包括宪法、全国人大及其常委会制定的法律、国务院制定的行政法规、地方国家权力机关制定的地方性法规以及民族自治地方的人民代表大会制定的自治条例和单行条例等。狭义的法律仅指全国人大及其常委会制定的法律(张文显,2018)。法律的概念可以表述为,由占统治阶级地位的公权力机构制定或认可的,以国家强制力保障实施的,规定人们行为或活动的命令、允许或禁止的一种规范。法律的主要特征可以概括为权威性、主体特定性、效力的普遍性、强制性、程序性。

第一,法律具有权威性。法律的权威性是其有效实施的基础,确保了法律在社会治理中的中心地位。这种权威性不仅源于法律内容的规定性,即法律条文明确规定了允许、禁止以及必须遵守的行为,还来源于国家的强制执行力和广泛的社会认可。法律作为统治阶级意志的体现,意味着它反映了国家政权及其代表的政治意愿和治理目标。在国家治理体系中,法律提供了行为规范和决策的基准,正式的立法程序将统治阶级的政治理念和治理策略转化为具体的法律条文。这种转化过程赋予了法律以政治和社会的正当性。法律通过具体、明确的条款来规定行为的界限,明确告知公民和组织什么是法律允许的行为、什么是法律禁止的行为,以及什么是必须履行的义务。这使法律的应用具有预见性和一致性,也帮助人们在复杂的社会交往中清晰地了解自己的权利和责任。此外,人们对法律的信仰也是法律权威性的重要来源之一。公众对法律的信任和尊重,基于对法律公正性和效力的认可。社会成员相信法律能够公正地解决争议,保护权利,防止不公和犯罪,这种信任是法律得以有效实施并维护社会秩序的社会心理基础。因此,法律的权威性确保了法律作为社会治理工具的核心作用,维护了国家和社会的稳定及其发展。

第二,法律的主体具有特定性。首先,法律的制定主体主要是指那些拥有国家公权力、负责制定法律的官方机构。这些机构通常是立法机关,它们的职责是制定、修改和废除法律,确保法律能够适应社会的发展需要和公众的利益。其次,法律的实施主体包括行政机关和司法机关。行政机关负责法律的日常执行和管理,包括政府部门和各种公共机构,它们在法律授权的范围内执行法律,管理公共事务。司法机关则主要负责解释法律和裁决争议,确保法律的正确应用,包括各级法院和司法部门。这些机构必须严格按照法律规定行使职权,保证法律实施的公正性和有效性。此外,一些特定的法定授权组织,如企业、事业单位和社会团体,在它们被授权的领域内也可能拥有执行某些法律职能的权力。这些组织在法定授权范围内,可以依照法律的规定行使相应的职权和职责。但是,法律的实施主体必须是依法成立的、具有相应的职权和职责的组织,且必须遵守法律规定的程序和原则,不能滥用职权或越权行事。这是因为法律的正义性和效力在很大程度上依赖于法律的正确实施。任何违反法律规定的行为都可能导致法律实施的失败,损害公众对法律体系的信任。所以说,法律的主体具有高度的特定性,这既体现在法律的制定阶段,也体现在法律的实施阶段。这种特定性确保了法律的权威被有效维护,使法律能够在维护社会秩序和保护公民权利方面发挥关键作用。

第三,法律的效力具有普遍性。法律的普遍性是现代法治国家法律体系的基本原则之一,确保了法律作为社会治理和公正实施的工具的公平性和有效性。首先,法律具有普遍的约束力和适用性。法律在制定时必须面向全体公民,并且在实施过程中对每个人都平等适用。这种无差别的适用性是实现法律正义的基础,它保证了无论一个人的社会地位、财富、种族或性别如何,都将受到相同的法律规则的约束。这不仅有助于构建一个公平的社会,也强化了法律规范的权威性和社会成员对法律的信任。其次,法律的适用不区分地域与时间,这是法律普遍性的另一个重要方面。法律的这一特性意味着,同一法律在国家的任何地区都具有同等效力,不因地域的不同而有所改变。同时,法律的普遍性还包括其在时间上的连续适用,除非被新的法律替代或废除,否则法律持续有效,不受具体时间的影响。最后,这种普遍性也体现在法律的制定和修订过程中。立法机关在制定法律时需考虑到法律的普遍适用性,避免制定可能引起公平性质疑的特权或特例。法律的普遍适用性要求立法者在考虑新法律或修改现有法律时,必须从整个社会的利益和公共利益出发,以提高法律的普遍接受度和遵守率。法律的普遍性不仅是其效力的一个重要特征,也是现代法治的一个核心要求。它不仅确保了法律在社会中的公正执行,也是维护社会稳定、促进社会和谐的关键。通过普遍适用的法律,可以有效地管理社会行为,预防和解决冲突,保护每个公民的基本权利与自由。这种普遍性的实现,是每一个法治国家努力的方向和目标。

第四,法律具有强制性。法律的强制性是其基本属性之一,确保了法律不仅仅是道德或指导原则,更是具有实际执行力的规范。这种强制性源自国家的公权力,是维护社会秩序和保障法律效力的关键因素。违反法律会造成财产或人身权益的减损是法律强制性的直接体现。法律明确规定了对于违法行为的处罚措施,包括罚款、限制人身自由甚至剥夺生命权等,以便对违法行为进行惩罚并产生威慑作用。除了惩罚性措施,法律的强制性还通过强制执行来保证。例如,法院可以命令没收、冻结或转移财产,强制执行合同条款,或强制拆除违章建筑等。在需要的情况下,法院还可以动用国家力量,以保证法律裁决的执行,这也是法律强制性的一种体现。法律的强制性为法律被普遍遵守提供了保障。没有强制力,法律规定可能会被违背或忽视,导致法律失去公正性和效力,最终损害社会秩序和公共利益。因此,法律具有强制性不仅是维护法律尊严的手段,也是保护社会成员权利和自由的机制。这一特性强调了法律与其他社会规范的区别,突出了法律在现代社会治理中的核心地位。

第五,法律具有程序性。法律的程序性是指法律从制定到运行都具有明确的程序规定。一方面,从法律制定来看,为规范立法活动,提高立法质量,我国专门出台了《立法法》。法律的形成不同于其他社会规范,需要经过法律草案的提出、审议、表决、公布四个阶段。为提高法律的民主性,常委会准备提请大会审议的法律草案,应当向社会公布,广泛征求意见,由此可以看出法律规范的制定具有严格的程序性。另一方面,从法律规范的运行来看,同样体现了程序性特征。法律的运行必须遵循特定的程序规定,任何违反法定程序的行为都可能导致相应的法律后果。例如,在行政执法中,如果行政机关违反了法定程序,并且这种违反达到了重大且明显的程度,那么根据《行政处罚法》的规定,相关的行政处罚可能会被认定为无效。再如,在诉讼中,如果法院未按照法定程序审理案件,判决可能会被撤销。

(二)法律的构成要件

上文提到,规范均由主体要件、行为要件、对象要件及目的要件构成,但任何种类的规范又有其自身的特殊性,故构成要件上又存在差异。因为我国是成文法国家,法律的规定极为详尽,故法律规范的构成要件具有一定的典型性。

1. 主体要件

从主体要件来看,此处主体为法律运行中的主体,既包括立法主体,又包括执法主体、司法主体。第一,立法主体。从广义层面看,法律既包括全国人大及其常委会出台的具有全国效力的一般法律,也包含国务院出台的行政法规及民族自治地方人大、地方人大及常委会制定的地方性法规等具有法律效力的规范。因此,立法主体既包括具有立法权的全国人大及其常委会与民族自治地方人大、地方人大及其常委会,也包括被授予立法权的主体如国务院。第二,执行主体。行政机关为法律的执行机关,既包括一般的行政主体,也包含经过法律授权、委托而享有部分行政权能的主体。行政授权在学界一直饱受争议,存在"法律法规授权说"与"行政机关授权说"①,有学者结合两种学说提出,"行政授权是指行政机关基于立法者有关授权的许可性规定,通过作出授权行为实现职权转移的一种法律制度"(李德旺,2023)。不论是哪种授权方式,都承认非行政机关可以通过授权行为行使部分行政权力。行政委托指行政机关在其职权职责范围内依法将其行政职权或行政事项委托给有关行政机关、社会组织或者个人,受委托者以委托机关的名义实施管理行为和行使职权。由此可以看出,法律的执行主体既包括行政机关,也包括法律、法规授权的其他组织或行政机关委托的有关行政机关、社会组织或者个人。第三,司法主体。司法主体通常指的是国家审判机关(法院)和国家检察机关(检察院),在法律运行过程中分别负责审理民事、刑事和行政案件与负责监督全国的法院工作,通过对违法行为的审判,确保法律的正确实施与维护社会秩序稳定。

2. 行为要件

法律规则不同于一般的规则形式,因为其具有规范性与成文性,其自身的逻辑结构也较为明显,即"三要素说"中的假定、处理和制裁,"二要素说"中的行为模式及法律后果与"新三要素说"中的假定、行为模式及法律后果(雷磊,2013)。目前,学界更倾向于保留假定的"新三要素说"。也就是说,首先,法律规范设定的具体条件,如生效的时间和地点,对法律的适用性至关重要。例如,法律通常明确规定其生效日期,有的法律可能即刻生效,有的则可能指定一个未来日期。这样的规定使得所有社会成员都能清楚地了解何时开始受到新法律的约束。此外,法律规范还会指明其地域上的适用范围,即这些规定在国家

① "法律法规授权说"是指由法律、法规、规章直接规定或通过其明确规定由行政机关间接决定,将某方面或某项行政权授予行政机关以外的组织行使并独立承担相应责任的行政职权配置方式。"行政机关授权说"是指行政机关为了实现公共利益或者行政管理目标,将某些特定事项或者权利义务委托给其他组织或者个人行使。

的哪些部分或特定地区内有效。接着,法律规定了行为模式,通常涵盖了"可为""应为"以及"勿为"。这一部分是法律规范的核心,直接指导人们的行为。例如,"可为"通常指法律允许的行为,反映了个体的权利;"应为"涉及法律强制性要求的行为,如纳税义务;"勿为"则明确禁止某些行为,如各种犯罪行为。这些规定为社会成员提供了行为的法律框架,帮助他们在法律允许的范围内行动。最后,是法律后果的规定。法律后果是法律规范中不可或缺的一部分。法律不仅告知公民和组织什么行为是允许、必须或禁止的,而且也规定了相应的法律后果。这些后果可以是肯定性的,如合法行为带来的权利或保护;也可以是否定性的,如违法行为所导致的处罚或责任。例如,合同违约可能导致赔偿责任,而合法交易则受法律保护。举例来说,《民法典》通过详细规定涉及个人和财产的法律关系,如婚姻、继承、合同和侵权,明确了在这些关系中合法和非法行为的界限,以及可能引发的法律后果。这种规定不仅对个人行为起到了指导作用,也是维持社会秩序稳定的关键。这些详细的规定确保了法律的权威性和执行力,使得法律成为维护社会秩序和公平正义的强有力工具,同时也帮助公民明确了解自己的权利和责任,从而在法律允许的范围内自由地进行各种社会经济活动。

3. 对象要件

法律中的对象要件是法律规范适用的关键要素之一,决定了法律规定对哪些实体或活动有效,确保法律的目的和作用能在特定的领域和对象上得到实现。首先,法律调整的对象范围具有广泛性。法律可以调整的对象非常多,包括各类社会主体和多种社会活动。法律对不同的社会组织、企业、个人及其行为均有所涉及,这些对象因其在社会中的不同角色和功能而受到相应的法律规制。例如,在个人层面,每一个公民都需要遵守国家的法律,如刑法、民法、劳动法。这些法律规定了个人在日常生活中的权利和义务,如对合法权益的保护、合同义务的履行和对犯罪行为的惩处。通过这些规定,法律不仅保护个体的基本权利,还维护社会公共秩序。在企业和组织层面,法律确保企业活动的合法性和合规性。我国《公司法》《反垄断法》《环境保护法》等不仅规定了企业的组织形式和经营规则,还对企业的市场行为、环境责任等提出了明确要求。企业在追求利润的同时,必须确保其活动不损害社会利益、环境保护和市场公平。此外,法律还特别针对特定的行为或活动进行规制。例如,金融市场的交易行为受到严格的证券法规的监管,以防范市场操纵和内幕交易;食品安全生产则受到我国《食品安全法》的约束,确保公众健康不受危害。这些规定通过对特定活动的监管,防范风险,保护消费者和公众的安全与利益。法律调整的对象除具象化的社会主体还包含抽象化的社会关系。其中包括民事关系、刑事关系和行政关系,这些关系涵盖了个体或组织在法律框架内的互动。民事法律调整个人和组织之间的私权问题,如财产转让、合同履行;刑事法律处理犯罪行为,保障社会安全和正义;行政法律则管理公民与政府之间的关系,如行政许可和行政处罚。综上所述,法律的对象要件不仅定义了法律的适用范围,也确保了法律能针对特定的行为或主体发挥效力。通过这种方式,法律规范帮助维护了一个有序、公正和安全的社会环境。

4. 目的要件

法律规范的目的要件是指法律制定的核心目标和其所要达到的效果,确保法律在实际运行中能够有效地实现社会秩序、公平正义、国家治理等核心价值。法律规范的目的要件可以从以下几个方面进行阐述。首先,维护社会秩序。法律规范的首要目的是维护社会秩序的稳定,确保社会成员的行为在法律的框架下进行,防止违法、犯罪行为的发生。通过法律的约束,减少社会冲突,保护公众安全,实现社会的良性运行。其次,保障公平正义。法律的另一个核心目的在于保障社会的公平正义。通过制定一系列公正的规范,法律可以保障公民的基本权利受到平等保护,并为不同群体提供公平的机会。再次,促进公共利益。法律规范往往肩负着促进社会公共利益的责任。通过法律的实施,国家能够有效管理公共资源、维护公共秩序,推动社会的共同福祉。例如,《环境保护法》《劳动法》等都旨在实现公共利益,维护可持续发展的社会环境。最后,规范权力行使。法律不仅规范个人和社会的行为,也对国家权力的行使进行制约。通过法律规范,权力机关的权力行使被限定在合法的框架内,防止权力滥用,确保国家治理的合法性和公正性,这也是法治国家建设的重要目标。

(三) 法律在治理中的积极作用

法律在社会治理中扮演着核心角色,其作用多维而深远。它通过规范个人和集体行为,为社会成员提供明确的行为准则,从而解决社会矛盾并促进和谐。法律还保护公民的基本权益,保障每个人都能在公平正义的环境中生活和工作。此外,法律还在社会治理中起到了引导、规范其他社会规范的作用。同时,法律通过强化法治环境,为公民营造一个安全、有序的生活环境,并提升了政府的治理效率和透明度,激发了社会创新和创造力。最终,通过这些渠道,法律不断地推动社会向前发展,满足人民对美好生活的不断追求。

1. 法律为社会治理提供了清晰且具体的行为框架

通过明确界定行为的"可为""应为"和"勿为"模式,法律设立了社会行为的标准,有效地指导人们的日常行为和决策。这种规范不仅有助于个体了解和预判法律后果,从而自觉遵守社会规则,还帮助维护社会秩序,防止混乱和冲突的发生。例如,交通法规定了驾驶时的行为限制,能够有效预防交通事故,保障公共安全。此外,法律还提供了解决社会成员间纠纷的有效机制。这包括司法审判、调解和仲裁等多样化的解决方案,使得个人和组织在遇到法律问题时,能够通过正规和平的途径寻求公正的解决。这些法定机制不仅确保了争议的公正处理,也极大地减少了私人报复或暴力行为的可能性,从而维护了社会的和平与正义。例如,民事诉讼允许个人在合同争议或财产权问题上通过法院获得公正裁决,而婚姻家庭法提供了解决婚姻和家庭问题的法律途径,保障双方权益得到平等保护。这种法律规定的行为模式和纠纷解决机制的结合,体现了法律在社会治理中的核心作用,不仅保障了个体的合法权益,也促进了社会整体的稳定与发展。

2. 法律是维护个人和集体的合法权益的根本保障

法律保障了公民的基本权益,如财产权、生命权、言论自由。这些权益的保障是公民能够在一个公平正义的环境中生活和工作的基础,也是社会长期稳定与和谐的关键。通过法律的实施,可以确保法律面前人人平等,无论其社会地位如何。也就是说,法律作为维护个人和集体合法权益的根本保障,扮演着至关重要的角色。它不仅规定了社会成员应遵循的行为准则,还建立了一个维护权益和解决冲突的框架,从而保障公民在一个公平正义的环境中生活和工作。

一方面,法律保护的是社会主体享有的最基本权益,包括财产权、生命权、言论自由等。财产权的保护使得个人和企业能够安全地投资和管理资产,这是市场经济正常运作的基础。通过保护财产权,法律鼓励经济活动和技术创新,同时防止非法侵占和不公正的财产转移,维护市场秩序。生命权的保障是法律对人的基本尊严和安全的承诺。通过制定和实施刑法,法律保护公民不受暴力侵害,保障个体的生命安全不被非法剥夺。这些措施不仅涵盖了对暴力行为的惩罚,也包括了预防措施和法律教育,以减少犯罪发生。对言论自由的保护则是维护民主和社会多元性的核心,法律保障个人表达观点的自由,这对于公众参与政治、社会决策和文化生活至关重要。

另一方面,法律的实施确保了法律面前人人平等。这一原则是现代法治的基石,意味着无论财富、地位或背景如何,每个人都应受到法律的平等保护。这种平等不仅体现在法律的字面意义上,更通过公正的司法系统得以实践。司法独立和公正的法律程序确保了每个人都能获得公平的审判和法律服务,从而强化了社会对法律体系的信任和依赖。通过这些机制,法律不仅维护了个人和集体的合法权益,还促进了社会的长期稳定与和谐。法律为社会成员提供了解决冲突、保护权利和参与社会治理的途径,使得社会能够在公平正义的基础上进步和发展。这种法律的保护作用是现代社会稳定发展的基石,是每个公民能够追求并实现美好生活的前提条件。

3. 法律在社会治理中起到了引导、规范其他社会规范的作用

法律在社会治理中有更为深刻的意义。法治中国建设应该突出法律的地位。然而,我们又必须面对多元社会规范相互竞争的现实。因为,纠纷发生后不仅法律会发生作用,其他形式的社会规范也竞相发挥作用。但是,我们始终承认法律在社会治理的多元化社会规范中占据根本性、全局性的地位,为其他社会规范的发展提供指引,这不仅符合法治社会建设的需要,同时也是尊重社会发展客观规律的体现。因为,随着法治建设的不断深入与人们对法治的认同逐渐提高,法治话语逐渐成为代替人治方式的主流话语。

客观来看,"传统的仁政德治、还是政教合一的治理方式发挥作用的范围也越来越小。伴随着国家、社会对法律规范的依赖程度的增大,法律规范的地位会不断地提升"(陈金钊,2016)。法律之所以能在众多社会规范中起到引领作用,根本原因是其背后反映的是具有根本性的国家权力。法律是国家经由法定程序制定或认可的、以国家强制力保障实施的行为准则。它以国家强制力的后盾为保障,"当遇到阻碍其实施的反向作用力时,能够迅速逆转力量对比,改变原有的博弈格局"(吴元元,2020)。其他社会规范不同于法律,是在社会中经由长时间的反复实践而被确立下来的,人们普遍认可的一种具有特殊性的解

决纠纷的方式。这是一个需要相关社会主体长时间反复博弈的过程。由此,如若新的社会实践推动向前,需要新的规则予以规制,那么以其他规范的形式推动制度与规则的良性变迁,可能会因为部分社会主体的不认可或抵触而难以落实,因为其他社会规范的适用范围是有限的,应当正确认识社会规范存在的自发性。既要认可其他社会规范在先调节新的实践关系中的重要性,又要以法律这种成文的、具有国家强制力保障的规范形式对其他社会规范进行指引,明晰社会主体之间关于什么是可为、应为、勿为的信息分布,减少因为认知分歧导致的对于社会规范创新的延宕和阻滞,以及时改变人们的社会认知,以明晰准确的信号向社会主体提供行为指引。此外,其他社会规范形式具有多元化特征,调整范围必然存在交叉的情形。法律是解决多元化社会规范内容冲突的重要手段。社会主体具有多重身份,其行为在受到法律规范约束的同时,还可能受到道德规范、习俗、乡规民约等规范约束。这种情形下,多元化规范难免存在对同一行为处理不同的问题,此时法律需要发挥其统领作用,在其他社会规范之间发生冲突时,由法律与其背后的国家强制力协调相关主体的预期,解决其他社会规范冲突带来的问题。可以说,法律是其他社会规范协调共生不可或缺的支持。

4. 法律强化了法治环境,为社会治理营造了良好的环境

法律在社会治理中起着不可或缺的积极作用,通过多种方式为社会发展提供了坚实的基础和向导。首先,强化法治环境是法律的一项基本功能。一个健全的法治环境不仅保护公民的基本权利,还维护社会秩序,防止犯罪和不正当行为。法律通过设定明确的规则和惩罚机制,保证社会行为的预见性和一致性。这种环境让公民感到安全,知道自己的权利受到保护,不会受到随意的侵犯或不公正的对待。例如,《消费者权益保护法》保障购买者免受不良产品和欺诈行为的伤害。其次,法律对提升政府治理效率和透明度也起到了关键作用。透明的法律程序和规范确保了政府决策的公开和公正,使得政策制定更加贴近民意和实际需求。这种透明度减少了腐败的空间,增强了政府的公信力,使得公众可以通过合法途径参与到政治和社会活动中,监督政府的行为。此外,法律还可以激发社会创新和创造力,如通过保护知识产权,激励创作者和研发者投身于新技术、新产品的开发。我国《版权法》《专利法》和《商标法》等保护了创新成果,避免他人无偿盗用。最后,法律在促进社会整体稳定中起到了基础

性作用。法律不仅仅是解决问题的手段,更是预防问题的机制。通过明确的法律规范,社会成员能够预见到各种行为的后果,有助于在冲突出现之前就通过合法途径寻求解决方案。因此,法律不仅仅是规范行为的工具,它通过上述多方面的功能,还为构建一个更加公平、安全和有创造力的社会环境提供了支持和保障。

二、党内法规

(一)概念及属性

1921 年,中国共产党召开了第一次全国代表大会,在此次具有划时代意义的会议中通过了《中国共产党的第一个纲领》。这一纲领不仅为新生政党提供了明确的行动方向,还为中国革命的初期阶段注入了希望。随着党组织的不断发展和斗争形势的日趋复杂,党内生活的规范和领导行动的统一有了更高的要求。正是在这样的背景下,1938 年召开的中共六届六中全会显得尤为重要。会议上,毛泽东同志高瞻远瞩地提出了制定详细党内法规的建议,旨在统一各级领导机关的行动,确保党的方针政策能够准确无误地得到贯彻执行。此次会议还通过了包括《关于中央委员会工作规则与纪律的决定》和《关于各级党部工作规则与纪律的决定》在内的一系列关键党内规范,这些文件为"党内法规"一词赋予了更为具体的内涵,使其成为党内外公认的规范党组织的工作、活动和党员行为的规章制度与治理准则。由此,"党内法规"这一概念不再是抽象的理论设想,而是有了实在的文本支撑,正式进入了中国共产党人的视野和实践范畴。在党的七大上,刘少奇同志在修改党章的报告中再次重申了"党内法规"的重要性,凸显了其对党的建设和发展的深远影响。1955 年,毛泽东同志在中国共产党全国代表会议上的总结发言中,再次提到了"党内法规"。这不仅体现了党对党内法规建设的持续关注,更彰显了党在治理自身、推动国家发展中的高度自觉和坚定决心。1992 年召开的党的十四大把"党内法规"一词正式写入党章。"党内法规"这一概念的演变与实践,见证了中国共产党发展的伟大历程,也表明了党在法治建设道路上的坚定步伐。自党的十八大以来,以习近平同志为核心的党中央高度重视制度治党、依规治党,将加强党内法规制度建设视为全面从严治党的长远之策和根本之策。这一举措被视为事关党长期执政和国家长治久安的重大战略任务,已被摆在更加突出的位置进行部署推进，并取得了历史性成就，这也掀起学界对党内法规的研究热潮。

党内法规的概念在历史发展过程中逐渐完善并明确。1990 年，中共中央印发的《中国共产党党内法规制定程序暂行条例》第二条中指出，"党内法规是党的中央组织、中央各部门、中央军委总政治部和各省、自治区、直辖市党委制定的用以规范党组织的工作、活动和党员的行为的党内各类规章制度的总称"。这一定义指出了党内法规的制定主体和其规范对象。随着时间的推移和实践经验的累积，党内法规的概念逐渐得到了深化和拓展。2019 年，中共中央印发的修订后的《中国共产党党内法规制定条例》第三条明确指出，"党内法规是党的中央组织，中央纪律检查委员会以及党中央工作机关和省、自治区、直辖市党委制定的体现党的统一意志、规范党的领导和党的建设活动、依靠党的纪律保证实施的专门规章制度。党章是最根本的党内法规，是制定其他党内法规的基础和依据"。这一定义不仅着重指出了党内法规的制定者，更凸显了其在体现全党统一意志、规范党的领导行为和党的建设活动方面的重要性。同时，它也清晰地确立了党章作为党内法规体系基石的不可动摇的地位。党内法规体系的日臻完善和清晰明确，为党的全面建设与发展提供了坚实的制度支撑和保障。通过党内法规的精心制定与有效实施，不仅能够有力地规范各级党组织和广大党员的行为准则，还能够进一步加强党的内部团结，确保党的高效、有序运作。此外，党内法规在党的治理体系中扮演着举足轻重的角色，它既是党治国理政的可靠依据，也是推动全面从严治党向纵深发展的锐利工具。因此，党内法规的不断完善对于提升党的执政能力、强化党的领导水平具有深远的历史意义和重要的现实价值。

党内法规作为一种特殊的社会规范类型，兼具法属性与政治属性。一方面，党内法规具有法属性。党内法规的法属性，是指党内法规所具有的法律性质或特征。党内法规之所以具有法属性，源自其具有的公权力属性及较强的约束力。一是党内法规具有公权力属性。党内法规是"具有公权力属性的中国共产党的'党权'决定的"（王勇，2022）。党内法规是由中国共产党这一执政党行使"党权"这一公共权力所制定的。这里的"党权"，不仅代表着中国共产党的权威，更深层次地，它体现的是一种具有公权力属性的权力。这种公权力属性，源于中国共产党在中国的领导地位和其在社会、政治、经济等各个领域的广泛影响力。因此，中国共产党依据"党权"而制定的党内法规自然承载着法的属性。二是党内法规具有较强的约束力。党内法规在其制定程序上具有严谨性、内容的明确性、实施的强制性以及对于违规行为的严厉惩处性。党内法规不仅严格规定了党的组织原则、党员的权利与义务、党的纪律等核心内容,更明确了违规行为的种类及相应的处罚措施。在实际操作中,一旦有党组织或党员违反了这些法规,都将受到严格的纪律处分,并且这种处分具有强制性和不可抗拒性。《中国共产党纪律处分条例》与《中国共产党党内监督条例》等党内法规共同构建了党内严密的惩戒与监督机制。这些法规不仅详细规定了党员和党组织应当遵循的行为准则,更为违反党内法规的行为设定了明确的惩戒措施。通过这些措施,党内法规的约束力得以有效实现,确保了党的纯洁性和纪律性。党内纪律处分涵盖了警告、严重警告、撤销党内职务、留党察看以及开除党籍五种层级分明的类型。尽管从表面上看,这些制裁方式可能不如法律制裁那般严厉,但在党内政治环境中,它们对党员产生的威慑作用却是深远的。因此,党内法规的惩戒机制虽然看似柔和,实则具有强大的约束力和威慑力。它们像一把无形的剑,高悬在每一位党员的头顶,时刻提醒着党员要严守党的纪律和规矩,维护党的团结统一和高效运作。因此,党内法规得益于制定主体的公权力属性、对党员行为较强的约束性以及制裁后果的威慑性而具有法的特性。

另一方面,党内法规具有政治属性。"政党作为一种政治组织,其制度规范集中反映了政党的政治意志,天然便具有强烈的政治属性。"(莫广明,2020)也就是说,党内法规作为政党制度规范的核心体现,其角色和定位深刻映射出政党的本质属性及其外在要求。党内法规的制度运作不仅关乎政党内部的组织纪律,更在宏观层面上体现了政党性质和发展水平的价值取向。因此,党内法规被赋予了独特的政治属性,这种属性反映了政党在政治生活中的核心价值和追求。党内法规作为体现党的指导思想、党的宗旨和政治使命的规范形式,旨在规范党组织的工作、活动和党员的行为。这些内容都直接关联到党的政治路线、方针政策和决策部署。另外,党内法规的实施也是为了保障党的政治使命的实现。通过党内法规的规范作用,可以确保全党在思想上、政治上、组织上的团结统一,从而保证党能够高效地执行政治任务,实现政治目标。党内法规制度是党的建设不可或缺的一部分,其根本宗旨在于加强党的团结统一,巩固和提高党的执政能力。党内法规的制定和实施,都紧密围绕这一核心目标展开,确保党的各项工作始终沿着正确的政治方向前进。而且,党内法规在制定过程中,无论是在原则、内容上都必须与党的建设保持高度一致。因此,可以说鲜明的政治属性决定着党内法规的制定、实施和发挥作用的方向和效果。

(二)党内法规的调整范围

党的十九大报告强调,要"坚持党对一切工作的领导"。这里的"对一切工作的领导"一般是指对政治、经济、文化、社会等各个领域的大政方针、政策、规划,以及对其他部门的统领性指导,而不是对社会中一切事务的过度干涉。中国共产党既是一个具有自治能力的政党组织,又是我国的执政党,肩负着领导全国各族人民实现国家富强、民族振兴的历史使命,"其地位的双重性决定了党内法规的调整范围的开放性"(欧爱民,2018)。应当将党内法规调整范围"视为一种由长期治理实践塑造的产物,即中国共产党在不同时期通过党内法规构建一系列现实秩序的集合体"(熊娜 等,2023)。具体而言,一是党内法规调整范围既包括"党内"事务,也包含部分"党外"事务。党内法规的调整范围在实践活动中较为复杂,并非如理论上的党内关系和党务关系那般界限清晰、一目了然。例如,"《党政领导干部选拔任用工作条例》《中国共产党纪律检查机关监督执纪工作规则》《信访工作条例》等党内法规的调整范围不但超越了传统意义上的政党自治范畴,而且呈现出向领导对象的内部管理体制、对外工作机制等方面事务拓展的趋势"(熊娜 等,2023),即由"党内"事务向"党外"事务延伸。二是党内法规调整的范围既包含"党务",也包含部分"国务"。党内法规与国家法律在调整对象上存在着一定的界限,前者主要调整党务关系,后者则主要调整国务关系。但这种界限并不是绝对的,而是相对的。实践中存在"党务"与"国务"交叉的情形。例如,《中国共产党党徽党旗条例》中明确了党徽党旗的制法说明,主要是关于党的形象和标志的使用规范。如果商业主体在宣传广告中滥用中国共产党的党旗党徽,就可能在触犯党内法规的同时,违反我国《广告法》的相关规定。

(三)党内法规在治理中的积极作用

1.从宏观角度看,党内法规是实现全面依法治国与全面从严治党有机统一的关键所在

习近平总书记指出:"党和法的关系是一个根本问题,处理得好,则法治兴、党兴、国家兴；处理得不好，则法治衰、党衰、国家衰。"① 全面依法治国与全面从严治党是"四个全面"战略的重要组成部分，二者是紧密相连、相互促进的两个方面，它们共同构成了中国特色社会主义法治建设的核心。"全面依法治国，是中国改革开放的必然要求和治理国家的基本方略。"（秦正为，2015）也是中国从不确定性的"人治"走向规范性的"法治"的重要转变。全面从严治党是保障党的先进性与纯洁性的重要举措，是增进党自身的建设，能解决好党员干部的"世界观、人生观、价值观这个'总开关'"（习近平，2016）。正确处理二者之间的关系是实现中华民族伟大复兴的必要条件之一。其中，党内法规体系的建立和完善是实现两者有机统一的关键所在。作为管党治党的重要依据，党内法规不仅为党组织和党员提供了行为准则，也为建设社会主义法治国家提供了坚实保障。深入研究党内法规的话语体系、制度定位及其与国家法律的关系，明确其功能定位和价值取向，是推进全面依法治国与全面从严治党相统一的迫切任务。我们必须将依法治国与依规治党紧密结合，确保国家法律体系与党内法规体系相互协调、相互补充。在中国特色社会主义法治建设中，党内法规体系与国家法律体系共同构成了社会主义法治体系的基石。"全面依法治国，既要依靠国家的法律法规来治国理政，也要依靠党内法规来管党治党"（陈可，2017）。当前，我们正处于全面依法治国与全面从严治党一体推进的重要时刻，必须充分发挥党内法规对于保障国家法律的实施、维护党的先进性和纯洁性、提高党的领导能力和执政能力的重要作用。国家法律为构建和谐社会、建设社会主义法治国家提供了有力支撑。党内法规规范党组织和党员的行为，确保党的路线、方针、政策得到有效贯彻。因此，全面依法治国必须充分发挥党内法规对国家法律的保障作用，确保两者在调控社会关系、维护社会秩序上形成良性互动、共同进步。党内法规与国家法律都是推进国家治理现代化的核心要素，它们凝聚了党和人民的共同意志，在本质上高度契合。因此，我们应持续完善党内法规体系和国家法律体系，使之更加科学、系统、完备，从而推动全面依法治国与全面从严治党的深度融合与协同发展，为加快实现国家治理体系和治理能力现代化打下坚实基础。

---

① 中共中央宣传部，中央全面依法治国委员会办公室. 习近平法治思想学习纲要［M］. 北京：人民出版社，学习出版社，2021：14.

2.从微观角度看,党内法规是规范党组织和党员行为,加强党风廉政建设的重要手段

　　"实现'两个一百年'的伟大目标,把党锻造成社会主义事业领导核心,关键在干部。"(肖贵清　等,2015)干部是党与人民群众之间的重要链接纽带,干部的行为举止和作风表现直接影响着党与人民群众之间的亲疏关系和人民群众对党的信任度,进而影响党的形象和公信力。因此,干部必须以身作则,树立良好的作风,不断加强与人民群众的沟通和联系,以真诚、务实的态度为人民群众服务,赢得人民群众的信赖和支持,为党的事业发展奠定坚实的群众基础。党内法规是规范党组织和党员行为,加强党风廉政建设的重要手段。通过制定与坚决执行党内法规,可以准确地界定党组织及其成员的权利与职责,从而为他们的行动提供明确的方向和边界。这种成文化、规范化的准则并不只是为了严格规范党员和党组织的行为模式,更是构建了一道坚不可破的防线,旨在深入预防和坚决打击腐败行径,确保党的纯净性和前瞻性。党内法规的有效实行,对于塑造党的制度架构发挥着关键性作用。它不仅让党的结构和运作变得更加有序和规范,而且显著提高了党的管理能力和领导水平,使得党在面对复杂情况和挑战时更为得心应手。在这一进程中,全面从严治党的原则得以深刻践行,党的凝聚力和战斗力显著提高。因此,必须重视并深化对党内法规重要性的理解,将其视为党的建设不可或缺的基石。通过不断强化党内法规的构建和落实,我们将能够持续推动党的风气和廉政建设向更高层次迈进,为实现中华民族伟大复兴的宏伟蓝图提供坚固的制度基础和有力的精神激励。这既是对党自身持续发展的追求,也是对人民及历史责任的彰显。进一步讲,加强党内法规的建设和执行不仅有助于提升党的自身治理水平,还能促进党与社会的良性互动,增强公众对党的信任和支持。通过党内法规的实施,党能够更加透明和公正地进行自我监督和自我改革,为广大民众树立良好的道德榜样和行为典范。这样的过程不仅对党的长期健康发展至关重要,也对国家治理能力的提升和社会的整体发展具有深远的影响。因此,持续加强和完善党内法规,不仅是党的内部需要,更是国家发展和社会进步的必要条件。

第四章
治理中的非正式社会规范

非正式规范,即与正式规范相对应的一类行为标准。这些规范并非由官方机构通过法律程序正式制定,而是在人们的日常社会生活中自然形成,或者是通过民间的协商和传统逐渐发展而成的。非正式规范涵盖的范围广泛,包括但不限于道德信仰、礼仪习惯、行为准则以及一些地区或社群特有的习俗等。这些规范通常与长期的社会实践或文化传统密切相关。实施和遵守非正式社会规范通常不依赖于法律强制力,而是基于社会成员对于共同价值和期望的内在认同。人们遵循这些规范,很大程度上是因为他们感受到对集体的归属感和认同感。这种规范的遵守是自我约束的结果,而非外部强制。它们反映了一个社区或文化集团内部的价值观和期望行为模式。非正式规范虽然没有强制力保障实施,但它们在社会生活中具有强大的实际影响力,对于促进社会的自我管理和维持文化传统有着不可替代的作用。本章主要研究的非正式社会规范包含道德规范、民俗习惯以及公序良俗。

一、道德规范

(一)概念及特征

米尔恩曾言,"无道德即无社会生活"。道德代表人们共同生活的行为准则和规范,能够引导和规范人们的行为,对构建社会秩序和维护社会稳定发挥着不可替代的作用。何为道德,一直是哲学与伦理学研究的重点内容。人们通过分析道德的概念与特征,阐述道德的作用机制,从而洞察道德的本质,以此才能正确认识道德在社会治理中的重要作用。

1. 道德规范的概念

中国古代,道与德均有丰富的含义,老子曾在《道德经》中阐述了道的两点内涵,即世界万物的本源和世界的根本法则与普遍规律。古语"德"与"得"语义相同,故得于"道"者,也就是有"德"者,即能真正懂得、掌握、遵循"道"并持之以恒者。而"道德"一词,在中国古代通常与"伦理"通用(徐宗良,2011),一般指人们内心共同认可并遵循的普遍价值。例如,儒家强调仁、义、礼、智、信等道德观念,认为人应该以仁爱之心对待他人,以正义和公正的态度处理事务,以智慧和理智来处理人生中的各种问题。道家思想也是中国古代重要的道德体系之一。道家强调无为而治、清净无为、顺应自然等原则,认为人不要过于追求名利和物质享受,应该顺应自然规律,注重内心的修养和精神追求。在中国古代,法律主要约束人的行为,维护阶级统治的安定性,侧重于刑罚,而道德则侧重调节人与人之间的日常交往关系。一方面,道德规范被用来填补法律的空白,指导人们的行为,以减少对强制性法律的依赖。另一方面,道德规范强调社会层级和家族秩序,如尊老爱幼,这种理念有助于维持社会稳定和秩序。再如,道德提倡仁爱和利他主义,这些价值观有助于建立一个更加和谐的社会。社会成员了解并遵循这些规范,有助于减少冲突和纠纷。道德可以内化为个人的自我约束力,从而减少违法行为的发生。在西方,伦理学与道德词源含义基本同一。从词源角度来看,古希腊文"伦理学"一词有"品格的"之义,又可翻译为"属于或用于道德的、道德、性格表现",或译为"性格、品德、风俗、作风"等。由此可见,在西方国家,伦理与道德一开始所代表的含义就是习俗、习惯以及其中体现的特定品格。也就是说,在西方,道德最初就是以一种被人们认同的品德、习俗、习以为常的秩序与规范形式表现出来的。实际上,无论是中国古代的道德还是西方的道德,其均包含内在属性,即品质、品格,以及外在属性,即规范关系(伦理),这也为理解现代的道德理念与道德在维护社会中的秩序作用提供一种语义渊源。

那么何为道德,学界众说纷纭。西方哲学家对道德的看法大致可以分为广义层面的道德与狭义层面的道德。广义层面的道德是指人类生活中涉及人的终极幸福的方方面面的总和,这种道德观念是古希腊伦理学对道德的典型看法。从狭义层面来看,"人们在道德的善和恶之外,还有自然的善与恶"(王巍,2016)。亚里士多德提出了"公民道德"一概念,认为所谓公民道德,就是超出其个人职业所司应符合的社会集体的要求,不同职业的人共同地符合其所属的政治体系的要求。伦理学家斯洛特认为,道德可分为"关于自己的德行"与"关于他人的德行"。关于自己的德行是有利于拥有者自己的品质,如深谋远虑、坚忍、谨慎、明智、沉着。所谓关于他人的德行是有利于他人的品质,如仁慈、公正、诚实、慷慨。休谟将道德分为对他人有用、对自己有用、令他人愉快、令自己愉快四种,但是实际上是把"对他人"和"对自己"作为道德的基本分界。密尔将道德分为"个人道德"与"社会道德"。从他关于道德的论述来看,他"反对社会对个人的强制管束,但这绝不是反对人应当在自己之外关心他人的善与福"(陈来,2019)。可以说,密尔认为道德反对外在的强制管束但又受到内在个人德行、品质约束。由此可以看出,西方哲学家讨论的道德是一种抽象层面的道德,一般指的是人的品质、德行或是一种价值取向,也是一种调和个人与他人的手段,正如斯洛特与密尔将道德分为"关于自己的""关于他人的"和"个人道德""社会道德"那样。由此可见,不论道德是一个怎样抽象的概念,它始终表示的是一种具有社会属性的约束,因此道德本身还有规范的意蕴。《哲学大辞典》将道德的概念明确为"以善恶评价为标准,依靠社会舆论、传统习惯和内心信念的力量来调整人们之间相互关系的行为原则和规范的总和"(金炳华,2001)。总的来说,对道德的概念界定离不开其本源含有的品质、品性、品德的含义,同时也离不开其内在包含的具有约束性的社会属性。

在理解道德内涵的基础上,还需要进一步对道德原则、道德规范、道德范畴进行区分,以此明晰道德规范的含义与其在道德关系中的地位。社会实践主体的全部道德关系就如一张网,"道德原则是网上的纲,道德规范是这张网上的经纬线,而道德范畴则是这张网上的纽结,纲制约着经纬线和纽结"(甘葆露,1990)。也就是说,道德原则为基础,道德规范为道德原则上的具体内容,道德范畴则为表述道德原则、道德规范的重要方式,是反映和概括道德原则与道德规范的特性、方面和关系的基本概念。因此,三者之间的逻辑关系为,以道德原则为基础确定道德规范,道德范畴则为对道德原则与道德规范的内容与概念的阐述。道德原则与道德规范都是一定社会或阶级用以评价是非善恶的方式,进而调整人与人之间的利益关系、维持社会秩序稳定。道德原则较为抽象,而道德规范的内容更为具体,一定类型的道德原则总是通过道德规范的内容来体现自己的影响和作用的。二者在本质上一致的,是抽象与具体的关系。道德原则是一种最根本的道德规范,统帅着其他一切道德规范,是一种社会一般价值观念,直接体现社会意识形态。而道德规范则根据道德原则的基本精神,向人们提出具体的行为道德要求,所以,它又是道德原则的具体体现和补充。由此可见,道德原则和道德规范互有联系,又互有区别,互相补充,共同发挥着道德对社会发展的作用。依据道德本身的内涵与其为道德原则的具体表述,可以将道德规范定义为,以社会一般价值为标准,体现社会意识形态,代表人们共同生活,依靠内心信仰、舆论等力量来调整人们之间相互关系的行为与准则。

2. 道德规范的特征

首先,道德规范具有社会性。在马克思的辩证唯物主义观点出现以前,受历史条件和阶级地位的限制,为迎合统治者的需要,多数思想家都是从神、心以及抽象人性中离开历史发展和社会实践去探求道德的起源与内涵,但这种脱离实践探求的所谓的"真理"在应用时又总是存在"脱节"的情况。直到马克思主义产生,从社会生产实践的角度出发,才科学地回答了道德的起源与本质的问题。马克思认为道德并不是源于上帝的意旨,也不是先天固有的良知,而是人类社会特有的现象,是上层建筑的一种表现形式。故而应当从社会存在出发去说明社会意识,了解道德在社会实践中的重要作用。在马克思看来,道德治理本身就是一种社会存在的产物,是社会集体利益对个人利益正当的节制与约束,"是一定社会关系与道德关系在人们意识中的反映与概括"(王安平 等,1994)。比如,道德规范的内容就是一定社会经济关系的反映。"人们在社会生产关系中的地位、作用的不同,决定了人们的活动方式、生活方式的不同以及道德规范的不同"(姜洪超 等,1990)。因此,道德规范应当是社会生活的产物,反映了人们在共同生活中形成的行为规范和准则。不同的社会、文化和历史背景下会形成不同的道德观念和标准。

其次,道德规范具有内驱性。内驱性,又称内在驱动力,是指个体内部的一种推动力,它激发行为以满足某种需求或达成某个目标。道德规范通常不是通过外部强制力实施的,而是被个体所内化,成为个人的自我约束和自我指导。这种内在的驱动力使得道德规范即使在没有外部强制力保障实施的情况下也能影响人们的行为。通常情况下,道德规范的内驱性源于人们对社会实践中的真善美的追求,源于人们对某些内在品质、品德的认同,再由个人内在良知、情感与价值观、社会认同与声誉制度共同保障道德规范对人的行为的约束力。

再次,道德规范具有非制度性。非制度性,意味着道德规范和原则并不是由正式的机构或明确的法律条文所制定。与法律不同,道德不依赖于官方的制定、颁布或强制执行。道德规范起源于社会生产实践,是在人们相互交往中形成的规范和民俗习惯。它是在社会生活中逐渐内化成为个体的内心认同和维护的一种社会意识形态,作为一种价值导向体系,以善和恶、正当与不正当为基本范畴调整行为关系和治理社会秩序。它更多地依赖于个体的自我约束和社会文化的影响,通过传统习惯、社会舆论和个人良心等非强制性力量发挥作用,而不依靠强制性手段来实施。这与由国家机关制定、以强制力保证实施的法律规范有明显区别。

最后,道德规范具有历史性。这意味着道德观念和规范随着历史的发展和社会的演变而改变。在不同的时代背景下,社会经济结构、政治制度和文化传统都会影响当时的道德观念。例如,封建社会强调等级秩序和忠诚,而现代社会可能更注重个人自由和平等。再如,生物技术的进步引发了关于生命伦理的讨论,网络技术的发展则引发了关于隐私权和信息道德的问题。道德的历史性表明,它是一个动态变化的概念,不断地适应和反映着社会发展的需要。

(二)道德规范的作用机制

道德规范如何在社会治理中发挥作用,是对道德规范的作用机制的研究。道德规范除了内在包含的品德、品性的含义外,还具有社会属性的约束意义。其之所以能发挥作用,除了具有他律性外,还具有一种自律性,二者相互协调,共同使道德规范在社会治理中发挥作用,如若违反道德规范还会受到社会舆论的谴责,甚至是法律规范的处罚。由此可以发现,道德规范所具有的他律性、自律性以及违背道德规范后的惩罚机制共同构成了道德规范的作用机制。

1. 道德规范的他律性

社会治理中通过道德规范对人的行为进行约束,首先依靠的是道德规范具有的他律性特征。社会治理依靠道德规范对人的行为进行约束时,首先表现为"主体之外的外在道德规范的约束与调节"(王乐,2016)。因为道德规范在社会治理初期中所能发挥的调节人与人之间的利益关系、维护社会秩序的和谐稳定的效能具有一定的有限性,社会伦理关系并未完全形成,人自身的道德不可能未经学习而获得,未曾实践而运用。因此,道德规范意欲调节社会关系,维持社会秩序的稳定,首先应当明确道德规范的行为的标准源自于外力,即外在道德规范的约束。例如,社会主体通过教化、宣传等方式使处于社会伦理关系中的个体接受其所处社会倡导的主流价值观念,在长期潜移默化的熏陶中,自觉履行一定的社会道德规范。除了社会主体的教化外,道德规范他律性的发挥还通过社会舆论、民俗习惯、惩恶扬善等具体的道德治理手段推动社会主体从思想上到行为上趋向于对道德规范的遵从,使其在一定程度上能够遵从其所处的社会要求,进而符合道德规范在社会治理中的总体目标及各主体目标。

2. 道德规范的自律性

道德规范在社会治理中还通过其本身所具有的自律性对人的行为进行约束,促进社会主体自主自觉地按照伦理性原则、规范、规则积极主动地约束自身行为。自律性是指个人在没有外部强制力的情况下,依靠内心的道德信念和价值观来自我约束和调整行为的能力,其体现的是社会主体由外在的约束转向内在自省自觉地遵循某些伦理价值的过程。道德规范本身体现的就是一种善、美的品德与品性,这些内在价值本身对人的行为具有一定的约束力。但是,因为社会个体的实践经验不同,对道德规范本身的理解也不同,在适用上存在一定的差异性,故依据道德规范调节社会关系的第一阶段为通过道德规范的他律性对社会个体进行约束。当道德规范的他律性对人的行为的约束在社会伦理关系层面已形成了一种普遍性的共识后,人们对于道德规范就由被动的遵循、履行相应的义务转为了内心的认同,并自觉地遵循相应的规范内容。道德规范在社会治理中的效用发挥就主要依靠于人的内在良知以及其所具有的责任意识,以自我约束与反省为约束人行为的主要方式。社会治理意欲正确地使道德规范由外向内发挥作用,就必须认识到道德规范所构建的伦理关系既具有外在的约束性与规范性,又具有一种内在的自省性,应当注意这两种性能的共同发挥,才有助于道德规范在社会治理中真正起到调节社会关系的作用。

3. 违背道德规范后的惩罚机制

道德规范不同于法律规范由国家强制力保障实施,违反道德规范后通常不存在强制措施对个体行为进行约束。那么道德规范以什么样的惩罚机制对人的行为进行约束,是社会治理中道德规范发挥效用的关键问题。波斯纳曾在《法律与社会规范》一书中阐述了社会交往中的人们倾向于遵循规则的原因,即"害怕带来坏名声",也就是说,"如果一个人不遵循相关的社会规范,那么他在信任关系中的品质和可靠性就会受到怀疑,即使在违规行为与工作要求之间没有直接关联的情况下,也是如此"(波斯纳,2004)。如果个体不遵循某些道德规范,可能会被贴上"坏人"的标签,不仅会受到社会舆论的谴责,同时也会破坏人与人之间的信任关系,使其难以在社会上获得合作的机会,进而丧失许多可得利益。在部分情况下,违反道德规范同时会触发法律的惩罚机制,受到法律的严惩。例如,盗窃行为既违背道德规范中诚实信用原则又侵犯了他人财产权益,盗窃者在受到社会舆论的谴责的同时也会受到相应的刑罚。综上所述,道德规范能在社会治理中发挥重要作用,得益于道德规范本身是自律性与他律性的辩证统一,这也是道德规范进行社会治理时能协调主体和客体的相互关系,协调人与人之间的相互关系的重要原因,同时如若违背道德规范还会产生声誉受损等不良后果。社会主体意欲进行社会交往必然需要遵循道德规范的指引,以此可以促进社会秩序稳定与和谐,增强社会信任,降低社会治理成本,促进和谐社会构建。

(三)道德规范在治理中的积极作用

道德规范在社会治理中扮演着重要的角色,其与法律规范一致,均是社会经济基础的反映,属于社会上层建筑的范畴。道德规范通过引导、约束、教化来弥补法律不足,为社会的和谐稳定发展提供了有力保障。道德规范与法律规范在社会治理中相互补充、相互渗透,在社会作用上彼此配合,互为辅助,构成社会稳定的两大精神支柱。中华民族5 000年的发展,不单是依靠具有强制性的法律来维持的,道德规范也发挥了非常重要的作用。孔子曾言:"道之以政,齐之以刑,民免而无耻;道之以德,齐之以礼,有耻且格。"历史实践证明,德与法相辅相成,共同应用至治理之中是极具现实意义的。因为,道德规范可以通过教化、舆论等方式为社会群体树立道德榜样,培养积极向上的信念,使社会主体逐步达到某种思想境界,由他律转为自律,按照一定的善恶观念来决定自己的行动。道德规范是个人、群体和社会的行为规范,对社会关系起着重要的调节作用。不同于只处罚违法行为的法律规范,道德规范对社会主体行为的干预范围更广,对于那些尚未构成违法的行为可以通过道德规范进行约束,以针对性地教育、教化为主,辅之以社会舆论的压力、社会声誉的影响,以唤起人们对自身行为的反思与对道德规范的遵守。"这不仅能有效地提高人们道德规范的自律水平,也能增强人们遵纪守法的观念,防患于未然共同维护社会的安定团结,保证社会的健康发展"(李素芳 等,1998)。具体而言,道德规范在社会治理中的重要作用体现在以下方面。

1. 道德规范是法治社会建设的重要支撑,是形成良法体系的重要依据

社会治理意欲达至善治,离不开道德规范所发挥的调节、劝导作用,以及滋

润社会成员的心灵的重要作用。道德规范与法律规范在社会治理中发挥的重要作用背后反映的实际上是社会治理如何处理法治与德治关系的问题。法治和德治发生作用的层次不同,法治是不可触碰的底线,道德则作用于人的内心,"德治是在依法治国的基础上,驱动人性中的真善美"(熊黎明,2023)。习近平总书记在中央全面依法治国工作会议上提出"要坚持依法治国和以德治国相结合,实现法治和德治相辅相成、相得益彰"。坚持依法治国和以德治国相结合,是中国特色社会主义法治道路的鲜明特征,同时也是对中国 5 000 年的文明发展经验的客观反映。中国自古代起就通过法治约束与德治传承共同进行社会管理,礼法合一是中国古代治国理政的精髓,是一种法治与德治有效契合的有益经验。社会治理意欲达致善治,需要构建为人们所认可的法治社会,而良法并非人们随心所欲制定的,其依仗的是对体现人民意志的"道德应然"的正确认识和把握,即能让人实现自由全面发展、权利得到尊重,让人与人之间形成公正、平等以及和谐的社会关系的内容。人们内心认同的法治正是需要"以道德滋养法治精神,培养人们法治素养,强化法治观念,可以有效地提高人的法治意识"(杨之英,2019)。具体来说,道德规范即为道德应然的直接反映。故此,社会治理意欲实现善治,构建法治社会,需要重视道德规范在社会治理中的重要作用。

一方面,道德规范有助于形成良法体系,助推法治社会构建。具体而言,首先,道德规范有助于塑造法治精神。道德规范通过引导人们的行为和塑造人们的价值观,培养公民对法律的尊重和信任。当社会成员普遍遵守道德规范时,他们更有可能接受并遵守法律,从而形成法治社会的基础。其次,道德规范提供了立法依据,有助于形成良法体系。道德规范是立法的重要参考,许多法律条款都基于道德规范来制定,以确保法律与社会价值观相符。通过道德规范,立法者可以了解社会的期望和需求,从而制定出更符合实际的法律。再次,道德规范可以弥补法律的局限性。法律不可能涵盖所有社会行为。此时,道德规范可以作为法律的补充,为那些法律未明确规定的行为提供指导。这样,道德规范在法律体系之外,起到了辅助和补充的作用。最后,道德规范的实施有助于提升法律的公信力。一个基于道德规范的良法体系更容易获得社会成员的认同和支持。当法律与人们的道德观念相符时,法律的公信力会增强,人们更有可能信任并遵守法律。

　　另一方面，重视道德规范在社会治理中所发挥的调节、劝导作用，以及滋润社会成员的心灵的重要作用。道德规范通过倡导正确的价值观念和道德行为，对社会成员进行劝导和引导。它能够激发人们的道德自觉性和责任感，促使人们自觉遵守道德规范，积极参与社会治理。这种劝导性作用有助于提高社会成员的道德素质和修养，营造积极向上的社会氛围。同时，道德规范关注人的内心世界和精神需求，通过倡导真善美的价值观念，滋润社会成员的心灵。它能够引导人们追求高尚的精神境界，提升个人的道德品质和幸福感。此外，道德规范还能够激发人们的同情心和关爱之心，促进社会成员之间的互助和关爱，营造温馨和谐的社会环境。综上所述，道德规范对于形成良法体系以及助推构建法治社会具有重要作用。它们不仅为法律体系提供了价值基础和立法依据，还通过塑造法治精神和促进法律执行，为法治社会的构建提供了有力支持。因此，在推进法治建设的过程中，我们应充分认识到道德规范的重要性，充分发挥其在构建法治社会中的作用。

2. 道德规范为社会主义核心价值观提供了道德合理性

　　"核心价值观是文化最深层的内核，决定着文化的性质和方向，体现着一个国家、一个民族的文化理想和精神高度。"（李泽泉，2021）党的十六届六中全会通过的《中共中央关于构建社会主义和谐社会若干重大问题的决定》，第一次明确提出了"建设社会主义核心价值体系"这个重大命题和战略任务。党的十八大以来，以习近平同志为核心的党中央积极培育和践行社会主义核心价值观，不仅阐明了具有中国特色的社会主义核心价值观的时代内涵与其之间的相互联系，同时也多次阐明了弘扬社会主义核心价值观的重要意义。[①] 道德规范

[①] 例如，习近平总书记强调："社会主义核心价值观是凝聚人心、汇聚民力的强大力量。""人类社会发展的历史表明，对一个民族、一个国家来说，最持久、最深层的力量是全社会共同认可的核心价值观。核心价值观，承载着一个民族、一个国家的精神追求，体现着一个社会评判是非曲直的价值标准。""核心价值观是文化软实力的灵魂、文化软实力建设的重点。这是决定文化性质和方向的最深层次要素。一个国家的文化软实力，从根本上说，取决于其核心价值观的生命力、凝聚力、感召力。培育和弘扬核心价值观，有效整合社会意识，是社会系统得以正常运转、社会秩序得以有效维护的重要途径，也是国家治理体系和治理能力的重要方面。历史和现实都表明，构建具有强大感召力的核心价值观，关系社会和谐稳定，关系国家长治久安。"

作为社会治理中的重要手段，其为社会治理过程中弘扬社会主义核心价值观提供了道德合理性。首先，道德规范为社会主义核心价值观提供了道德基础。党的十八大报告中首次从国家、社会、公民三个层面以 24 个字概括了社会主义核心价值观。[①] 这些价值观念在很大程度上是基于道德规范构建的，是道德规范在现代社会的具体化和升华，这些价值观念体现了道德规范的核心精神和基本要求。其次，道德规范为人们对极具中国特色的社会主义核心价值观的认同奠定了基础。道德规范是立足于社会生产实践，针对我国实践中的主要道德关系与问题，具有普遍的实践指导作用的规范形式。道德规范在社会治理中以一种潜移默化的方式引导人们的道德语言和道德行为自觉朝着社会主义核心价值观的要求进行完善，当社会主体依据道德规范行事时，其道德理性也得到了提升，同时也使社会主义价值理念深入人心，内化为社会成员个体的道德操守和人格目标。最后，道德规范还强化了社会主义核心价值观的道德约束力。道德规范具有内在的约束力量，它通过社会舆论、个人信念等方式对人们的行为进行监督和制约。这种约束力量有助于强化社会主义核心价值观的践行，使人们更加自觉地遵守社会规范，维护社会秩序和公共利益。这种道德约束力是社会主义核心价值观得以有效践行的重要保障。

3. 道德规范对规范社会行为，调节社会矛盾起到了重要作用

道德规范不仅关注个人行为，还强调社会整体的文明进步。因此道德规范在社会治理中不仅发挥了对社会主体行为的约束作用，更重要的是通过倡导文明礼貌、尊老爱幼、保护环境等道德规范，可以起到对社会行为的指引作用，以此提升社会成员的文明素养和道德水平。这种提升有助于形成积极向上的社会氛围，推动社会的和谐发展。具体来说，第一，道德规范作为一种特殊的规范形式，具有一定的灵活性，其对社会行为的规制有助于唤起人们的内心认同感。道德规范为社会成员提供了一套明确的行为准则，明确了哪些行为是正当的、合理的以及可被接受的，哪些行为是不正当的、应受谴责的。这些准则帮助人们在日常生活中作出正确的选择，避免作出损害他人或社会利益的行为。这种规范作用有助于形成良好的社会秩序，减少不当行为的发生。第二，道德规范

---

① 社会主义核心价值观的内容为富强、民主、文明、和谐、自由、平等、公正、法治、爱国、敬业、诚信、友善。

对调节社会矛盾起到了重要作用。道德规范不仅关注人们的外在行为，还注重培养人们的内在品格。通过遵循道德规范，人们可以形成诸如诚实、公正、善良、勇敢等良好品质，这些品质反过来又会促使人们更加自觉地遵守社会规范，形成良好的行为习惯，以此有助于社会主体之间互相尊重、理解和包容。道德规范倡导和平、友爱、互助等积极的社会关系，强调个人对社会的责任和义务，鼓励人们为社会作出贡献。这种社会责任感可以促使人们更加关注社会公共利益，积极参与社会事务，为社会的进步和发展贡献自己的力量。这种氛围有助于减少社会冲突和矛盾，增进人与人之间的信任和合作，为社会的和谐稳定创造有利条件。

二、民俗习惯

（一）民俗习惯的一般理论

1. 民俗习惯的概念

俗，意为长期形成的礼节与群众的风尚习惯，《说文解字》中称"俗，习也"。《礼记》中也有记载称"入国而问俗"，此处所称的"俗"即为当地人民在生活中的行为习惯。民俗即为百姓的风俗习惯与传统，《汉书·董仲舒卷》中指出，"乐者，所以变民风，化民俗也"。此处的民风与民俗指的就是百姓的日常生活习惯、惯例。例如，中国古代有民族信仰方面的民俗，也有关于礼仪、日常饮食、服饰穿着、丧葬婚嫁等方面的民俗。《现代汉语词典》中对民俗的表述为"民间的风俗习惯"[①]。习惯，一般是指一种长期形成、难以在短时间内改变的行为习惯或地域风俗。孔子曾言："然少成则若性也，习惯若自然也。"《现代汉语词典》中对习惯的表述为"在长时期里逐渐养成的、一时不容易改变的行为、倾向或社会风尚"[②]。可以见得，民俗与习惯的内涵存在重叠的情形，但是二者仍有区别。一方面，主体存在差别。民俗一般为民间社会长期形成的仪式、礼仪等行为模式、社会风尚，具有鲜明的地域性与民族性。而习惯既可以是个体的也可以是社会的行为常规，即个体在生活中养成的一种固定的行为方式，或者是

[①] 中国社会科学院语言研究所词典编辑室. 现代汉语词典 [Z]. 第七版. 商务印书馆，2020：909.

[②] 中国社会科学院语言研究所词典编辑室. 现代汉语词典 [Z]. 第七版. 商务印书馆，2020：1403.

长期在实践中被反复使用而确定下来的行为常规（公丕祥，2010）。另一方面，民俗的形成通常受地理环境、历史等多种因素影响，具有一定的历史渊源。而习惯则是个体在长期的生活过程中逐渐养成的，可能受到社会环境、家庭教育等方面因素的影响。总的来说，民俗更多地强调的是一个群体的共同文化传统和特色，而习惯则更侧重于个体或者群体在日常生活中形成的行为方式和做事风格。民俗是习惯的一种体现，但习惯不一定是民俗。因此，本书研究的作为社会规范的民俗习惯既包含民俗也包含习惯，前者一般指风俗、民俗，后者一般为习惯、惯例，二者均为调节社会主体关系、维持社会秩序稳定的重要方式。综上所述，民俗习惯指社会主体在参与社会活动过程中，基于社会传统风俗礼节或基于相似历史文化传统、社会物质与精神生活而遵循的行为规范，是社会治理中用以调节社会主体之间关系、提高解决纠纷认同感的重要方式。

2. 习惯与习惯法之争

学界对于民俗习惯的研究侧重于对其与习惯法的区分。社会学一般侧重于将习惯与习惯法在"法"的性质上进行区别，认为习惯法具有"法"的性质，而习惯不具有。马克斯·韦伯认为："如果并且只要在一定范围内的人群内，社会行为的意向有规律地实际出现的机会，仅仅发生在实际的实践中，那么这种机会便可称之为习惯。"（马克斯·韦伯，2000）抑或是，"习惯是指在没有任何（物理的或心理的）强制力，至少没有任何外界表示同意与否的直接反映的情况下作出的行为"（马克斯·韦伯，1998）。其对风俗的理解为，"如果实际的实践建立在长期习惯的基础之上，习惯就可以称为风俗"。可见，在韦伯看来，习惯是不同于习惯法的。也有学者认为，习惯法是一种地方性规范，是乡民在长时间的生产生活过程中逐渐形成的，用以分配乡民权利与义务，解决利益冲突的规范形式，其依赖于特定关系网而实施（梁治平，1996）。还有学者认为："习惯之法化是由于习惯固有的统制力发生公权力变化……习惯之所以约束人们的行为正因为它是习惯。"（穗积陈重，2023）习惯与习惯法之区分在于习惯发生效力的凭借。如若习惯凭借自身固有之力运作，不论是否与法律事项相关、效力强弱如何，均无法说明该习惯具有法的效力。反之，如若习惯的行使受到公权力影响，其落实受到强制力保障，此时的习惯便具有法效。那么，社会治理中用于调节社会关系的民俗习惯是否属于习惯法范畴？首先需要明确的是，如何理解习惯法中的"法"。以"法"命名，应当符合"法"之特性，即"效力是否依赖外在的强制性"。因为我国非判例法国家,而为制定法国家,"法是否必然需要成文形式"也应当值得思考。一方面,应用于社会治理中的民俗习惯效力通常源于历史传承下来的权威性或实践中反复实践的有效性,再或者部分民俗习惯依赖于社会群众的接受程度或道德与价值观的支撑,习惯的约束力在一定程度上源于社会主体的"同意"而非暴力强制。另一方面,习惯通常不具有成文形式,但在实践中仍发挥调解社会关系的作用,这种习惯是否应该被称为"法"?

习惯这种不成文的规范形式是否应该因具有实践约束力而被称为以"法"来命名的习惯法,实际上可以从客观实践中探寻答案。可以将实践中客观存在的习惯类别分为三种,即调整个体一般行为的生活习惯、依据"同意"调整人与人之间社会关系的习惯以及被法律认可赋予"法效力"的习惯①,其中被赋予"法效力"的习惯也是一种事后赋权形式的体现。社会治理所运用的规范通常是涉及调整人与人相互关系的规范,即应为后两种习惯形式。这两种规范形式调整人与人之间关系的最初效力源泉均为当事人的"同意",而部分因在司法实践中被认可而事后被赋予了"法效力"。由此可见,事后被赋予"法效力"的习惯是客观存在的,故以"法"命名并无不妥。但是需要注意的是,对民俗习惯的研究重点应侧重于习惯在社会治理中发挥何种作用以及怎样发挥作用,始终坚持以实践为主导进行研究,因为理论的价值不在于理论本身,而在于对社会的意义。

3. 民俗习惯的特征

民俗习惯相较于社会治理中的其他规范形式,具有文化传承性、地域性与变迁性的特征。具体而言,第一,民俗习惯具有文化传承性。民俗习惯是一种反映社会主体的历史、传统与价值观的规范形式,其内在体现的是一种历史更迭性,通过家庭、社区、教育机构等渠道从一代人传给下一代人。这种传递不仅仅是知识的传递,更是文化价值和社会规范的传递,帮助社会主体了解自己的根源和身份,人们自觉接受这种传承下来的行为规范用以解决纠纷。第二,民俗习惯具有地域性。我国是一个多民族国家,民俗习惯深受其民族特性、地理

---

① 《民法典》第十条　处理民事纠纷,应当依照法律;法律没有规定的,可以适用习惯,但是不得违背公序良俗。

环境和历史背景的影响,不同地区、不同民族对纠纷处理的方式有着显著的差异。这种地域性的特征不仅表现在一般的节日庆典、饮食习惯、穿着打扮等方面,具体还体现在纠纷处理、社会关系调节方面。例如,在瑶族,人们可以通过"精神和名誉损害赔偿"的方式解决婚姻纠纷这种人身属性较强的纠纷。一对夫妻,丈夫甲外出打工时,妻子乙与村里的丙男发生了婚外情。甲发现后想自杀,但被家人劝阻。他要求丙公开道歉并赔偿损失。乙感到愧疚,想与甲和好。丙则感到羞耻,躲避村民。最后,三方私下商议,决定甲、乙维持婚姻,丙公开道歉并支付 3 600 元作为赔偿,纠纷得以和平解决(郭剑平,2017)。再如,在苗族发生的婚姻问题通常是由"理师"进行调节解决纠纷,除财产赔偿外还有特殊的"名誉赔偿"。在一则离婚的理词中,关于赔偿问题的处理结果是:"是媳嫌夫,偿银三百,退回彩礼,赔偿肥猪;是夫弃妻,偿银三百,填补鸟羽,弥补鱼损鳞。"(潘海生,2015)由此可以看出,在苗族的离婚纠纷中,如若是丈夫抛弃妻子,除了财产方面的赔偿,还需要"填补鸟羽,弥补鱼损鳞"。这是苗族解除婚约进行赔偿的一个独特方式。由此可以看出,因文化差异,不同地域下的民俗习惯对待同一问题的处理方式具有差异性。第三,民俗习惯具有变迁性。民俗习惯属于上层建筑范畴,必然受经济基础的影响。不同经济基础与历史条件下的民俗习惯不同,会随经济发展状况与历史演进而变动,因此说民俗习惯具有变迁性。民俗习惯的变迁性主要体现在经济条件的变化、社会发展与文化演进、政策与法律的变更上。具体来说,首先,民俗习惯的变迁性体现在经济条件的变化上。经济条件是影响民俗习惯变迁的重要因素。经济的发展、生产力的提高和生活水平的提升会导致人们的生活方式发生变化,从而影响到民俗习惯。例如,随着经济条件的改善,一些节俭的习俗可能会逐渐被更加奢侈的消费习惯所取代。其次,民俗习惯的变迁性体现在社会发展与文化演进上。随着社会的发展和文化的演进,人们的生活方式、价值观念、技术条件等都会发生变化。这些变化直接或间接地影响着民俗习惯的形成、发展和消亡。新的思想观念和生活方式会逐渐取代旧的习俗,使得民俗习惯不断更新。最后,民俗习惯的发展体现在政策与法律的变更上。政治制度的变化和法律法规的制定及其实施也会对民俗习惯产生影响。政府政策的导向、法律法规的约束力都可能促使某些民俗习惯改变,甚至是消亡。因此民俗习惯具有变迁性。

（二）民俗习惯的实践适用

1. 立法层面的补充

意欲实现法治，使社会治理取向善治，确实需要民俗习惯对立法的补充。这种补充不仅有助于法律更好地适应特定社会和文化环境，还能增强法律的接受度和实施效果。

第一，民俗习惯有助于增强法律的社会基础，弥补法律空白。民俗习惯的纳入有助于法律深植于人们的日常生活之中，这种深植不仅促进了人们对法律的自然遵守，还增强了法律的社会基础。当法律规定与民众的习惯相契合时，人们对法律的信任和尊重自然增强，这对于建立一个稳定且持续的法治环境至关重要。另外，在某些特定领域，现行法律可能未能提供足够的指导或规定，民俗习惯则可以在这些情况下提供必要的社会规范。通过识别并尊重这些习惯，法律体系可以更加完善，更好地服务于社会的需求。

第二，民俗习惯对立法过程有积极影响。民俗习惯是立法活动中的考量因素。对符合社会发展的民俗习惯的认可，可以确保新法律与当地文化和社会实践相适应，提高法律的接受度和实施效率。立法者通过了解和参考民俗习惯，可以更好地评估法律变革的社会反响和影响。同时，民俗习惯反映了社会成员的共同价值观和期望，立法者在法律制定过程中参考这些习惯，有助于构建更广泛的社会共识，促进法律的顺利通过和执行。

第三，民俗习惯对法律内容进行丰富与完善。通过立法活动将传统知识和习俗纳入法律框架，不仅增强和提高了法律的文化适应性和社会接受度，还有助于解决那些纯粹法律逻辑可能难以覆盖的复杂社会问题。民俗习惯提供了一套行之有效的规则和准则，诸如土地管理、家庭关系等方面。对这些民俗与习惯的认可，可以使法律体系更全面地覆盖社会生活的各个方面。而且，民俗习惯往往蕴含了长期形成的社会公正和道德原则，立法时考虑这些习惯，可以帮助法律更好地体现社会对公平正义的追求。

2. 行政层面的平衡

民俗习惯对行政活动和行政法规的制定、实施具有重要影响。这种影响体现在行政活动的科学性、公共服务的提供方式以及政府与公众之间的互动等多个层面。

首先,民俗习惯提高了行政活动的科学性。行政机关制定政策时,考虑当地的民俗习惯可以确保政策更加符合社会的文化背景和价值观,从而提高政策的接受度和执行效率。例如,环境保护政策如果能够顺应当地的传统环境管理习惯,可能会更有效地得到社会主体的支持和参与。同时,若行政主体制定政策时能够反映和尊重民俗习惯,可以增强公众对政府行动的支持,促进社会的和谐与稳定。这种政策不仅在内容上得到优化,也在形式和实施过程中考虑到了民众的感受和期望。

其次,行政活动考虑民俗习惯有助于提高行政效率。对民俗习惯的了解和利用可以使行政机关更有效地设计和提供公共服务。例如,在教育、卫生服务中融入当地的文化特色和习俗,可以使这些服务更贴近民众的实际需要,从而提高服务的接受度和满意度。并且,民俗习惯往往强调社区的团结与互助,行政机关可以利用这一点促进公共项目的社区参与。通过鼓励和支持基于社区的活动,政府可以更有效地动员社会资源,实现公共目标。

最后,行政活动遵循民俗习惯有助于增强行政主体与行政相对人的互动。一方面,有助于社会主体建立起对政府的信任和尊重。行政主体在行政活动中尊重和借鉴民俗习惯,可以建立和增强公众对政府的信任。这种信任是政府有效行政的基础,有助于提高政府决策的社会认可度和合法性。另一方面,有助于行政主体与行政相对人有效沟通与传递信息。利用民俗习惯和传统渠道进行政府信息的传递,可以提高信息的传播效率和效果。在一些地区,传统的会议、节日或者习惯成为有效沟通政府政策和传递信息的渠道。

3. 司法层面的适用

民俗习惯在司法层面的适用问题,一直是学界热议的话题。尤其《民法典》对习惯的认可更是激起学界对民俗习惯在司法适用中的关注。目前理论与实践层面基本上都承认"善良的民俗习惯是一种有效的法律资源,将民俗习惯引入司法有着正当合理的现实需求"(张殿军 等,2012)。但是,我国是成文法国家,如何将约定俗成、一般不具有成文形式的民俗习惯作为解决纠纷的依据,将其引入司法判决是否需要遵循特定的程序,如何设置其适用边界,都是需要考虑与解决的问题。

首先,关于民俗习惯的司法识别问题。司法识别,通常指的是通过科学技术手段,在司法活动中对人、物、地点等进行辨识的过程。民俗习惯在司法活动中的识别问题,是指在司法实践中,对某一地区或群体内部长期形成并被普遍接受和遵循的习俗、传统或行为模式进行的识别和评估,主要解决的是什么样的民俗习惯可作为审判活动的参考的问题。民俗习惯有良俗与恶俗之分。《民法典》对民俗习惯的司法识别问题指明了方向,即不违反法律规定与公序良俗。也就是说审判活动中,纠纷解决时如果有法律规定应当遵循法律规定,在没有法律规定的情形下,如若民俗习惯不违背公共秩序,并且是一种善良风俗,才有可能被用于解决纠纷。在满足以上条件时还需要注意两个问题。第一,若法律与民俗习惯均有规定,且民俗习惯相较于国家法律的规定更为具体,此时在遵循法律规定的同时注意灵活对待民俗习惯,这样有助于提高大众对判决的认同感,也有助于当事人习惯权利与法定权利相统一。第二,法律无明文规定时,判决可以援引不违背公序良俗的习惯作为纠纷处理的依据。此处的不违背公序良俗的习惯应当包含如下特征:被法院援引进行判决的民俗习惯应当同人们最基本的情感、道德、伦理相一致,而且这种民俗习惯应当在一定范围内被广泛熟知,并且依据此民俗习惯进行判决能明确当事人权利与义务的分配并对该区域内其他社会主体起到一定的指引作用。

其次,关于民俗习惯的适用范围问题。民俗习惯在实践中适用范围较广,同时涉及民事、商事、刑事、行政领域。从民事领域来看,民俗习惯处理事项范围包括但不限于物权、合同、婚姻、侵权等事项;从商事领域来看,民俗习惯处理的事项范围包括但不限于金融、借贷、集资、市场委托理财;从刑事领域来看,民俗习惯对定罪、量刑、案件事实认定等均有影响;从行政领域来看,民俗习惯适用于行政调解与行政裁决、行政处罚领域、行政事实认定等范围(吕复栋,2014)。

最后,关于民俗习惯适用的程序问题。民俗习惯在审判活动中的适用通常包含提出、认证与具体适用。第一,关于民俗习惯的提出。民俗习惯的提出是民俗习惯进入审判活动的初始程序,主要解决的是提出主体、提出方式与提出时间的问题。以民事审判为例,依据民事实践来看,提出的主体既可以为当事人也可以为法官。当提出主体为当事人时,民俗习惯的提出应当与《民事诉讼法》关于原被告起诉应诉的内容一致。即若为原告提出则应在提交起诉状时一并提出,若为被告提出则应当在提交答辩状时提出。若为法官提出,在立案阶段由立案法官对可能适用或参照民俗习惯的案件进行审查,若原告未提供相关资料,应当由法官对民俗习惯进行立案解释,指导原告提供相关资料。进入审判阶段,审理法官阅卷过程中发现可能适用或参照民俗习惯裁判的案件,也应当参照立案法官的情况进行庭审释疑,并结合案情主动提出运用民俗习惯审理的意见,调解或裁判案件。第二,关于民俗习惯的认证。认证即对民俗习惯进行审查认定,以此判定其是否为审判案件的依据。实践中,民俗习惯的认证通常有当事人自行认证与法官认证两种方式。一方面,当事人可以在庭审活动前或庭审活动中法院宣判前对民俗习惯进行观点阐述,并达成一个肯定或否定的意见,在互相争论、互相较量中完成民俗习惯是否予以适用的最终结果。另一方面,可以由法官对民俗习惯予以认证。法官对民俗习惯的认证一般包含当庭认证与裁判文书认证两种方式:对于权利义务关系清晰、案件事实无争议的民俗习惯,如交易习惯,一般采取当庭认证的方式;对于争议较大、需要庭下核实的民俗习惯,应在裁判文书中说明理由。第三,关于民俗习惯的具体适用。民俗习惯在审判活动中发挥着重要的作用,包括但不限于审判中的事实推定、证据评价以及行为评价。以行政审判为例,民俗习惯可用于案件事实推定,即少数民族习惯以某一已知的前提事实的依据或大前提形象出现,与该前提事实共同推出新的待证事实,待证事实又构建了整个法律推理中的小前提(韦志明 等,2009)。民俗习惯也可用于证据评价,即以某少数民族习惯为判断标准,对证据的关联性、信用性和证明力进行评价,符合民族习惯的证据加以利用和保留,不符合民族习惯的证据加以排除;民俗习惯同样可用于评价行政行为,即在行政诉讼中,"一般多由被告提出少数民族习惯来证实自己行政行为的合理性"(杨丹,2017)。

(三)民俗习惯在治理中的积极作用

1. 民俗习惯的应用有助于培育规则意识

民俗习惯在培育规则意识方面起着至关重要的作用,它通过多种方式将社会规则、道德准则和行为规范植入个体和社区的日常生活中。首先,民俗习惯有助于价值观的形成与传递。通常情况下民俗习惯是一代代传承下来的,它们反映了一个社会的核心价值观和信仰。通过参与传统节日、仪式等习俗活动,个体从小就学习到了关于尊重、正义、责任和共同体意识等价值观,这些价值观是规则意识形成的基础。其次,民俗习惯有助于实现社会规范的内化。民俗习惯通过日常生活的实践,帮助个体内化社会规范。例如,许多文化有尊敬长辈、礼貌待人的习俗,这些习惯帮助个体理解社会期望的行为模式,从而培养遵守更广泛社会规则的习惯。再如,民俗习惯为个体提供了一个生活的框架和参照点,通过日常的实践,个体学会了什么是可接受的行为、什么是不可接受的行为。这种学习过程不仅限于言语教育,更多是通过观察和模仿周围人的行为来实现的。也就是说,参与民俗习惯还提高了个体的自我调节能力和反思能力。在遵循传统和习俗的过程中,个体不仅学会了如何调节自己的行为以适应社会规范,还能够反思这些规范对个人和社会的意义。最后,民俗习惯有助于提供解决冲突的机制。这些习俗往往包含了一套非正式的、但广为接受的解决问题和调解矛盾的方法。例如,一些地区的长者或者权威人物常常扮演调解者的角色,他们利用传统知识和社会规范来帮助解决冲突。再如,一些文化中的和解仪式可以帮助冲突双方恢复和平,通过象征性的行为表达道歉、宽恕或重建信任。通过这些方法,个体学习如何在尊重他人的基础上解决问题,这是理解和遵守正式法律法规的前提。总的来说,通过这些途径,民俗习惯帮助个体不仅理解社会规范,而且将这些规范内化为自己的行为准则。这种内化过程是无形的,但其对于维护社会秩序和促进个体社会适应性的影响是深远的。

2. 民俗习惯有助于传承民族文化,增强社会凝聚力

民俗习惯携带着历史的记忆和文化的精髓,通过节日庆典、仪式、传说故事、艺术表演等形式,将一代人的智慧和经验传递给下一代。在这种传递过程中,隐含的民族文化精髓也被继承下来,从而形成了共享的文化认同和价值观念。民俗习惯的形成在一定程度上是民族智慧的反映,它不仅凝聚了一个民族在长期生活实践中积累的经验和知识,而且还承载了该民族的文化特征、价值观念和世界观。这些习惯通过一定时期内的反复实践和口头传承逐渐形成,并带有鲜明的民族文化印迹。例如,侗族传统社会建构起来的是一种多元化、立体化的治理体系,侗族人民的观念受传统民风习俗影响较深,"亦反映了侗族秉承中华优秀传统文化的功能和理性"(谭伟平 等,2023)。另外,民俗习惯中的一些规范和仪式体现了特定民族的社会组织形式和管理方式,如家族制度、社区互助和领导权威的象征。同时,这些习俗在维持社会秩序和增强群体凝聚力方面展现了民族的组织智慧,不仅有助于传承民族文化,也有助于增强社会凝聚力。具体而言,民俗习惯在生产活动、生活习俗、社会治安、环境保护等多个

方面发挥着重要作用,体现了民俗习惯在维持社会秩序、传承文化、保护环境等方面的多维价值。首先,在生产活动方面,民俗习惯体现了对自然资源的合理利用和管理的智慧。例如,农业社会中的种植和收获节日不仅是庆祝丰收的仪式,也传递了关于农作物生长周期的重要知识,指导农民按照最佳时机进行播种和收割。这些习俗有助于提高农业生产效率和可持续性。其次,在生活习俗方面,生活习俗中的民俗活动反映了社会的价值观和生活哲学。从饮食习惯、服饰传统到婚丧嫁娶的仪式,这些习俗不仅增强了社区成员之间的凝聚力,还有助于新一代了解和继承自己的文化遗产。通过庆祝传统节日和仪式,人们不仅传承了文化,还强化了社会规范和道德标准。再次,在社会治安方面,一些习俗和仪式强调社会秩序和道德规范,比如对诚实、正义的崇尚以及对盗窃、欺诈等行为的谴责,通过这些习俗的实践,社会成员内化了这些规范,从而促进了社会治安的维护。最后,在环境保护方面,许多民俗习惯体现了对自然环境的尊重和保护。例如,一些民族有禁止在特定时期狩猎或捕鱼的习俗,以保护动物资源。此外,对某些树木、山川的神圣化,不仅表达了人与自然和谐共处的理念,实际上也起到了保护自然环境的作用。

3. 民俗习惯解决社会纠纷具有明显的灵活性与大众认同感

民俗习惯解决社会纠纷具有明显的灵活性与大众认同感。一方面,民俗习惯作为一种非正式的解决纠纷的机制,其对纠纷解决具有明显的灵活性,这种灵活性通常来源于其对当地文化、社会结构和个人情况的深刻理解及适应。民俗习惯能够根据社会与民族发展的具体情况和变化进行调整。这种适应性意味着解决方案可以针对每个特定情况的独特性进行定制,从而更加有效地满足当事人的需求和期望,具有较强的适应性。而且,通过民俗习惯解决纠纷,相比于正式的法律程序,提供了一种更快速、成本更低的纠纷解决方式。这种快速性和低成本不仅减轻了当事人的负担,也减轻了正式司法系统的压力。并且,以民俗习惯处理社会纠纷,往往可以调动包括当事人、家庭成员、在民族地区具有威望的长者和其他有影响力的人物参与至纠纷处理中来,这种参与性确保了解决方案能够从多个角度考虑问题,增加了解决方案的全面性和可接受度。同时,民俗习惯往往强调和解和关系的修复,不仅仅是解决争议本身,更重视修复因纠纷受损的社会关系和个人名誉。这种重视和解与修复的态度有助于实现社区内部的长期和谐与稳定。另一方面,民俗习惯解决社会纠纷有助于提升部分社会主体,尤其是地方民族群众对纠纷解决与权利义务分配的认同感。具体来说,民俗习惯深植于当地的文化和传统之中,因此提供的解决方案能够更好地符合地方民族群众的价值观、信仰和生活方式。当解决方案与当地文化紧密相连时,人们更容易接受和认同,因为这些方案反映了他们熟悉和尊重的生活规则和道德观念。例如,隆林彝族关于财产继承问题遵循"继承的财产和赡养义务是对等关系"(李远龙 等,2018)的原则,即继承多少财产,就要承担多大的赡养义务。而我国《民法典》第一千一百三十条规定,对于所继承的财产,尽了主要抚养义务的继承人,可以多分。可以看出隆林彝族对财产继承问题相较于法律规定更为细化,在隆林地区的彝族若因财产分配问题产生纠纷,遵循该民俗习惯处理财产分配问题更有助于明晰当事人之间的权利与义务关系,也有助于维护家庭和谐,提升纠纷解决的认同感。同时,适用民俗习惯解决纠纷更加注重恢复和谐与修复社会关系。这种解决方式认为除了纠纷本身外,社会关系的维护对于民族地区而言同样重要。通过修复被破坏的关系,增强了民族的凝聚力,也提升了群众对解决方案的认同感。

三、公序良俗

(一)概念及性质

1. 公序良俗的概念

"公共秩序,善良风俗"已经成为理论界与实务界对公序良俗的一致理解。《民法典》未出台前,《民法通则》第七条对公序良俗的法律表达为"民事活动应当尊重社会公德,不得损害社会公共利益,破坏国家经济计划,扰乱社会经济秩序"。《民法典》首次以法律的形式明确了公序良俗的地位,其第八条中指出:"民事主体从事民事活动,不得违反法律,不得违背公序良俗。"至此将公序良俗作为民法中的基本原则,作为解决民事纠纷的一种参考性准则。首先可以肯定的是,不论是公共秩序还是善良风俗,都是对社会主体行为的规制与约束,是协调社会关系、维持社会秩序的重要方式,故公序良俗本身是一种社会规范。其次,公共秩序与善良风俗只是对公序良俗的直观解读,如何深入理解公序良俗,可分别对公共秩序与善良风俗进行阐述。第一,关于公共秩序的解读。公共秩序本身就具有较为丰富的概念。有学者从社会学、公共哲学、法学等多个角度对公共秩序的内涵进行了阐述,将学界对公共秩序内涵的阐述划分为"一般秩序说""一般利益说"与"社会公共利益说",并将公共秩序的内涵限定在"一般利益"之上,认为公共秩序是一种"体现在一国现行法律秩序之中,同时兼括整个法秩序的价值体系与规范原则,特别是宪法中基本人权的规定"(杨德群 等,2013)。还有学者认为公共秩序实际上是与自然秩序相对应的社会秩序,是"人们对社会秩序所作的一种自觉的或强制的调整和创新"(刘银良,2004)。还有学者在比较研究法国法、德国法、日本法与我国台湾地区关于公共秩序的定义,以及其与法秩序的区别,最终将公共秩序界定为现行法秩序之外的,体现于法的一般精神与价值之中的"国家社会的一般利益"(于飞,2006)。

第二,关于善良风俗的解读。上文在民俗习惯部分对"民俗"已有了部分解答,在此不再详细阐述。需要进一步说明的是,善良风俗中的"善良"是一种价值评价,使风俗摆脱了原有的中立位置。有学者将"善良"定义为一般道德,认为良俗一般是指那些"风俗中蕴含正义、公平等价值理念的部分,这一部分即为维护国家社会发展所必需的一般道德"(杨德群,2014)。也有学者认为,风俗与道德之间的关系应该是:"只有为大多数人普遍接受的风俗,才能升华为道德。"(崔文星,2012)还有学者指出,对于善良风俗的概念,"作为标准的首先不是道德上的应当规范,而是政治-社会体制的价值抉择""宪法的基本抉择构成善良风俗最根本的基准点"(迪特尔·施瓦布,2006)。从上述观点中看出,公序良俗本身包含的公共秩序与善良风俗所论证的并非同一维度上的内容。秩序一般是指事物内部的紧密联系和相互依赖性,以及通过观察局部来推断整体的可能性。也就是说,秩序指事态间的各要素紧密联系,并可以通过原有部分推知其他部分,即"可以从我们对整体中的某个空间部分或某个时间部分所作的了解中学会对其余部分作出正确的预期,或者至少是学会作出颇有希望被证明为正确的预期"(哈耶克,2000)。而良俗是一种具有道德评价的事实上的确定状态,也就是一种在特定地域内普遍通行的行为方式。因此,对公序良俗的概念阐述应当兼顾公共秩序与善良风俗两部分内容,即公序良俗是指国家社会的一般利益与政治-社会体制的价值抉择下的人们普遍接受的一般道德,是贯穿于整个社会发展之中必需的基本道德与一般原则,是主要体现在社会秩序之中的公共利益与社会伦理规则的延伸。

2. 公序良俗的性质

如何界定公序良俗的性质,多数学者将其界定为民法中的基本原则,也有学者将其界定为法律标准，是一种"架构在社会秩序、风俗与法律之间的标准"（陈林林 等，2021）。也是一种"规范概念，是法律评价标准"（于飞，2022）。对此问题的回答，首先要明确什么是法律原则。法律原则是"一种用来进行法律论证的权威性出发点"（庞德，2009），也是法律体系中作为法律规则的指导思想、基础或在法律中较为稳定的原理和准则，具有高度的抽象性。根据阿列克西对原则的定义，原则被视为一种最优化指令，这种指令要求在最大程度上实现特定的价值和目标，无论是在实际情境中还是在法律框架内。"也就是说，原则是一种程度性的、比较性的规范"（李鑫，2014），法律原则通常不涉及具体、确定的事实状态，也不预设明确、具体的法律效果。如此看来，公序良俗确实因为未事先明确秩序与良俗的具体清单而同法律原则类似。公序良俗的内核是"主体在其一切行为中均不得违背秩序及伦理底线"（于飞，2021）。此处提到的秩序是依据客观实践与政策需要，由权力机关甄别、认证的社会关系和秩序，良俗是在长期社会生产实践中形成的，是具有实践性、历史性、地域性等特征的民俗习惯加之符合社会伦理道德的价值判断的产物。无论公共秩序还是善良风俗都需要借助权力机关依据政策导向、社会伦理等因素进行判断。从这个层面来看，公序良俗可以被称为是需要通过公权力主体对实体内容进行价值判断而明晰内涵的原则。与此同时，又能从对社会实践的考察中，明晰公序良俗的部分行为模式与行为后果。例如，认定民事法律行为效力、侵权行为的非法性、侵犯人格权、名誉权纠纷与继承、赡养、物权纠纷（郭剑平，2020）。再如，梁慧星将违背公序良俗划分为十种情形。① 从这个角度来看，公序良俗在一定情况下又具有相对确定性。也就是说，公序良俗除包含价值因素外，也包含事实性内容。如此，直接将公序良俗归结为基于价值评价的法律原则就欠缺一定合理性了。那么，公序良俗的性质是一种法律标准吗？依据庞德的观点，一个标准即为"法律所规定的一种行为尺度，离开这一尺度，人们就要对所造成的损害承担责任，或者使他们的行为在法律上无效"（庞德，2009）。这种行为尺度并不同于法律规范般直接与明确，而是需要具有一定的概括性，需要注意不同标

---

① （1）危害国家公序行为类型；（2）危害家庭关系行为类型；（3）违反性道德行为类型；（4）射幸行为类型；（5）违反人权和人格尊严行为类型；（6）限制经济自由的行为类型；（7）违反公共竞争行为类型；（8）违反消费者保护的行为类型；（9）违反劳动者保护的行为类型；（10）暴利行为类型。

准中的公平或者合理的成分。由此法律标准便界定为"法律中用来设定某些行为模式但却又需要通过用法者根据具体情境予以充实的法律准则"（周赟，2013）。这表明法律标准相较于法律原则，是一个既可以涵盖价值评判标准，也可以涵盖某些事实内容的概念。由此，将公序良俗的性质认定为一种法律标准更为贴切。

（二）公序良俗的适用范围

通常情况下，理论界与实务界均将公序良俗限定在民法范围内研究，用以处理婚姻家庭、民事法律行为、人格权等纠纷。从理论层面看，多数学者研究时将其限定于民法上的研究；从实践层面看，公众对公序良俗的理解大多源自民事审判活动。实际上，从司法层面看，公序良俗不仅限于民事领域，在刑事、行政领域也涉及公序良俗的问题。从更为宏观的角度看，公序良俗不仅限于司法层面，在立法与执法、守法层面也有所涉及。有学者从法律史意义上考察与溯源公序良俗，从人类早期政治文明梳理至近代公序良俗的正式确立，发现"'公序良俗'发达于大陆法系民法中的'公序良俗原则'却又不限于民法，它通过英美法系立法与司法活动中的'公共政策'理论得以扩展其评价体系的覆盖面，并延伸入公法之中，促进了公私法价值的融合"（何勤华 等，2022）。也就是说，公序良俗的适用范围不应当局限于民事领域，也不应当只局限于司法层面，虽然其适用具有谦抑性 ① 但适用范围具有广泛性。

一方面，除在民事审判领域的运用，公序良俗在刑事与行政领域也多有运用。一是公序良俗在刑事领域中的运用。公序良俗对于刑事案件的定罪和量刑具有不可忽视的影响。在判定某一行为是否构成犯罪以及确定具体刑罚时，

---

① 刑法中常提到谦抑性，即刑法在社会调控中应谦卑退让，保持克制。它包含了对刑法适用范围和处罚程度的限制性含义。（参见孔祥参. 论刑法谦抑性的司法实现 [D]. 吉林：吉林大学，2020.）对于公序良俗而言，谦抑性是指公序良俗在实践中，尤其是在司法实践中的适用不可过于泛化，应当保持谦抑性，适用次序靠后，在有具体法律规则时适用规则，无具体规则时也应先适用习惯，无习惯而有类推适用时，适用类推规定。在穷尽现有规则后，再考虑公序良俗的适用，避免公序良俗适用泛化。正如哈耶克所言，"对什么是合理的加以规定的法令是没有的，企图制定这样一个法令也是不合理的，结果，合理性就必然要看它是否符合于权威性的理想"（参见 ［美］庞德. 通过法律的社会控制 [M]. 沈宗灵，等译. 北京：商务印书馆，2009：28-29. ）。

法院除了严格遵循罪刑法定原则,依据犯罪事实与法律进行量刑,同时也会审视该行为对社会公共秩序和善良风俗的侵害程度。比如,在侵犯公民人身权利的案件中,公序良俗可作为刑事审判量刑的参考依据。[1] 再如,对妨害社会管理秩序类犯罪,公序良俗也有所运用。[2] 二是公序良俗在行政审判领域中的运用。公序良俗在行政审判领域中的运用通常涉及商标类案件、行政合同效力认定、房屋征收与征用案件等。以房屋征收案件为例。房屋征收补偿问题是在进行城市更新、基础设施建设或土地征收等项目中,直接关系到被拆迁或被征收房屋的所有权人和使用人的切身利益的重要问题。依据行政法规的相关规定,政府所实施的行政征收行为必须以公共利益为出发点,处理征收补偿相关问题时,应当秉持依法、合理、适度的原则和理念,妥善处理公共利益和私人合法权益之间的关系。无法律与事实依据,过分强调个人利益是违背公序良俗的体现。[3]

另一方面,除在司法领域中的运用,公序良俗在立法、执法、守法领域也多有运用。一是公序良俗在立法中的运用。立法机关在制定法律或修订现有法律时,应当考虑法律规范是否符合社会公共秩序与社会伦理标准。这有助于确保法律的公正性、合理性和社会的接受度。例如,许多法律通过禁止那些被普遍认为违反良好风俗和社会伦理的行为的方式,反映公序良俗的要求。"刑事立法对侵犯集体法益犯罪的规制等于将公序良俗上升为了刑法保护法益。"(刘艳红,2020)诸如诈骗、盗窃、侵犯隐私等行为侵犯个人法益的同时也涉及了公共利益,那么刑法对这些犯罪行为的惩治既体现了法律对财产安全的保护、对个人隐私的维护,同时也是对社会普遍共识的回应。二是公序良俗在执法中的运用。行政执法过程中,行政主体同样需要确保其行为和决策既遵守法律规定,又符合公序良俗。例如,在行政决策过程中,行政主体需要考虑决策是否符合公序良俗。这意味着即使某些行为在法律上是被允许的,但如果它们严重违反社会普遍接受的道德标准或公共秩序,也会因为欠缺"合理性"而受到质疑。再如,行政执法在对违法行为给予处罚时,公序良俗也起到了部分指引作用。行政处罚不仅要依据法律的规定,还要考虑处罚行为对社会带来的影响,尤其

---

[1] 详见(2021)赣 09 刑初 32 号:夏小兰故意杀人案。

[2] 详见(2021)黔 01 刑终 230 号:徐某引诱、容留、介绍卖淫案。

[3] 详见(2018)吉行终 201 号。

是对社会秩序、社会伦理以及社会认知带来的影响，确保处罚既有法律依据，也符合道德和社会公众的期望。三是公序良俗在守法领域的运用。公序良俗在公民守法中的体现，是个人行为与社会道德标准、公共秩序之间关系的反映。例如，公民守法不仅仅是要遵循法律条文，更包括对个人行为的自我约束，以符合公序良俗的要求。这意味着即便在法律没有明确禁止的情况下，公民也应避免那些可能被社会广泛认为是不道德或不恰当的行为。公民在行使权利时，也应当遵循公序良俗的原则。权利的行使不得损害国家利益、社会利益和他人利益，不得违反法律的强行性或禁止性规定。再如，公民在追求个人利益的同时，必须考虑到其行为对社会和他人的影响，确保自己的行为符合社会的道德规范和价值取向。

（三）公序良俗在治理中的积极作用

1. 公序良俗在指导法律实践、促进社会和谐中发挥着重要作用

公序良俗在法律实践和维护社会和谐方面的重要作用不可忽视，其深深根植于社会的文化土壤和道德伦理之中，为法律的制定、解释、执行和运用铺设了坚实的道德和伦理基础。公序良俗通过潜移默化的方式加强社会共识，为社会成员之间的相互理解与尊重奠定了基础。这种和谐不仅有助于平息潜在的社会冲突，还能够增强社会整体的凝聚力，为构建一个稳定而和谐的社会环境提供了重要支撑。公序良俗不仅确保了法律规定体现公平正义，同时，也确保法律符合社会的一般道德标准，增强了法律的社会合法性和公众接受度。这种双重保障大幅提升了法律的实际效用和社会治理的整体效率。在当代社会的复杂背景下，公序良俗显得尤为关键。它指导人们在法律明确规定的范畴内行事，同时也在法律尚未触及的领域内提供道德指引，也就是说公序良俗对人们行为的指引不仅局限于行为合法，还鼓励人们注意以一般社会伦理观念约束自己。这种由内而外的自律和道德导向，弥补了法律规范的局限性，成为维系社会秩序和促进社会和谐不可或缺的力量。进一步来说，公序良俗在推动法律公正执行、促进社会和谐以及推动文明进步方面发挥的作用是全方位的。它不仅仅是一组道德准则，更是维护社会秩序、促进社会稳定与持续发展的核心力量。它的存在和实践展示了在建设文明和谐社会的征途中，社会秩序与伦理道德的引导作用是不可替代的。

2. 公序良俗有助于强化社会自我调节能力

公序良俗在社会自我调节中起到了至关重要的作用。作为社会共识和道德伦理的体现，公序良俗为个人行为和集体活动提供了道德指导和规范，帮助社会成员在没有法律强制介入的情况下，自觉遵守社会规范，维护公共利益和社会秩序。

作为一种深植于社会政策、社会历史与文化中的共识，公序良俗汇聚了人们广泛接受的道德伦理标准和行为规范，引导个人和集体在自我管理中作出符合社会期望的选择。具体而言，首先，公序良俗促进社会个体的自我约束。公序良俗通过对社会秩序的维护与对善良风俗的认可，鼓励社会个体自我约束其行为，避免违反社会公认的价值观和行为准则。这种内在的自我控制力量，比外部的法律强制更为深刻且持久，能够有效减少违法违规行为的发生。其次，公序良俗有助于形成社会期待。公序良俗塑造了社会成员对于"良好行为"的共同期待，这些期待成为个体行为决策的参考，促使人们在社会互动中考虑到他人的利益和社会公共利益，从而促进了社会关系的和谐与合作。再次，公序良俗有助于解决社会冲突。在处理社会冲突和矛盾时，公序良俗提供了一套非正式的解决机制，通过强调对社会公共利益与公共秩序的维护，强调和谐、宽容和互相尊重等价值，帮助社会成员找到和平解决争议的途径，减少了社会矛盾升级的可能性。最后，公序良俗有助于促进社会进步。随着社会的发展，公序良俗也在不断地更新和演进，反映新的社会价值和期望，促进法律和社会制度的改革，以更好地适应社会发展的需要。

第五章
治理中的准正式社会规范

在社会治理的框架中,准正式社会规范介于正式规范和非正式规范之间,占据了一种独特的地位。准正式社会规范通常是由非国家机关的社会主体依照国家法律制定,或经由国家机关协助制定的,具有一定组织或集体背景支持的社会规范形式。这些规范可能未达到法律规范的正式性,但在特定区域内具有广泛的影响力,对协调利益关系、约束人的行为起到重要作用。本章分析的准正式社会规范类型包括市民公约、居民公约、乡规民约、行业规章、团体章程。

一、市民公约

(一)概念及特征

1. 市民公约的概念

学界对市民公约研究较少,有学者在研究规范体系时提及市民公约是社会规范体系中的一部分内容(刘作翔,2023)。也有学者将市民公约定义为:"一般是指城市居民自行约定或公共管理主体制定的、不具有国家强制力的、指引和约束城市居民行为的社会规范。"(李天相,2021)研究市民公约应当先从其该概念出发,市民公约即由市民与公约两个词组成。市民概念的产生和发展是一个长期的历史过程,其根源可以追溯到古希腊和罗马时期,这一概念随着时间的推移和社会的变迁而演化。在古希腊,尤其是在雅典,市民(Polites)概念与城邦(Polis)的政治生活密切相关。在这里,市民不仅意味着居住在某个地方的人,更重要的是指那些有权参与公共事务讨论和决策的男性成年人。这个概念强调政治参与和公共领域的活动,是民主政治的早期体现。罗马帝国时期进一步发展了市民概念,将其扩展到了一个庞大的地理区域。罗马市民(Civis

Romanus)享有一系列的权利,包括财产权、结婚权、诉讼权等,这些权利在法律上得到保障。随着罗马的扩张,市民身份成为一种珍贵的地位,象征着受罗马法律保护。在中世纪,随着封建制度的确立,市民概念相对淡化,但在城市和商业中心的发展中仍然扮演重要角色。到了近代,随着民族国家的兴起和资本主义的发展,市民概念再次发生了变化。它开始更多地关联于国家层面的身份和参与,特别是在法律权利和政治参与方面。在现代,市民概念被进一步扩展和深化,不仅包括政治权利,还包括社会、经济和文化权利。现代民主国家强调市民的权利和义务以及公民参与政治生活的重要性。国际法和国际人权运动也对市民概念产生了影响,促进了全球对基本人权和自由的认识和保护。现在"市民"这个词通常指的是一个国家或城市的正式居民,具有该地区赋予的特定权利和义务。市民身份是一种法律地位,它赋予个人参与社会、政治和经济生活的权利,同时也要求个人遵守相应的法律、缴纳税款和履行其他公民责任。

现阶段,我国社会实践中存在针对城市居民与乡村居民的规范类型,分别用于规范城乡居民行为。因此市民公约中的市民一般是指那些同意并自觉遵守公约条款的城市居民。公约,原指双边协定,现在一般用于拥有众多缔约方的正式的多边条约。公约是一种正式的协议或契约,通常由两个或多个主体(可以是国家、政府、组织或个人)订立,用以约定各方在特定事项上的权利、义务和行为准则。公约通常用于国际法中,通常是指由国家作为当事方的正式协议,可能涉及广泛的主题,如人权、环境保护、武器控制和贸易规则。市民公约中的公约一般是指政府部门单方制定或城市居民参与制定而形成的具有指导性质而非强制性质的社会规范。由此可以将市民公约定义为:由政府部门单方制定或城市居民参与制定而形成的具有指导性质的调整城市居民行为的社会规范,旨在提高居民素养,促进社会主义精神文明建设。

市民公约是社会规范的重要类型,在社会治理中发挥着重要作用。我国宪法第二十四条规定:"国家通过普及理想教育、道德教育、文化教育、纪律和法制教育,通过在城乡不同范围的群众中制定和执行各种守则、公约,加强社会主义精神文明的建设。"各市级政府部门也制定了相应的市民公约类文件,例如《天津市文明公约》《阳山县市民公约》《清远市文明行为促进条例》《南昌县市民文明公约》《沧州市民公约》,以及相应的市民行为守则。可以看出,第一,市民公约即为约束城市居民的一种重要形式,其不仅约束了城市居民行为,更重要的是发挥了对居民日常行为的指引作用,提高居民素质,加强社会主义精神文明建设。第二,从各地出台的居民公约内容来看,一般侧重于对居民精神文明的倡导。例如,价值层面倡导居民自由、平等、团结、遵纪守法等;社会活动中倡导居民诚实守信、公平竞争、乐于助人、见义勇为等;生态环境层面倡导勤俭节约、反对浪费、垃圾分类、保护环境等;生活秩序层面倡导遵守秩序、安全出行、讲究卫生、文明养宠等。

2. 市民公约的特征

依据市民公约的概念与内容可以发现,市民公约具有不同于其他社会规范的突出特性,即倡议性、价值共同性与互惠性。具体而言,首先,市民公约具有明显的倡议性。倡议性通常是指个人、组织或政府采取主动行动或提出新的想法、计划或策略,以解决问题、应对挑战或实现特定目标。市民公约不同于其他类型的规范形式,其在社会治理中的作用主要是依靠政府部门的倡导与指引,以及城市居民的认同与自觉遵守来发挥。其次,市民公约具有价值共同性。市民公约通常围绕共享的价值观和目标建立,这些价值观和目标反映了社区的共同利益和愿景。这有助于加强社区成员之间的联系,促进集体行动。最后,市民公约具有互惠性。互惠性一般是指在人际关系或社会交往中,一个人或群体提供给另一个人或群体某种利益、服务或好处,期待在将来某个时候得到相等或相似的回报。这种原则是建立和维护人际关系、社会合作和社会秩序的基础之一。市民公约的制定与遵守通常基于互惠原则,意味着参与者之间存在一种相互的权利和义务关系。每位成员都承诺为公共利益作出贡献,同时也享受公约提供的保护和利益。

(二)表现形式

习近平总书记高度重视多元化社会规范在社会治理中的重要作用,在党的十八届四中全会上提到要"发挥市民公约、乡规民约、行业规章、团体章程等社会规范在社会治理中的积极作用"。2014年11月1日,习近平总书记考察福建省福州市鼓楼区军门社区时提到要"发挥市民公约、乡规民约等基层规范在社会治理中的作用,培育社区居民遵守法律、依法办事的意识和习惯"[①]。由此可

---

① 中共中央党史和文献研究院. 习近平关于城市工作论述摘编 [M]. 北京:中央文献出版社,2023:149.

以看出市民公约是社会治理中的重要规范类型,结合各地出台的市民公约可以将实践中的市民公约内容具象化为以下几个方面。

第一,市民公约在和谐邻里关系中的应用。居民公约在构建和谐邻里关系中扮演着重要的角色。通过明确规定社区内的行为准则和相互期望,居民公约有助于减少冲突,增强社区成员之间的相互理解和尊重,以及促进积极互动。例如,居民公约为城市居民提供了明确的行为准则,帮助居民明确在社区内外期望的行为方式。这些准则可能包括对噪声控制的规定、公共区域清洁和维护的责任,以及宠物管理的指导原则等。再如,居民公约促进居民之间的沟通与理解。居民公约鼓励邻里之间开放沟通,为居民提供一个共同讨论和解决问题的平台。这种沟通机制有助于及时解决误会和矛盾,增进邻里之间的理解和尊重。公约还促进居民对社区的投入和参与,让居民感到自己是社区的重要部分,增强邻里间的联系和归属感。

第二,市民公约在城市生态环境治理方面的应用。市民公约在城市生态环境治理方面的应用体现了一种基于社区参与和公民责任的环境管理策略。通过动员和鼓励市民积极参与到环境保护和可持续发展的实践中,市民公约成为促进城市环境治理的有效工具。城市生态环境治理具有复杂性与全民性,意欲实现生态环境法治的目标,需要利用社会约束力促进社会公众的环境自治和环境共治(李天相,2021)。例如,市民公约可以通过教育和宣传活动提高公众对环境问题的认识,强调每个人在环境保护中的作用。这种意识的提升有助于形成一种全民参与环境保护的氛围。再如,公约倡导节能减排、资源回收利用、绿色出行等可持续性生活方式,鼓励市民在日常生活中作出环保选择。这些行为习惯的积累对于改善城市生态环境具有长远的积极影响。

第三,市民公约在交通领域的应用。市民公约在交通领域的应用旨在通过增强公民意识和责任感,改善交通环境,建立安全、高效和可持续的交通系统。例如,市民公约有助于提升城市居民交通安全意识,通过教育和宣传活动提高公众对交通安全的认识,如强调遵守交通规则的重要性、酒驾的危害、行人和自行车骑行者的权利。这有助于减少交通事故,提升整体交通安全。又如,市民公约可以为市民提供一个参与城市交通规划和管理决策的平台,让公众能够对交通政策提出意见和建议,增加政策的透明度和公众满意度。再如,市民公约还倡导低碳交通方式,鼓励公共交通、自行车和步行等绿色出行方式,减少私家车的使用,以降低交通拥堵和减少环境污染。

(三)市民公约在治理中的积极作用

社会治理主体多元化已成为当今社会发展的重要特征,法治政府建设也意味着政府应向有限政府转变,从管制型政府向服务型政府转变。由"管"向"治"的转变意味着每一位市民都应该成为文明城市治理的主人,实现政府与社会组织和群众的多元共治。例如,在市民公约的制定过程中,政府与市民直接交流,透明地分享政府的决策过程、意图与愿景,并耐心阐明在城市治理上遭遇的挑战与问题。这不仅增进了市民对政府工作的理解,确保了市民有权了解城市治理的相关信息,而且为市民的积极参与提供了必要的信息基础。同时,市民有机会通过各种途径直接与政府机构进行交流和协调,提出建议和反馈,实现与政府的有效对话。通过市民公约,市民、社会组织与政府之间的互动得到了制度化的支持,促进了政府与公众之间多元化互动与合作的和谐关系。各级政府机关发挥其领导和引导作用,积极倡导并支持市民基于共识形成市民公约,从而在市民公约的形成过程中发挥关键的推动作用。具体来说,市民公约在社会治理中的积极作用体现为促进公民参与民主管理、增强社会凝聚力,推进构建社会主义和谐社会。

1. 市民公约促进公民参与民主管理

市民公约代表了市民共同遵循的行为标准,其目的在于激发公民参与和促进民主治理。作为市民自我管理、服务、教育及监督过程中的共识,这些行为准则强化了市民的归属感和责任意识,提升了公共素养和社会意识,促进了社区的和谐与民主发展。一方面,市民公约通过反映市民的共同愿景和诉求,促进了广泛的公民参与。在公约的创建过程中,市民有机会充分表达自己的观点和建议,参与城市治理决策,这不仅提升了民众的民主意识和参与技能,也增加了城市治理的透明度和信任度。另一方面,市民公约通过为公民提供一套共同遵循的规范,促进了民主治理,市民在遵循这些规范的同时,实现了相互监督和约束,共同维护了城市秩序和社会稳定。它还为城市管理者提供了了解民意、满足市民需求、制定和执行政策的有效途径。

2. 市民公约有助于增强社会凝聚力,推进构建社会主义和谐社会

市民公约代表了市民之间关于公共生活的共识,是关于环境保护、维护公

共秩序和确保社区安全等方面的行为规范。遵循这些规范有助于塑造共享的价值观和行为标准，从而加强社区成员之间的认同感和归属感。这种归属感和认同感是构建和谐社会的关键基石。市民公约通过提升公众参与度、形成共同价值观和目标，以及促进各界互信，促进不同社会群体相互理解和尊重，在增强社会凝聚力方面发挥着重要作用，同时也为构建和谐社会提供了坚实基础。一方面，市民公约鼓励公民积极参与社会治理和社区活动，这种参与感和被需要的感觉能够增强个人对社区和社会的归属感。制定和执行市民公约的过程本身是一种公民参与民主管理的实践。在这一过程中，市民分享自己的观点和建议。通过明确社区或社会的共同价值观和目标，不同背景的人们能够朝着共同的方向努力，减少分歧，增加相互理解和尊重。同时，制定公约可以帮助人们围绕这些核心理念和共同利益团结起来，共同决策关于社区事务的处理方式。这样的参与和协商过程有助于激发市民的公民意识和社会责任感，为社会和谐与稳定奠定基础。另一方面，市民公约对构建社会主义和谐社会具有深远的影响。首先，市民公约作为市民共同遵守的行为规范，有助于维护社会秩序和公共安全。这些规范明确了市民在公共生活中应该遵守的行为原则，有效减少了由不当个人行为导致的社会问题和纠纷，有助于建立一个更加和谐与友好的社区环境。其次，市民公约覆盖了诸如环保、维护公共秩序、确保社区安全等内容，强调市民在日常生活中应展现出文明、礼貌和友好的态度。遵循这些规定，市民将主动保护公共环境的清洁与美丽，尊重他人权益，营造出一种文明的社会氛围。这样的文明水平的提升，不仅能够塑造城市的积极形象，还能增强居民的幸福感和满足感。作为共同遵循的行为标准，市民公约对于加深市民间的认同感和归属感起着关键作用。当所有市民按照同一公约行事时，他们会有更强烈的感觉，认为自己是同一社区、同一城市的一分子，进而促进社会关系的紧密结合。这样的团结和凝聚力对于建设一个和谐社会来说是不可或缺的基石。最后，市民公约也助于提升公民的文明素质和公共意识。遵守公约意味着市民将主动保护公共环境和秩序，尊重他人权益，营造有礼貌、友好的社区氛围。提高这种文明素质和公共意识对于建立和谐社会至关重要。当公民看到自己的行动对社会有积极影响时，他们更可能持续参与并支持社区和社会的发展，从而增强整体的社会凝聚力。

二、居民公约

（一）居民公约的概念与特征

1. 居民公约的概念

居民公约与市民公约同作为社会治理中的规范类型，从主体层面来看具有一定的相似之处，但市民公约相较于居民公约涵盖范围更广。居民公约与市民公约的调整范围具有一定的交叉性，居民既应遵守居民公约也需要遵守市民公约。但是两类规范的侧重点有所不同。市民公约主要由政府制定或城市居民参与制定，用于倡议城市居民文明生活，以此加强社会主义精神文明建设，而居民公约是基层居民群众行使自治权的重要表现。根据《中华人民共和国城市居民委员会组织法》第15条，居民公约由居民会议讨论制定，由居民委员会监督执行。从《关于做好村规民约和居民公约工作的指导意见》可以看出，居民公约通常包含规范日常行为、维护公共秩序、保障群众权益、调解群众纠纷、引导民风民俗等五个方面的重要内容。从程序方面来看，居民公约的制定一般应经过征集民意、拟定草案、提请审核、审议表决、备案公布等五个步骤。社区党组织、居民委员会就提出的问题和事项，组织群众广泛协商，根据群众意见拟定村规民约或居民公约草案。社区党组织、居民委员会应于居民会议表决通过后十日内，将居民公约报政府（街道党工委、办事处）备案。由此可以将居民公约定义为：由社区党组织、居民委员会就社区内和居民日常生活休戚相关的公共事务，依据一定的程序，组织群众广泛协商，在自愿、和谐和协商的基础上，充分保障居民进行自我管理、自我服务、自我教育、自我监督的行为规范。

调研显示，在社区中，存在着两种类型的居民公约。第一种是社区层面统一制定的行为规范，被居民普遍称为"大公约"。这类公约通常由街道或居委会主导制定，居民的参与度相对较低。尽管有时会邀请居民代表参与公约的最终投票表决，但居民对此往往持冷漠态度，通常只是随波逐流地表示赞同。相对而言，第二种公约则更具针对性和灵活性，它是针对具体事务而制定的行为规范，被居民称为"微公约"。这类公约的制定过程更加注重居民的参与和协商。社区居委会或专业社工会根据不同事务的特点和需求，引导居民共同制定相关规范。在这个过程中，每条规范的制定和表决都需要居民的积极参与，如果存在较大的分歧且无法通过协商达成一致，那么这些规范将不会被纳入公约之中(许宝君,2021)。

2. 居民公约的特征

相较于市民公约,居民公约具有更强的自治性,适用层面具有有限性,内容具有丰富性。

首先,居民公约具有自治性。居民公约能够让社区成员通过自我管理的方式来共同制定、执行和遵守一套规则和标准,进而维护社区秩序、提升生活质量和解决社区问题。第一,居民公约的自治性表现在自主制定规则方面。居民公约的制定需要广泛征求社区居民的意见和建议,通常由社区居民共同讨论和决定,反映了社区成员的意愿和需求。这种自下而上的规则制定过程展现了居民在自己生活环境管理中的主体地位。在制定过程中,居民可以针对自身的实际情况和需求,制定出适合自己社区的管理规定和生活准则。例如,2012 年 9 月,天津开封道社区完成了综合提升改造。为了持续提升居民的文明素养并优化小区治理,社区积极动员居民参与,经过多次深入的讨论,最终制定出一份居民公约。该公约后来在社区议事协商会和即将成立的物业管理委员会的共同认可下得到了通过。① 第二,在居民公约自我执行与监督方面。居民公约的执行依赖于社区成员的自觉遵守和相互监督。社区内部会形成一种自我管理的机制,居民之间互相提醒、互相帮助,确保公约内容得到有效执行。这种自我监督和执行机制减少了外部力量的介入,提高了社区自管理的能力。第三,在居民公约的自我调解方面。居民公约还为社区内的纠纷提供了一种自主解决的途径。当发生矛盾或争议时,社区成员可以依据公约中的规定来进行调解和解决,这不仅提高了问题处理的效率,也增强了社区成员之间的相互理解和信任。第四,在居民公约的自主修订与创新方面。随着社区发展和居民需求的变化,居民公约可以通过社区成员的共同讨论来进行修订和更新。这种自主修订的过程确保了公约内容始终反映社区当前的实际情况和居民的共同意愿,保证了其时效性和适应性。因此,从居民公约的制定到实行到不断完善均体现了居民公约的高度自治性。

其次,居民公约适用具有有限性。居民公约只是社会治理中的一种规范类型,针对的是特定的城市居民,其适用的有限性主要体现在适用范围的有限性

---

① 天津市和平区小白楼街道开封道社区 [J]. 社会与公益,2019(02):37.

与适用效力的有限性。一方面,居民公约适用范围具有有限性。居民公约的设计初衷是为了维护特定社区或小区内部的秩序与和谐,通过制定一系列规范和准则来指导居民的行为,确保公共空间的整洁、安全以及居住环境的质量。这些规范可能包括噪声控制、宠物管理、公共设施的使用规则、外观维护标准等,旨在促进居民之间的相互尊重和理解,共同营造一个宜居的社区环境。但是,居民公约通常由居民会议制定,居民会议又由本社区年满18周岁的居民构成,由此可以看出,本社区居民会议制定的居民公约的实施范围存在自然限制,它们仅在特定的社区或小区内具有约束力。这意味着,公约所设定的规则和标准仅适用于该社区常驻的居民,对于社区外的人员和其他地区无法施加任何形式的约束或影响。这种局限性源于居民公约本身的性质——它是由社区内部居民或管理机构根据社区的特定需求和条件自行制定的,并非由外部的法律机构强制执行的法律法规。另一方面,居民公约适用效力具有有限性。居民公约的适用效力受到其固有性质、执行机制的限制。这些因素共同作用,决定了居民公约在实际应用中的约束力和影响范围。第一,居民公约的适用效力受自身性质的限制而表现出有限性的特征。居民公约作为一种自发形成的社区管理工具,根植于社区内部居民之间的共同认识和需求。这套规则体系的建立,本质上是为了创造一个更加宜居、有序和和谐的社区生活环境。通过对噪声控制、公共区域维护、物业管理等方面的规定,居民公约旨在解决邻里之间的常见问题,促进居民之间的相互理解与尊重,以及提升整个社区的居住品质。然而,正如居民公约的制定过程是基于社区层面的共识而非官方法律程序,这些规则缺乏正式的法律地位,因此在强制执行方面自然存在缺陷——无法通过法院系统或者政府权力进行强制执行,这使得其对于违规行为的处罚能力受限。因此,居民公约的实际效力很大程度上依赖于社区成员对这一共识的尊重和自愿遵守。第二,居民公约受执行机制的限制。居民公约的有效执行是维护社区秩序和促进和谐居住环境的关键,然而,执行这些公约所依赖的社区管理组织或居民委员会面临着显著的挑战。由于这些内部机构通常不具备法律授权的强制执行力,他们在实施居民公约时的手段相对有限,主要依赖于社区成员的自觉合作和共识。居委会在处理违反公约的行为时,采取的手段通常为道德劝导或其他非强制性的纠正措施。道德劝导依赖于个人的道德感和对社区责任的认识,其效果在很大程度上取决于个体的价值观和社区的文化氛围。虽然这种方法在某些情况下可以有效地解决问题,但对于那些对社区规范持悲观态度或者无视公约规定的个人来说,可能效果有限。其他非强制性措施旨在为违规行为设定一定的代价,以此来阻止可能发生的违规行为。然而,这些措施的实施效果在很大程度上取决于社区内部执行和监督机制的有效性。对于那些拒不改正的违规者,这种方法的惩处能力极为有限,因此,从客观来讲,居民公约的适用效力是有限的。

最后,居民公约内容具有丰富性。上文提到,在《关于做好村规民约和居民公约工作的指导意见》中提到,居民公约的内容涵盖范围广,涉及了规范日常行为、维护公共秩序、保障群众权益、调解群众纠纷、引导民风民俗等五个方面的重要内容。第一,居民公约通过对居民日常生活中的行为作出指导,如强调遵守公共秩序、爱护公共财物、维持环境清洁等,促使居民养成良好习惯,同时提升社区整体形象。第二,公约在维护公共秩序方面扮演关键角色。通过设定明确的行为规范,比如禁止无故占用公共区域、避免制造噪声等,确保社区环境的和谐与稳定。第三,公约还致力于保障居民权益,明确居民享有的权利与应尽的义务,如参与社区管理、使用公共设施以及缴纳相应费用、参与公益活动等,旨在平衡居民间的利益,降低冲突。第四,在解决居民纠纷方面,公约同样发挥着不可或缺的作用。它为居民提供了一套公正的解决方案和依据,帮助解决问题,促进邻里间的和谐与友谊。第五,公约还关注引导社区文化与道德建设,倡导尊老爱幼、相互帮助、节俭生活等正面价值观,同时反对迷信和浪费等负面行为,以此提高社区文化水平和居民的道德标准。综上所述,居民公约的内容丰富多元,涵盖了规范日常行为、维护公共秩序、保护居民权益、解决纠纷以及促进文化道德建设等多个方面,为社区的和谐、稳定及文明进步提供了坚实的支撑。

(二)居民公约何以有效

探讨居民公约何以有效是基层治理中的关键议题。居民公约作为一种社会规范的类型,包含居民的共识与参与、明确的规定与期望、权利与义务的平衡以及详尽的纠纷解决机制,从而使其具有现实操作性,能够在社会治理中发挥应有效能。具体而言,首先,居民公约具有广泛的参与性和民主性,在制定和修订过程中,强调居民的广泛参与,充分听取和尊重居民的意见和建议。这使得居民公约的内容反映了社区成员的共同需求和期望。当居民参与到公约的制定过程中时,他们更有可能遵守这些规定,因为这些规定代表了他们的声音和利益。其次,居民公约中有明确的规定与期望。公约通过明确规定居民的行为准则,提供了一套清晰的指南,指导居民如何在社区中以文明和谐的方式生活。这种明确性有助于减少误解和冲突,使每个人都清楚地知道什么是可接受的行为,以及什么是不可接受的行为。再次,居民公约平衡了居民的权利与义务。居民公约不仅指出居民的权利,也强调了他们的义务。这种平衡确保了社区成员在享受个人权利的同时,也承担起维护公共利益的责任。这有助于促进公平和相互尊重。同时,居民公约注重引导和教育功能。它不仅规范了居民的行为,还通过倡导尊老爱幼、互帮互助等优良传统美德,引导居民形成良好的道德风尚。这种引导和教育作用有助于提升居民的整体素质,促进社区的和谐稳定。最后,居民公约自身还提供了一种解决纠纷的机制。居民公约通常包括一套解决社区内部纠纷的程序和机制。这些机制为居民提供了一个正式的渠道来解决争议,从而避免了可能升级的冲突,并保持了社区的稳定。总而言之,作为一种规范类型,居民公约自身具备了有效因素。

但是实践具有复杂性。在当前的地方实践中,许多社区以居民委员会和居民代表为主导所制定的公约,普遍存在着一种困境:尽管这些公约在制度层面上看似完善,但实际上难以转化为居民日常生活中的具体行动。居民们往往缺乏遵守公约的意愿,导致这些公约形同虚设,仅仅成为挂在墙上的"一纸空文",无法真正落地实施,发挥其应有的作用。这种现象不仅削弱了公约的权威性和有效性,也对社区治理的成效构成了严峻挑战(陈伟东 等,2023)。为了使居民公约真正能在社会治理中发生应有效力,可以对居民公约自身的有效要素进一步优化。

第一,增强居民公约的法律支撑。居民公约得以有效的前提是不与国家法律相冲突,对此,居民公约制定时需要注意制定的程序问题,以及内容是否与现存法律相一致。以上海黄浦区半淞园路街道耀江居民区的《住户守则》为例。该居民公约涉及宠物饲养、房屋出租、车辆行驶与停放、小区通行、房屋装修、垃圾处理、物业管理费、邻里关系等社区居民生活的方方面面。其中关于饲养宠物问题,《住户守则》除了规定住户携带宠物外出要束牵引带、清理宠物排泄物之外,还规定了如果宠物对他人造成伤害,饲养者要及时将受害人送往医院接受救治,并垫付相关费用等。这完全符合我国法律在民事纠纷案件方面的相关规定。在建设社会主义法治国家的过程中,硬法和软法的有机结合与互动是必不可少的要素(张广利 等,2020)。由此可见,将居民公约内容与法律衔接实际上是在社区治理中融入法治思维的重要体现,这对于增强居民公约的效力与认同具有至关重要的作用。通过居民公约与法律的有效对接,不仅能够确保公约内容的合法性和权威性,还能在居民中普及法律知识,提高他们的法治意识。

第二,加强对居民公约的宣传内化。加强对居民公约的宣传内化至关重要,这是推动社区和谐稳定、提升居民幸福感的重要举措。具体可以利用社区公开栏、宣传展板、居民微信群、社交平台等多种渠道,对居民公约进行广泛宣传;或者制作宣传海报、手册、视频等,以图文并茂、生动形象的方式展示公约内容,吸引居民的注意力;也可以由居委会组织各种活动,加强居民对公约的内容的理解,如文艺演出、知识竞赛、讲座,将居民公约的内容融入其中,让居民在参与活动的过程中了解和接受公约;还可以针对一些对公约了解不足的居民,由社区工作人员或志愿者进行入户宣传;再或者是在社区学校、幼儿园等教育机构中,加强对居民公约的教育引导,通过课程设置、主题班会等形式,让孩子们从小养成遵守公约的好习惯,并通过他们影响家庭其他成员;还可以发挥社区内优秀居民、党员、志愿者的示范引领作用,通过他们的言行举止,传递遵守公约的正能量,带动其他居民共同践行公约;或者是对遵守公约表现突出的居民进行表彰和奖励,树立榜样,激发其他居民的积极性和参与性,同时,对违反公约的行为进行适当的惩戒,形成约束机制。

第三,完善居民公约的监督执行。完善居民公约的监督执行至关重要,它不仅是确保公约得到有效实施、发挥规范作用的关键环节,更是维护社区秩序和广大居民公共利益不可或缺的重要保障。通过建立健全的监督执行机制,我们能够确保公约的权威性和严肃性得到充分体现,各项规定得到切实遵守和执行。这样不仅可以有效预防和减少违约行为的发生,更能及时发现和纠正不当行为,维护社区的良好形象和居民的共同利益。因此,我们必须高度重视居民公约的监督执行工作,不断完善相关机制和措施,确保公约在社区治理中发挥更大的作用。具体而言,首先,制定详细的监督程序和标准至关重要,不仅要明确监督的频率,选择合适的监督方式,还要设计具体的执行步骤。通过这种方式,可以确立一套清晰的监督流程,旨在保障监督活动的高效和透明。其次,鼓励居民积极参与监督过程,居民参与监督是确保公约落实的重要手段,有助于强化公约落实的效果及公信力。可以通过设立举报机制、开展问卷调查，以及组织居民会议等方式积极倡导居民参与监督。这样不仅可以直接从居民中收集关于公约执行情况的反馈、建议和意见，还能增加监督活动的透明度和公开性，从而提高社区管理的有效性。例如通过设立举报机制、开展问卷调查或组织居民会议等方式收集居民对公约执行情况的反馈。这将增加监督的透明度和可信度，并促进居民对公约的认同和遵守。最后，强化违约处罚机制并定期评估监督成效，积极将监督结果公示。对违背居民公约的行为，需制定清晰的惩处体系，涵盖警告、公开曝光等相应的惩罚手段。此举旨在保障公约的严正与威信，同时避免违约行为的重复出现。并且还需要由居民委员会定期评价居民公约的履行效果，并向社区成员广泛公开评估成果。这样做将提高监督活动的透明度和效力，同时激发居民对公约实施状况的关注与兴趣。

（三）居民公约在治理中的积极作用

居民公约在社会治理中扮演着不可或缺的角色。作为社区成员共同拟定的行为准则，它既是推动居民自我管理、自我教育与自我约束的关键工具，也是确保社区和谐与稳定的基础。通过明确界定居民的权利与责任，规范其行为方式，居民公约在预防和解决社区内的纠纷、促进社区的文明发展方面起着至关重要的作用。此外，它还有助于增强社区成员的归属感和团结，培育规则意识，提高他们的法治意识和文明素质，为建立一个共建、共治、共享的社会治理体系打下坚实的基础。因此，在社会治理实践中，应积极利用居民公约，不断优化公约内容，强化其宣传和执行，确保其权威性和效力，从而为社区的和谐与发展提供坚强支撑。

1. 居民公约促进了社区法治化建设

法治建设一直是我国关注的重要问题，它不仅是国家治理体系和治理能力现代化的重要标志，也是维护社会公平正义、保障人民权益、促进经济社会持续健康发展的必然要求。作为社会的基本构成单元，社区不仅是居民日常生活的核心场所，更承担着国家治理体系中最基层的角色。因此，社区在法治建设方面的成就，将直接映射并影响国家整体法治进程的推进与效果。通过不断深化社区法治实践，我们能够促进基层治理向更加法治化、规范化的方向发展，有效提升居民对法律的认知与遵守程度，进而为夯实国家法治建设的根基作出重要贡献。

具体而言,一方面,在严格遵守国家法律法规的基础上,居民公约将法治的核心理念和精神深深嵌入社区治理的每一个环节和细节中。居民公约不仅内容明晰、条款具体,更重要的是真正体现了社区居民的共同心声和根本利益,从而确保了社区治理工作在法律框架内的有效性和正当性。在居民公约的制定过程中,社区广大居民的积极参与和深入的民主协商,无疑大大加强了公约的公信力和实操性。这一民主参与的实践过程,不仅赋予了公约更广泛的社区共识和权威性,还在无形中提升了社区居民的法治素养和自我治理能力。通过这样的方式,居民公约成为社区法治建设的有力抓手,引领着社区居民在日常生活中自觉尊法、守法、用法,共同营造和谐有序的社区法治环境。另一方面,通过持续的宣传和教育活动,居民公约在社区中形成了浓厚的法治文化氛围。社区利用多样的平台和方式,如社区会议、宣传栏、在线社交平台等,广泛传播法律知识和公约的核心理念,积极引导居民理解并自觉遵循法律法规以及社区的各项规定。这样的努力不仅提高了居民的法律意识,还促进了一个以法治为基础的社会秩序的形成。随着时间的推移,这种对法治重要性的认识和尊重逐渐成为社区文化的一部分,形成了一种共识,即遵守法律和社区规则是每个居民的责任和追求。这种由内而外的变化,不仅加强了社区的和谐与稳定,还为社区的长期发展奠定了坚实的法治基础。

2. 居民公约推动了社区的民主自治

制定居民公约的过程是一次广泛而深刻的民主活动。在此过程中,社区高度重视每位居民的参与权,认真聆听他们的声音,广泛收集他们对社区管理的看法和建议。这样的开放性和包容性确保居民公约能够准确地反映出社区成员的共同愿望和利益需求。居民公约的形成不是一个简单的过程,而是经过民主讨论和协商,基于充分的交流和思考后达成的一致。这一过程不仅促进了意见的汇集和融合,还加深了居民间的理解,确立了共同的目标。在居民公约制定过程中,居民们可以对自己关心的议题进行深入讨论,共同制定出解决方案。这种参与决策的经历极大增强了居民对社区事务的参与意识和对社区的归属感。居民公约的内容是社区智慧的集结,反映了居民对理想生活的追求及对社区管理的期望。因此,居民公约建立在广泛的民意基础之上,不仅是促进居民自律、自我管理的准则,也是居民共同努力维护社区和谐、促进发展的重要工具。

　　总而言之,居民公约的制定过程是一场充满生机的民主实践,让居民亲身体验民主的力量,通过协商加深了相互理解与信任,通过共识凝聚了共同的力量。这种实践不仅提高了社区居民的民主素质和自治能力,也为社区的和谐、稳定与发展打下了坚实的基础。另外,居民公约的实施过程也深入地展现了民主自治的精神与原则,反映了社区成员共同的智慧与愿景。这份准则不但明确了居民的权利与责任,还设定了社区生活的规范,确保社区能够有序地运作。公约之所以充满活力,根源在于居民的主动遵循和坚决执行。每位居民都担任着公约的捍卫者角色,他们的行动不断为社区的协调与稳定作出贡献。通过互相监督,居民形成了有效的自管理模式,确保公约内容得以实际应用,避免成为形式上的规定。这种自管理和监督不仅是对行为的规范,更是民主自治实践的深刻体现。在此过程中,居民们实践着民主自治的理念,基于相互尊重与理解,共同致力于社区的稳定与发展。这种自我管理和监督极大提高了社区治理的效率,使居民从被动的角色转变为治理的主动参与者。他们的行为直接影响着社区治理的成效。同时,这种实践也促进了居民自治意识的提高与能力的发展。在遵守与执行公约的过程中,居民不仅提高了自己的法治素养,还增强了自治的责任感。这种责任感的增强为社区的美好未来打下了坚实的基础。

3. 居民公约有助于培育社区居民的规则意识

　　居民公约在培养和加强社区规则意识方面起到了至关重要的作用。通过制定明确的行为准则和指导原则,居民公约不仅对社区成员的日常活动设定了具体标准,还形成了一个更有序、更公平的氛围。这种对规则的认识和尊重是提高社会治理效能、增强社区团结以及推进法治进程的关键因素。居民公约的实施确保了社区成员在日常生活中频繁与社区共识下的规则互动,自然培育出对规则的深刻理解。这种理解涵盖了对公共秩序的维护、对他人权利的尊重、对社区资源的合理使用,以及对社区决策活动的积极贡献等多个方面。随着社区成员对居民公约规定的习惯性遵循,他们在个人自由与社区利益之间建立起平衡,加深了对社会责任和集体价值的认同。此外,居民公约在激发社区成员参与和促进民主式治理方面发挥了核心作用。社区成员参与公约的创建、审议和修订,实质上是参与了社区的自我管理。这种直接参与不仅培养了居民遵循共同决定规则的自觉性,还加强了他们在公共事务中的参与感和发言权,保障了治理过程的开放和公平。通过这种互动,居民公约成为促进社区对话、增进相互理解、解决冲突和共同寻求最佳解决方案的手段。它不只是一套规则或是一纸协议，更是一个极具灵活性、能够不断进化和适应社区需要的治理工具。这样的机制不仅加强了社区的内部凝聚力，也为实现更广泛的社会目标——如可持续发展、社会正义和民主参与——奠定了坚实基础。因此，居民公约不仅体现了社区治理的高度自治和民主，也是培养居民法治意识、责任感及社区归属感的重要途径。

三、乡规民约

（一）乡规民约的概念与特征

1. 乡规民约的概念

我国几千年农耕文明孕育了根深蒂固的乡土文化。费孝通先生曾指出，中国社会的基层是乡土性的，是一种"熟人社会"。同时，乡土社会的规矩不是法律，而是"习"出来的礼俗。可见，乡规民约有着深厚的传统文化积淀，是基层社会治理中的重要手段，流淌着优秀文化传统的血液，体现了基层群众的智慧。"据考证，乡规民约源于《周礼·地官·州长》中记载的'读法'，即地方长官负责宣读法令、教以效化事宜。"（何士青 等，2022）北宋时期陕西蓝田的吕大钧等人制定的《吕氏乡约》，被公认为中国历史上首部成文的乡约，具有里程碑意义。这一创举不仅开创了乡贤、乡绅以及名臣大儒们共同制定和推广"乡约"的先河，更成为实践中的典范。随后，在明清朝廷的大力倡导与推动之下，乡规民约得以蓬勃发展。尽管其中一部分乡规民约依旧沿袭了官方主办、官方倡导、官方督办以及由名臣大儒们推行的传统模式，但今天得以见到的散布于全国各地的众多乡规民约，大多是由当地的乡民们自发地聚集一堂，共同商议、确定，并携手订立的。在明清时期，乡规民约的形式多样，名目繁多，诸如"乡规""乡约""公约""乡规禁条"等。从云南曲靖的《雅户乡规民约碑》可以得知，在清朝道光年间或更早的时候，"乡规民约"这一概念已经作为一个完整、独立的实体出现，并在乡村治理中发挥着重要的作用。也就是说，自诞生之初，乡规民约便以其独特地位，承载着"训诫劝善、教化风俗、促进乡里和谐、推动家族与乡村共同进步"的崇高宗旨。它在社会道德教化及治理中发挥着不可或缺的作用，成为基层社会秩序的重要维护者。

随着时代的演进，乡规民约经历了深刻的变革。从最初的村民自发形成，到逐渐受到官府的影响和指导,再到如今完全官方化、全国化的形态,其性质和适用范围都发生了显著变化。同时,乡规民约也从最初的完全自治,逐渐融入了基层控制的元素,体现了国家治理在不同历史时期的方式、风格和理念的转变。尽管乡规民约在历史的长河中呈现出不同的形态和效用,但无可否认的是,它始终在基层治理中有着重要的工具价值。无论是在传统社会还是现代社会,乡规民约都是维护基层社会秩序、促进乡村和谐与进步的重要力量。党的十八届四中全会标志着全面依法治国新篇章的开启。"乡规民约"被确立为乡村社会成员进行"自我约束、自我管理"的重要社会规范,并被认为是加强乡村道德和法治建设的关键途径。党的十九大报告中进一步强调了完善自治、法治、德治相结合的乡村治理体系的重要性。2018 年 6 月,习近平总书记在山东考察时强调"要加强村规民约建设,移风易俗,为农民减轻负担"。可见,推进新时代中国乡村治理,可汲取中国传统法律文化中"乡规民约"这一独特资源,对其进行创新转化应用,将社会主义核心价值观融入"乡规民约"建设。

何谓乡规民约?这是研究乡规民约应回答的首要问题。关于乡规民约的界定,学界存在"强调乡规民约的自治性,认为乡规民约体现村民对和谐有序生活的追求和维护自身正当利益的共同意愿"的"民约说",也存在"强调乡规民约的合法性,认为它是在国家政权承认的范围内由村民自行约定的行为规范,因而它在本质上体现国家政权意志"的"国家意志说"两种观点(齐飞,2015)。综合两种学说观点,可以见得,无论是凸显村民的核心地位,还是着重强调国家政权的引领作用,这两者均从不同视角阐明了乡规民约在保障村民生活与生产有序进行、推进村庄和谐发展方面的重要性。其终极目标都是为了达致农村的良好治理。关于乡规民约的概念,有学者指出,"乡规民约是立足乡土社会、基于合意制定或约定俗成、对共同体成员产生约束和指引作用的成文和不成文的行为规范"(孙玉娟,2018)。也有学者认为"乡规民约是乡村社会维护社会治安、调解民间纠纷、处理公共事务、实现村民自治,由村民共同商议、共同制定、共同遵守的行为规范"(宋才发 等,2020)。从学界对乡规民约的研究中可以发现,乡规民约的本质是一种立足于乡土实践而产生的社会规范,其目的主要是维护乡村秩序,调节民间纠纷,促进基层群众参与至社会治理中。由此可以将乡规民约定义为:以乡土社会实践为基础,乡村基层群众合意制定或在长期社会实践中形成的,对成员具有约束和导向作用的明文规定和隐性行为规范,旨在实现村民自治,维护乡村生活秩序与人际关系,调节民间纠纷。

2. 乡规民约的特征

乡规民约作为社会治理中的重要手段与对乡土文化的集中反映,具有乡土性、自发性、地域性、民主性的特征。

第一,乡规民约具有乡土性。农村社会在历史演进中,无论是显性还是隐性地,都持续传承着一些富含乡土特色的传统。乡规民约深深植根于乡土社会,是当地的历史、文化和习俗的反映。它们反映了特定地区基层群众的生活方式、价值观念和社会关系,体现了地方的独特性。这种乡土性使得乡规民约在解决乡村问题时更加贴近实际,更能被村民接受。调解、无讼的观念至今仍在乡村社会被广泛认同,由此制定的乡规民约往往旨在解决地方社区内部的具体冲突和问题,提供一种基于地方实际和习俗的解决机制,有助于维持社区内部的和谐稳定。

第二,乡规民约具有自发性。自发性一般是指事物发展、变化或行为产生的过程是自然发生的,而不是由外部强制或直接干预所引起的。乡民受乡规民约约束,同时,其本身又是制定乡规民约的主体。乡规民约内生于乡民对稳定的社会秩序与和谐的邻里关系的需求,虽然基层社会处于国家权力控制的末端,但是整体的社会秩序构建仍受国家政权的影响,但客观地讲,比起上层组织来说,国家权力对基层的控制要微弱得多。乡民自己就是社会秩序维护的直接主体,也是乡村社会秩序稳定、邻里关系和谐的直接受益者。因此,为了形成利于自身生存与发展的社会秩序,乡民结合农村生产与生活的实际情况与农村社会的现实需求,在非由外部权力强制或直接干预下自发形成了当地民众普遍、自觉遵守的乡规民约,以此调解邻里之间的权利纠纷,构建稳定和谐的乡村社会秩序,由此可看出,乡规民约的形成具有自发性。

第三,乡规民约具有地域性。一方水土养一方人,百里之间风俗各异,乡规民约极具地域特色。有学者曾言"乡规民约与在全国范围内具有普适性的法律不同,它是在一定地域范围内有效的区域性规范"(卞辉,2015)。具体而言,乡规民约中融入了诸多与"嫁娶""土地""债权"相关的地方习俗。此外,不同村落的乡规民约也会因其特有的风土人情而呈现出独特的面貌。一定情况下,乡规民约与风俗习惯存在一定的交叉。从另一个角度来看,乡规民约的地域性还体现在它是一种基于熟人社会的规则体系,其适用范围主要限定在本村村民之间。乡规民约是村民们在相互信任和交往的基础上共同形成的行为准则,它深刻反映了熟人社会的内在逻辑和关系网络。然而,这种规则的效力随着范围的扩大而逐渐减弱,一旦跨越了村庄的边界,其影响力几乎可以忽略不计。因此,乡规民约具有明显的地域性。

第四,乡规民约具有民主性。乡规民约是实现基层民主自治的一种重要的规范类型,相较于国家法律,它的形成与运作深刻体现了村民的共同意志,展现了直接民主的独特魅力。乡规民约的民主性具体体现在三个方面。首先,制定过程具有民主性。乡规民约是由村民们共同协商、平等讨论而制定的。这体现了民主原则中的平等和参与,并且制定过程中的广泛参与和公开讨论也有助于增进村民之间的理解和信任,为后续的执行和监督打下良好的基础。其次,乡规民约的实施具有民主性。在乡规民约的构思与实施阶段,其开放的参与机制确保了全体村民的利益诉求得到全面反映,并有效融合了来自各方的意见与建议。在实施手段上,乡规民约采用协商对话、沟通交流、自行调解协商或由村中有威望的人主持调解等多元化方式,化解纷争、促进理解,并通过平衡各方利益诉求,最终实现广泛的共识与认同。最后,乡规民约的执行与监督也体现了民主性。乡规民约的执行和监督也是由村民们共同参与的。村民们可以通过各种方式,如设立监督机构、进行定期评议,来确保乡规民约得到有效执行和监督。这既体现了民主原则中的参与和监督,也有助于增强村民们的责任感和归属感。但是需要注意的是,乡规民约在体现民主精神的同时,也存在偏离民主轨道的风险,有可能沦为多数人压制少数人的工具。为防范此类风险,乡规民约在实践中不断将国家法律以鲜活具体的形式融入农村社会,将国家法律的基石要求转化为村民日常行为的根本准则,培养乡民的规则意识。

(二)乡规民约的现实审视

1. 乡规民约在法治实践中的积极成效

乡规民约在法治实践中发挥了重要作用,在保障基层群众自治权、保障村民经济利益与民主权利方面取得了一些积极成效。例如,"章丘经验"[①]中体现出的以制定与落实"村民自治章程"的形式,鼓励依法建制、以制治村、民主管

① 20世纪80年代中期,章丘从全国第一部《村民自治章程》起步,把村级经济管理、社会管理和组织建设融为一体,纳入制度化、规范化轨道,形成了"依法建制、以制治村、民主管理"的"章丘经验"。

理,是乡规民约在法治实践中具体运用取得的积极成效。有学者指出,村民自治章程是乡规民约的高级形式。(张明新,2006)"章丘经验"在探索基层群众自我管理中,巧妙地融合了民主与法治,形成了一套行之有效的方法。尤其是它通过制定具有法律效力的村民自治章程,将法律和政策的基本要求以原则和规则的形式融入其中,确保了村民自治的合法性和规范性。这种合法性与规范性具体体现在村民自治章程的制定程序与制度设计上。从制定程序上看,其为乡规民约的实践运用的升华。村民自治章程严格遵循民主法治的精神,对制定主体和流程进行了明确规定,并建立了完善的监督备案机制,以确保其公正性和透明度。在制度设计方面,"章丘经验"注重顶层设计与配套联动的有机结合。它充分认识到村民自治的复杂性,以当地农村的实际情况为依据,注重法律、政策与乡规民约等多元规范的协同发展,有效地调动了社会各界的参与热情。又如,"登封经验"①是乡规民约与时俱进,提高科学性与民主性的重要体现。户口没有迁出的出嫁女、离婚回村妇女的权益保障问题一直备受关注。河南省登封市大冶镇周山村曾经制定了"兑现粮款十三条",其中第四条规定:"妇女婚后户口未迁出者,不论时间长短一律不给粮款;离婚、丧偶后回村居住的妇女,不参与口粮款分配。"这种乡规民约的"老规矩"实际上是农村资源配置中常见的向男性倾斜的表现。为了解决利益分配不平衡、男女无法得到平等对待的问题,周山村以修订乡规民约的方式促进性别平等,解决了出嫁女、离婚回村妇女的权益保障问题,这不仅是周山村乡规民约的内容创新,更是改变陈规陋习、消除对女性歧视、推动性别平等的有力举措。再如,"西安经验"②中的"乡规民约评议会"有效提高农村基层自治民主性,走法治化发展道路。在解决农村矛盾时,应注重低成本与实效性的平衡。为此,西安市推行了乡规民约评议制度,该制度以村民共同认可的行为准则为基础,通过批评与自我批评、协商调解的方式,有效化解各种隔阂和利益冲突。"西安经验"中明确了乡民

---

① 河南省登封市大冶镇周山村,是全国第一个制定体现性别平等的村规民约的村庄。通过破除男女性别歧视陋习,彰显男女平等的现代文明理念,实现了乡规民约的科学完善,此经验被称为"登封经验"。

② 为解决许多"行政不好管、法律管不好"的农村矛盾,陕西省西安市文明办在全市农村建立乡规民约评议制度,形成了对于村民间的大量疑难事,用乡规民约的办法、道德的力量来解决,促进了农村和谐的"西安经验"。

纠纷解决的主要依据是依法制定的乡规民约;依据乡规民约解决纠纷的程序应当是遵循村民议事章程中的程序规则;同时在乡规民约评议制度中还借鉴了司法审判中的人民陪审团经验,整合"乡规民约评议会",依托村内德高望重的老人、退休干部等主体,依据乡规民约调解群众矛盾,维护乡村秩序。

2. 乡规民约在基层治理中的不足之处

乡规民约是基层自治的重要手段,在乡村社会治理中发挥着至关重要的作用,是维持乡村秩序稳定,协调村民利益关系的重要依据。作为村民共同制定、共同遵守的约定,乡规民约不仅体现了村民的自治意识和民主精神,更是维护乡村社会秩序、促进乡村和谐稳定的重要保障。但在实践中,乡规民约的自治性并未完全发挥出来,仍然存在乡规民约主体局限、部分内容违法、欠缺有力的监督机制的问题。

第一,乡规民约的制定主体仍存在局限性。实践中,乡规民约的制定主体通常为基层党组织与村民会议成员,未能调动广大群众参与至乡规民约的制定中来,为乡规民约的真正落实埋下隐患。这里的广大群众不仅包含农村居民,还包含农村中的"能人"与"富人"。有学者指出"'能'可能表现为治理理念、工作能力、生产技能、治理方式、发展思路等方面的素质和能力;也可能表现为对上关系协调和政府资源获取、对内维护秩序等方面的经验和技巧。'富'则主要表现为'家有余财',早已摆脱了生存、生活、发展的压力"(杨文义,2021)。乡规民约的制定不仅需要调动基层群众的广泛参与,增强决策的科学性与民主性,同时也需要"能人"与"富人"通过自身的"努力",推动农村社会形成合理的治理规则和稳定的秩序。

第二,乡规民约部分内容存在违法问题。乡规民约从根本上看是一种具有倡导性质的社会规范类型。从实践来看,乡规民约通常涉及"婚丧嫁娶""乡村环境保护""村风民俗""邻里关系""村民品行道德"等内容,但是应当注意到,部分乡规民约并未对"出嫁女""离婚女""大龄未出嫁女"的权益进行规定,甚至将这些主体的利益进行了排除规定,这显然与法律规定的男女平等原则相违背。贵州锦屏县文斗村村规第七章补充条款第一条规定,"不许设赌场,若设赌场或为赌博行为提供条件的缴收一切赌具,当众销毁并罚款100元"(陈寒非,2018)。应该注意的是,村组织实施处罚权,限制村民财产权益是否得当。乡规民约在制定与修改时应当注意不与法律相违背。

第三，乡规民约欠缺有力的监督与执行机制。乡规民约旨在通过正面的行为指引，促进村民自我管理和自治，从而达成农村社会管理的目标。一般情况下，村民们自觉遵循乡规民约，依赖内心的自我约束和社会舆论的监督来确保其有效实施。但是，仅靠内在约束无法真正地发挥乡规民约的全部作用，还需要相应的惩罚性措施，以保障乡规民约的落实。从实践来看，部分乡规民约还规定了相应的惩罚性措施，以进一步强化其执行力度和保障其效力的充分发挥。"通报批评"是乡规民约中最常用的处罚手段，同时还存在"进行训责"和"罚款"的方式。尽管这些惩罚措施列举详尽，其中包含诸如罚款、削减福利、没收财产等手段，看似能够保障乡规民约的落实，但是在实际执行过程中却困难重重，因为村组织无权行使行政处罚权，导致乡规民约中的约束手段难以真正落实，有时甚至容易激起村民的强烈反感。还有部分村民抵制乡规民约中的惩罚性内容，认为乡规民约无权限制自身权益。因此，实践中应当注意乡规民约的效力问题，采用奖惩并用的方式：鼓励遵守乡规民约的村民，实行奖励机制；对违反乡规民约的主体，进行信誉上的惩罚；对情节严重的主体，可由村组织申请乡镇人民政府进行行政处罚。

（三）乡规民约在治理中的积极作用

1. 乡规民约为基层治理提供宝贵经验，助推社会治理达致善治

社会治理的终极目标为善治。善治即公共利益最大化的公共管理，是政府与公民对社会公共生活的共同管理，是国家与公民社会的良好合作，是两者关系的最佳状态（俞可平，2014）。善治意味着权力不再由单一主体行使，政府不再独揽治理大权，社会组织逐渐崭露头角，多元主体与多元化社会规范协同共治。也就是说，好的社会治理能巧妙处理政府与法律因为社会发展迅速而存在某些方面治理不力的问题，能够保障社会依然有序、高效地运转。乡村建设是我国社会经济发展中的重要组成部分，也是实现乡村振兴战略的重要途径。乡村建设旨在改善农村生产生活条件，提升农村基础设施和公共服务水平，促进农村经济社会全面发展，其中，提升民主性是乡村建设的一个重要目标，也是实现乡村全面振兴的关键环节。乡规民约是基层群众组织行使自治权的重要手段，有助于社会治理达致善治。

一方面，乡规民约是政府与基层群众实现社会良好合作的重要途径。乡规

民约的制定与实行体现出了充分的民主性,有助于激发广大基层群众行使自治权,丰富社会治理中的多元主体类型。乡规民约由村民会议制定,报乡(镇)人民政府备案。村民会议由本村十八周岁以上村民组成,是村民自我管理、自我教育、自我服务的村级最高权力机构。乡规民约从制定到实行都充分体现了基层群众的自治性,国家权力在尊重这种自治性的同时又对这种自治性进行引导与监督,其中,要求村民会议在制定乡规民约后予以备案,这是政府对基层群众自治权的监督。如若乡规民约的内容与法律法规和国家的政策相抵触,存在侵犯村民的人身权利、民主权利和合法财产权利的内容,则由乡镇人民政府责令改正。由此来看,备案既有助于政府对基层自治权的监督,又充分保障了乡规民约制定的民主性,是一种政府与基层群众实现社会良好合作的重要途径。

另一方面,乡规民约为社会治理提供了基层治理经验。乡规民约作为一种基于乡村社区共识的规范体系,其内容覆盖了基层社会治理的多个重要方面,旨在促进社会和谐与可持续发展。例如,乡规民约在环境保护方面提出了具体的要求和措施,包括但不限于禁止随意倾倒垃圾、鼓励使用可再生资源、保护当地生态系统和生物多样性等。这些规定旨在提升群众对环境保护的意识,推行绿色、可持续的生活方式。再如,关于公共设施使用,乡规民约明确了对公共设施的保护、维护责任,以及合理使用的规范,这些公共设施包括公共交通工具、休闲设施、教育和医疗设施等。规定旨在保证公共资源的有效利用和长期可用性,同时防止私自占用、破坏公共财产等行为。

2. 乡规民约具有多维价值

乡规民约,作为中国传统文化的重要组成部分,承载着深厚的历史底蕴,蕴含着丰富的多维价值。它不仅是乡村社会治理的基石,也是维护社会秩序、节约诉讼时间与金钱成本的纠纷解决方式,更是促进和谐共生的关键纽带。

首先,乡规民约具有经济学价值。"乡规民约治理的成本是农村基层群众性自治组织为了确保乡规民约跟得上实际村情的变化使之得到及时更新修改并且能够被具体实施所花费的所有成本。"(何士青 等,2022)成本问题是基层群众解决纠纷考虑的主要问题。人们普遍期望所获得的收益超过他们投入的成本,在选择农村纠纷解决方法时,这一期望同样存在。虽然国家法律和诉讼程序在农村是可行的,但面对农村纠纷,人们往往首选乡规民约来进行调解。这主要是因为,与法律诉讼相比,通过乡规民约解决纠纷的成本较低。"诉讼成本分为可预期成本和不可预期成本两大类。"(卞辉,2015)前者包括诉讼费用、消耗的时间和精力、机会成本以及诉讼可能对双方关系造成的伤害;后者则包括败诉的风险、可能遇到的司法腐败以及执行判决的难度等。选择纠纷解决方式前,当事人通常会评估不同种类纠纷解决方式的预期收益与成本,这也是在决定是否通过诉讼来解决纠纷的重要考量。中国的乡村是一个"熟人社会",当事人解决纠纷时除了考量客观的经济成本外,还会考量行为所带来的"人情后果"。乡规民约是乡村居民在长期的生产、生活中,根据本地的实际情况和共同需求,通过集体讨论、协商和制定而形成的,是反映村民共同智慧的结晶。依据乡规民约解决纠纷不但降低了诉讼成本,而且更容易得到村民对纠纷解决结果的认同。并且,依据乡规民约进行纠纷解决通常采用调解的方式,相较于诉讼方式,调解更有助于维护原有的人际关系。因此,乡规民约具有的经济价值不仅体现在其能节约解决纠纷所需要的成本,获得更高的收益,还体现在其有助于维护原有的人情关系。

其次,乡规民约具有法学价值。乡规民约作为一种非诉讼纠纷解决机制,在法学领域具有深远的价值,这些价值不仅体现在它作为非正式法律制度补充正式法律体系的作用,还在于它在社会治理、法律实践以及法律文化等方面的贡献。

第一,乡规民约是社会治理中微观法律实践的表现。乡规民约代表了一种基于乡村社会实际需要而形成的自下而上的治理方式。它紧密结合当地的经济、社会、文化背景,为解决具体的社会问题提供了切实可行的方案。国家法律虽然具有普遍性和强制性,但在农村社会治理中,由于地域、文化、习俗等差异,国家法律可能难以完全覆盖或适应。乡规民约作为地方性的行为规范,成为微观层面的法律实践,为正式法律体系提供了重要的补充,可以弥补国家法律的不足,对农村社会治理中的特殊问题进行有针对性的规范。

第二,乡规民约是法律文化的传承与创新,有助于促进法律的本土化,提高适用性。乡规民约往往融入了丰富的地方文化和习俗,它不仅是一种社会规范形式,也是当地法律文化和传统智慧的体现,反映了对本土法律需求的深刻理解。通过乡规民约,法律不再是冷冰冰的条文,而是生活中的实践,这有助于法律文化的传承与创新,使法律更加人性化、贴近民众,更符合当地社会的实践需要。

　　第三，乡规民约通过制定具体的行为规范，明确了乡村居民的权利义务关系，为乡村居民提供了行为准则。乡规民约详细阐述了村民享有的权利和应履行的义务，使得他们清楚地了解自己的地位和责任。例如，乡规民约通过制定具体的行为规范，为乡村居民提供了明确的行为准则。这些规范往往涵盖了公共资源的使用、环境保护、邻里关系的处理等多个方面，明确了居民在日常生活中应遵循的行为标准，有助于预防和解决可能发生的社会冲突。同时，乡规民约也明确了基层群众部分的权利义务关系。例如，有些乡规民约规定了对公共设施的使用权利和保护义务，以及村民在社区公共事务中的参与权和贡献义务，这有助于构建一个公平、有序的社会环境。

　　再次，乡规民约具有文化价值。乡规民约是基层自治的重要组成部分，体现了基层社会的自我管理和自我服务。它不仅仅是一种规范形式或制度安排，更是一种文化现象，蕴含了深厚的文化价值。

　　一方面，乡规民约具有文化传承与教化作用。乡规民约中蕴含着丰富的传统文化元素和民族精神，如孝道、礼仪、节俭等价值观念，以及地方性的风俗习惯、信仰观念等。通过乡规民约的实践和遵守，这些传统文化得以在村落社会中代代相传，发挥着教化和引导社会成员行为的作用。这些传统文化元素通过乡规民约的倡导和践行，在乡村社会中得到广泛传播而深入人心，有助于维护和传承乡村社会的文化传统。乡规民约的制定和实施过程，实际上也是对传统文化进行筛选、整合和传承的过程，它使得传统文化在乡村社会中得以延续和发展。另一方面，乡规民约是社会主义核心价值观的重要体现。它是传统文化精髓的承载者，内含丰富的思想内容、人文理念与道德准则。这些元素与社会主义核心价值观的理念高度一致，乡规民约的实践为这些价值观的继承与弘扬提供了平台。在乡规民约的构建和实施过程中，村民自治与参与的精神得到了体现，符合社会主义核心价值观中对民主的追求。参与乡规民约的制定与施行让村民有机会表达自身意见和需求，促使他们自我管理、自我教育以及自我服务，同时提升了他们对民主和责任的认识。乡规民约通过对行为的规范与引导，促进了积极的社会风尚和道德环境的建设，与社会主义核心价值观中的文明、和谐相吻合。村民遵循乡规民约，培养了文明、诚信、友善的优良品质，为乡村社会的文明进步与和谐发展奠定了基础。

　　最后，乡规民约具有社会价值。乡规民约不但是一种传统的乡村自治形式，而且在当代社会中依然具有显著的社会价值。这些价值体现在多个层面，对于推动社会和谐、促进地方治理、加强基层凝聚力以及传承和发展传统文化等方面都有着重要影响。

第一，乡规民约蕴含了乡村社会有序运转的治理价值，促进了地方治理和社会自我管理（李辰，2022）。乡规民约为村民提供了一种自我管理和解决问题的机制，有助于弥补和完善官方法律法规在地方治理中的不足。尤其是处理那些与当地传统、习俗密切相关的事务时，乡规民约就显现出其独特的价值。它通过反映和调节当地实际需求和问题，有针对性地补充和完善官方治理体系的空缺，使之更加全面和细致，以此提高治理的效率和针对性。例如，对于土地使用、水资源管理、村内秩序维护等问题，乡规民约能够制定出更具体、更适合当地实际情况的规则和解决方案。这种由下而上的管理方式，不仅能够增加政策的适应性和灵活性，还能够提高村民对于决策的接受度和参与度，因为这些决策是他们自己制定或参与制定的。

第二，乡规民约在提升公民道德意识和社会责任感方面发挥了重要作用。通过反映并强化社区内公认的价值观和行为准则，乡规民约不仅塑造了村民的道德行为，还培养了他们对社会的责任感。一方面，乡规民约强化传统美德和道德规范。乡规民约通常包含对传统美德的强调，如诚实、守信、孝顺父母、尊敬长者和邻里互助。乡规民约有助于在社区成员中深植这些道德规范，从而提升公民的道德意识。而且，乡规民约还可以对一些道德规范进行细化和具体化，使其更具操作性和约束力。例如，针对家庭关系、邻里关系、婚姻关系等方面，乡规民约可以制定具体的道德规范，如和睦相处、互相关心、互相尊重。这些规范将有助于化解矛盾纠纷，促进家庭和睦和邻里团结。这些规定不仅是对传统美德的肯定和弘扬，也是对村民行为的引导和规范。通过长期的遵守和执行，这些美德将逐渐成为村民的自觉行为，从而形成良好的社会风尚。另一方面，乡规民约促进基层群众对社会责任和公共利益的认同。乡规民约通过规定有关公共资源管理、环境保护、公共秩序维持等方面的条款，增强了村民对于保护公共利益和承担社会责任的认识。这种认识促使村民在日常行为中更加考虑集体利益，而不仅仅是个人的利益。

第三，乡规民约在促进环境保护方面发挥着积极的作用。通过将环保问题纳入社区自我管理的范畴，乡规民约成为推动可持续发展和环境保护的有效工具。许多乡规民约中包含了具体的环境保护条款,如禁止乱倒垃圾、禁止乱砍滥伐、保护水源、合理使用土地和资源等。这些规定直接反映了社区对环境保护的重视,并为村民提供了明确的环境保护行为指南。并且,通过乡规民约的宣传和实施,能够有效增强社区成员对环境保护重要性的认识和理解。乡规民约强调每个人都有保护环境的责任,促使村民在日常生活中采取更加环保的行为方式。在一些情况下,乡规民约能够与国家和地方的环境保护法律法规相衔接,成为实施和推广这些法律法规的有力补充。乡规民约的地方性和针对性使其能够更有效地应对具体环境问题。

四、行业规章

(一)概念及特征

1. 行业规章的概念

行业规章的形成与发展,无疑是对当前简政放权时代治理需求的深刻回应。在全球化、信息化交织的现代社会背景下,传统的治理模式显得捉襟见肘,难以应对日益增加的复杂而多样的挑战。因此,行业规章的发展不仅是对高效、灵活治理机制的渴望,更是公共治理体系适应时代发展的必然选择。从历史的角度看,行业规章的制定和演进,反映了治理理念从单一向多元、从封闭向开放的转变。在传统的治理框架中,政府往往是唯一的治理主体,其决策和执行过程相对封闭,缺乏足够的透明度和公众参与。然而,随着社会经济的发展和公民意识的觉醒,这种治理模式越来越难以维系。行业规章正是在这一背景下应运而生,它们为行业内部提供了更为精细化、专业化的管理规范,同时也为外部参与者提供了参与治理的渠道和平台。

行业规章的制定和实施,不仅细化了行业的操作标准,提升和改善了治理的效率和效果,更重要的是,它们推动了治理体系的现代化。通过引入多元参与主体,行业规章促进了治理方式的民主化、科学化和法治化。它们鼓励各方面的利益相关者积极参与到规章的制定和执行过程中来,共同为行业的健康发展贡献力量。此外,行业规章还体现了新时代治理方式的创新性和前瞻性。在信息化、大数据等现代科技的助力下,行业规章的制定和实施更加精准、高效。它们能够迅速适应行业发展的新趋势、新需求,为行业的创新发展提供有力的制度保障。总的来说,行业规章的形成和发展是公共治理体系现代化的重要标志。它们通过引入多元参与主体、细化操作标准、提升治理效率等方式,推动了治理方式的深刻变革。展望未来,随着社会的不断进步和科技的持续发展,行业规章必将在公共治理体系中发挥更加重要的作用,为实现社会的和谐与持续发展贡献更大的力量。

在由市场经济驱动的现代社会中,人与人之间的联系不仅仅局限于物理空间的互联,还包括由于参与相同行业而形成的纽带。这种关联是工业革命以后社会分工日益细化的直接结果。所谓行业,"通常指从事相同性质的经济活动的所有单位的集合"(郭晔,2022)。规章即为规范章程。关于行业规章的概念,有学者认为,行业规章"主要指依法成立的行业协会发布的,适用于其组织成员的,成文化的行业自治规范"(李红勃,2023)。也有学者认为行业规章是为增强对会员的管理和服务所提供的有效规则,其自身包含行业成员意见的充分整合,具有适度制约力、可自动实施以及体系完备的特征(郭薇 等,2012)。

对行业规章概念的界定可以从以下方面进行思考。首先,从文意角度的释义。根据《现代汉语词典》,行业是指工商业中的类别,泛指职业的类别。规章是指国家行政机关根据法律和行政法规在其职权范围内制定的关于行政管理的规范性文件。其次,从行业规章的现实需要来看。行业规章是对政府简政放权的回应,是为行业内部打造更为细致、专业的管理准则,是促进治理方式民主化、科学化和法治化的重要手段。最后,从个别到一般的抽象概括。例如,《中华全国律师协会章程》作为律师行业的规章制度,内含宗旨、成员的权利与义务、维系行业运行的组织与职责等内容。再如,《中国快递协会章程》中含宗旨、成员的权利与义务、组织机构与职责等内容。可以发现,行业规章的界定通常应当包含主体要素、目的要素与内容要素。由此可以将行业规章的概念界定为,行业规章是由行业管理部门或相关权威机构制定与推行的一套规范性准则,其核心目的是规整行业内各方参与者的行为、维系市场良序以及助力行业的稳健发展。行业规章涵盖了一系列诸如行业标准、作业指导、管理机制等内容,通过设定明确的规则,旨在确保业内的公平竞争环境、优化服务质量、保障消费者权益,进而激发行业的持续创新与发展活力。作为行业治理不可或缺的一环,行业规章在推进行业规范化、专业提升以及现代化建设方面发挥着至关重要的作用。

2. 行业规章的特征

行业规章具有专业性、动态性、系统性的特征。

第一，行业规章具有专业性。行业规章是针对特定行业的操作、管理和技术标准制定的，是该行业最佳实践和专业知识的集成。它们结合了行业的具体特性、操作经验以及管理实践，以确保规章内容既实用又前瞻。专业性的行业规章不仅解决现有问题，还通过设定标准和引入实践情况，促进技术和管理上的创新。行业规章通过制定统一的技术标准和操作规范，支持行业的标准化工作。这种专业性的标准化有助于减少行业内的混乱和不一致性，提高整个行业的效率和质量。

第二，行业规章具有动态性。随着行业持续发展和外部环境的不断变化，行业规章的更新和调整变得至关重要。这种必要的动态调整不仅使规章能够紧跟最新的行业标准和技术革新，还确保了行业规范能够有效应对市场变动、法律政策的更迭以及社会价值观的演变。通过这种适时的更新，行业规章不仅促进了技术创新和管理优化，还引领整个行业向着更高效、更环保、更有社会责任感的方向发展。此外，动态调整机制还激励着企业持续提升竞争力，为消费者提供更优质的产品和服务，从而推动行业整体向更高的发展水平迈进。

第三，行业规章具有系统性。系统性是指将事物、过程或组织视为一个相互关联、相互作用的有机整体，注重整体与部分之间的相互依存、相互影响以及整体所展现出的独特功能和特性。这种系统性视角不仅关注组成部分的完整性和完备性，更强调各部分之间的内在联系和协同作用，以实现整体的最优效能。行业规章通常由总则、会员权利义务、组织、职责等内容组成，形成内在联系，全面覆盖行业内各个方面的规范体系。这一体系不仅涵盖了行业意欲实现的目标、具体的权利义务关系，还包括了管理实践、社会责任等多个层面，尽可能全面覆盖行业内的所有重要方面。以《中国城市规划协会章程》为例，该《章程》中含总则、业务范围、会员、组织机构、资产管理、使用原则、信息公开与信用承诺、章程的修改程序、章程的终止程序及终止后的财产处理几方面内容。在总则的指引下，先明确了《章程》调整的范围与约束对象。随后，为保障协会正常运转又明确了协会内设组织，组织内部权责分明，各司其职，并且明确了纠纷处理的方式，即应建立民主协商和内部矛盾解决机制。如发生内部矛盾不能经由协商解决的，可以通过调解、诉讼等途径依法解决。也就是说，从内容来看，行业规章内部具有系统性,各部分内容相互关联、相互作用,使得规章的整体与各部分之间相互依存、相互影响。

(二)行业自治的正当性问题

行业自治或称行业协会自治,是指"行业协会基于全体成员的共同授权,在不违反法律的强制性规定的前提下制定规则,并依照规则规范协会成员行为以及对内部事务进行管理"(陈佩,2016)。正当性即某事物的存在和实施是否具有合理的道德基础或价值依据。行业自治的正当性问题,是研究行业协会为什么能够自我管理、自我实现的问题。具体而言,可从对内与对外两个方面进行阐述。

一方面,相较于其他社会主体而言,自治对于行业协会来说是一个核心和不可分割的权利。这种特有的权利使行业协会具备了独立自主地进行自我管理、自我监督以及自我完善的能力,从而能够根据行业的实际需求和特性,精准地制定和执行一系列符合本行业特点的规则、标准和政策。这不仅显著提升和增强了行业内部的组织效率和运作效果,也赋予了行业以更快的速度适应经济、技术甚至是社会环境变化的能力,进而推动了技术革新、服务质量的提升和业务模式的创新。通过有效行使这一自治权,行业协会不仅能够更加有效地维护整个行业的共同利益和成员的合法权益,还能积极履行其对社会、对消费者的责任。此外,行业自治还有助于构建一个更为健康的行业生态,通过自我调节机制防止不正当竞争和市场垄断,保护创新成果,同时促进行业内的知识共享和技术传播,为行业带来持续的活力和发展潜力。因此,自治权不仅仅是行业协会的基本权利,更是其在现代经济社会中履行社会责任、引领行业持续健康发展的基石。

另一方面,行业协会的自治权对其内部成员而言,是一种权力的表现,属于社会公权力范畴。有学者指出,"现代社会行业自治的权力属性源于行业协会对本行业发展资源(人、财、物、信息、科技等)的垄断性占有,成员的行为选择并因此受到限制——只能以服从行业协会的支配来换取对资源的利用机会,否则即有可能因资源的匮乏而无法立足"(高俊杰,2017)。这意味着,行业自治作为一种极具社会公权力特性的管理体制,代表着行业共同体为了共同的繁荣和发展,对其内部成员展开的有序管理与有效协调。这个过程中,行业组织的成员主动将一部分权力转交给行业协会,这种权力的转让不仅基于自愿,还在行业协会的章程中得到了明确的规定和记录。通过这种共识，所有成员承诺遵循协会的管理规范，积极投身于行业自治的行动中。行业自治旨在避免行业内的无序竞争和资源的浪费，同时防止可能出现的内部互损行为。它通过创建一套公正、合理并被广泛认可的行业规则和标准，确保竞争过程中每一位成员的行为都在法律和规章的框架内进行。此外，行业自治还坚定了行业对外的统一立场，使得整个行业作为一个团体能够更有效地应对外界的挑战和风险，维护行业及其成员的共同权益。在这一管理架构下，行业自治不仅增强了行业的整体竞争力和内部凝聚力，还为实现行业的长期可持续发展提供了坚实的支撑，确保行业能够在变化莫测的市场环境中稳健前行，展现出强大的生命力和创新能力。由此可以看出，行业自治作为行业协会的固有属性，具有一定的正当性。

（三）行业规章在治理中的积极作用

1. 行业规章促进政府职能转变

在推进简政放权的过程中，行业规章起到了至关重要的作用，成为规范行业内部行为、增强行业自治能力的关键。作为行业自我管理和自我规范的核心工具，行业规章不仅顺利地承接了政府逐步下放的职能，还在推动政府职能转型和激发市场经济活力方面发挥了重要作用。随着政府逐步将管理职能下放至行业层面，行业规章的制定和实施变得更加重要。这些规章向行业成员提供了清晰的行为指南和规范标准，确保了行业内经营活动的合法性和规范性，同时也为行业带来了更大的自决空间。行业能够自行制定标准、准入规则等关键内部事务，从而实现更有效的自我管理和自我完善，显著提升了行业的竞争力和市场适应能力。此外，随着行业规章的不断完善和严格执行，政府职能发生了根本性的转变。这一转变体现在政府由原先直接参与企业经营管理的微观事务，转向以行业规章作为工具，通过制定、监督和引导这些规章来促进整个行业的健康、有序发展。这种从直接管控到间接引导的职能转换，不仅极大地提升了政府行政管理的效率和效能，还使政府能够把更多的精力和资源集中于宏观经济政策的制定和调控上，从而更有效地应对经济波动、促进经济增长和社会稳定。这一职能的转换还意味着政府在市场经济中的角色发生了质的变化。政府更多地扮演着市场经济的"裁判员"角色，而非"运动员"，通过制定公平的规则、监督市场行为、维护市场秩序，保障公平竞争，从而营造一个公正、透明的市场环境。这种环境有利于激发企业的创新活力和竞争力,促进经济多元化发展,增强经济的韧性和活力。

此外,行业规章的完善与执行还有助于实现政府与市场之间的良性互动。通过引入市场机制和行业自律来解决一些传统上由政府单方面决策的问题,政府可以更加准确地把握市场需求和趋势,制定更为符合实际、具有前瞻性的政策,进而推动经济的可持续发展。因此,在简政放权的大背景下,行业规章的角色远不止于实现行业内的自我管理和自律。它还是连接政府与市场、宏观调控与微观管理的关键纽带,对于推动政府职能的现代化转型、优化市场经济结构,并最终实现市场经济的持续健康发展具有重要而深远的影响。

2. 行业规章为社会治理提供自治经验

特定行业内部进行自我管理和自我规范的过程证明,行业规章是社会治理中一个不可或缺的手段。这些规章并非空洞的理念,而是通过行业成员的共同努力、深入协商和实践检验所铸就的成果,深刻地映射了行业对于实际需求和未来发展方向的精准把握。

首先,在行业规章的制定过程中,来自行业内部的多方参与者,包括协会组织、专业机构以及个别专家、协会内会员都积极投身于讨论和协商的过程,通过充分的交流来平衡不同利益,最终形成广泛的共识。这种广泛而深入的参与不仅有助于形成更为公正和全面的行业规章,而且也是一种实质性的行业自治实践。它展示了行业如何通过自发的组织和协调机制,利用内部的智慧和资源来自主地解决面临的问题和挑战。这个过程不仅增强了行业内部的凝聚力和自治能力,还为整个社会治理提供了宝贵的经验:它证明了通过民主协商和多元参与,即使是在复杂多变的经济社会环境中,也能有效地协调不同利益,实现共赢的目标。此外,这一协商过程还能提高透明度和公平性,为行业内外的监督和评价提供了依据,增加了政策的透明度和可信度。因此,行业规章不仅是解决具体管理和运营问题的手段,更是推动行业自主发展、增强社会治理能力的有效途径。通过这样的实践,行业能够在自我管理的基础上不断成长和完善,同时为构建更加开放、和谐的社会治理体系作出贡献。

其次,执行和监督行业规章同样是实现自治的关键步骤。行业成员不仅主动遵循这些规章,相互之间还进行监督,以确保整个行业的秩序和规范得到维护。这种基于自我约束和管理的模式,在有效减少政府监管压力的同时,也为社会治理探索了一条由下至上的自治路径。此外，行业规章的不断更新和完善也展现了自治过程中的动态性和适应性。面对行业发展的新需求和外部环境的变化，行业规章持续进行自我调整和优化，以解决新出现的问题。这种持续的自我革新不仅维持了行业规章的活力，也向社会治理提供了一种不断自我完善、勇于创新的自治模式。这一系列的实践和经验，无疑为社会治理的多样化和深化贡献了宝贵的路径。

五、团体章程

（一）概念及特征

1. 团体章程的概念

团体章程作为一种社会规范类型，对其概念的阐述，需要重点明晰何为团体。团体一般可分为人民团体与社会团体。根据《社会团体登记管理条例》（以下简称《条例》），社会团体，是指中国公民自愿组成，为实现会员共同意愿，按照其章程开展活动的非营利性社会组织。条例中第三条列举了三项不属于社会团体范畴的组织：参加中国人民政治协商会议的人民团体；由国务院机构编制管理机关核定，并经国务院批准免于登记的团体；机关、团体、企业事业单位内部经本单位批准成立、在本单位内部活动的团体。《中国人民政治协商会议章程》（以下简称《章程》）总纲中提到，"中国人民在长期的革命、建设和改革进程中，结成了由中国共产党领导的以工农联盟为基础的，有各民主党派、无党派人士、人民团体、少数民族人士和各界爱国人士参加的……爱国统一战线"。结合《条例》与《章程》首先能明确的是，人民团体是一种具有法律意义的规范性称谓，是人民政协的组成部分。而社会团体是指除《条例》第三条规定以外的，自然人或法人自愿组成，为实现会员共同意愿，按照其章程开展活动的非营利性社会组织。有学者认为，社团的通常定义是"由法律当作是一个统一体的个人集团，即当作一个具有与那些组成集团的个人的权利和义务有所不同的权利和义务的人（person）"（凯尔森，2013）。有学者对社会团体的概念进行了更为详细的阐释，他们认为"从概念上讲，社会团体是从事经过法律手续的集体，对政治、经济、文化、艺术、科技、宗教等方面进行学术探讨研究的单位，它在一定程度上可以推动社会的不断向前发展"。也有学者认为"社会团体是一个内容比较广泛的概念。辞海对它的解释是：经过法律手续成立的集体从事经济活动或社会公共事务的社会组织,前者如合作社、公司等;后者如有关政治、文化、艺术、科技、宗教等类社会群众团体"(中国社团研究会,1992)。

关于社会团体的特性,学界将其界定为二方面特性说、三方面特性说、四方面特性说、五方面特性说、六方面特性说、十方面特性说以及十一方面特性说。① 本书认为,社会团体作为一种非营利性组织,其必然具有合法性、自愿性、组织性的特征。那么团体章程作为社会治理中的重要规范形式,是社会团体制定的一种具有内部约束力的规范性文件。它规定了社会团体内部运行的行为准则、工作标准、纪律要求、权利义务等方面的内容,是社会团体内部平衡社团成员权利义务关系、维持组织纪律的基础和依据。团体章程对于促进团队协作、提高团队效率、维护团队稳定等方面都具有重要的作用。

2. 团体章程的特征

相较于市民公约、乡规民约及行业规章,团体章程除同样具有较强的自治性与共识性外,还具有有限性与利益性的特征。

首先,团体章程具有自治性与共识性。团体章程作为社会团体参与社会治理时遵循的内部章程,是社会团体独立的主体地位与社会自治权的体现。团体章程是由社会团体自主、自发制定的具有内部效力的规范性文件,不仅是社会团体参与社会治理的重要依据,更是社会团体自治精神的深刻体现。章程中明确了由谁制定、执行章程,也明确了组织机构与负责人的产生方式(民主选举)及社会团体成员的权利与义务等内容,这是团体章程自治性的一种体现。由社

---

① 其中王颖、折晓叶、孙炳辉提出了二方面特性说,即官民两重性。王名提出了三方面特性说:非营利性、非政府性、志愿公益性或互益性。马庆钰提出了四方面特性说:非营利性、自主性、志愿性、公益性。孙伟林提出的五方面特性说包含非营利性、民间性、社会性、志愿性、组织性。莱斯特·赛拉蒙提出了六方面特性说:正规性(有章程)、私立性(非政府)、非利润分配性、自我治理性、志愿性、公共利益性。王绍光提出了十方面特性说:非营利性、中立性、自主性、使命感、多样性、专业性、灵活性、开创性、参与性、低成本。联合国经济和社会事务部、统计司提出十一方面特性说:非营利性、公益生产管理结构(理事会不公开选举,而且罕有报酬)、收入结构(包括重要的志愿捐赠的时间和金钱)、人员配备(大量志愿者)、资本来源(不能分配利润,无法吸引股本)、税收优惠(包括所得税、销售税等)、法律待遇、缺乏主权权力、相对脱离政治压力、特征类别交易(非营利机构有最终消费支出,并以慈善捐赠形式接受转移性支付)。参见徐家良. 社会团体导论 [M]. 北京:中国社会出版社,2011:2-3.

会团体的最高权力机关结合社会团体的实际情况和发展目标制定出既科学又实用的章程内容。以《中国档案学会章程》为例,制定与修改《中国档案学会章程》的为该团体的最高权力机构,即全国会员代表大会。章程的制定需要通过召开全国会员代表大会进行商议讨论,而全国会员代表大会需要三分之二以上的会员代表出席方能召开,其决议须经到会会员代表半数以上表决通过方能生效。由此可以看出,团体章程是团体成员参与与协商的结果,不仅确保了章程的针对性和可操作性,更让团队成员在参与制定的过程中,深刻感受到自我管理和自我约束的重要性,这是团体章程共识性的一种体现。同时,团体章程的自主制定还体现了团队对于内部事务的自主决策权。例如《中国档案学会章程》第二章规定了中国档案学会的业务范围,第五章规定了资产管理与使用规则,彰显了团队的独立性和自治性。通过自主制定并执行团体章程,社会团体能够更好地实现自我规范、自我激励和自我完善,推动团体整体向着更加高效、和谐的方向发展。因此,团体章程具有自治性与共识性。

其次,团体章程具有限制性。团体章程的限制性体现在对内对外两个方面。对外来看,"社团的自治不是'绝对'的自治,而是在一定规制前提下实现的'有限'自治"(季卫华,2016a)。任何权力的行使都必须有一定的原则和限度,社会团体的自治权源于社会权力,同样也是一种有限制的权力,其所制定的团体章程也是一种有限制的规范。对内来看,团体章程主要用于约束社团成员的行为、调整社会团体内部关系、明确社会团体成员行为准则,其通常包含社会团体的组建目的、业务范围、会员的加入及权利与义务、组织机构和负责人的产生、资产管理及使用原则、章程的修改以及社团终止程序与终止后的财产处理问题。可以看出,团体章程的内容一般限于社会团体活动的一般事项,一般不涉及社团成员之间的纠纷解决,对社团成员违反团体章程的处罚也不完善。[①]因此,团体章程对内也具有限制性。

最后,团体章程具有公益性。一方面,团体章程的公益性从社会团体在其章程中设定的目的和活动中即可看出,章程旨在促进社会福祉,而不是仅仅追求社团成员的私利。例如,《中国档案学会章程》第二条提到,"本会的性质是

---

① 以《中国档案学会章程》为例,其第十三条规定:"会员如有严重违反本章程的行为,发现后经常务理事会讨论表决通过,予以除名。"可以看出对社团成员严重违反章程的处罚也仅限于约束力较弱的除名形式,团体章程处罚规定并不完善。

全国档案工作者自愿结成的具有法人资格的全国性、学术性、公益性的社会团体"。另一方面,团体章程的公益性从其社会团体的非营利性也可以看出。社会团体的章程明确指出,其存在的主要目的不是为了赚取利润,而是为了服务社会或解决特定的社会问题。[①]这种非营利性质保证了任何收入或捐款都将被重新投入团体的使命和项目中,而不是分发给会员作为利润。因此,团体章程具有公益性。

(二)团体章程的效力问题

团体章程的效力,根源于其背后的社会权力与社会团体成员对团体章程的遵循。一方面,团体章程的效力源于社会主体享有的自治权力。社会治理是一个以政府为主导,多元社会主体协同共治的治理模式。这就需要各行为主体综合运用各种资源和手段,对社会领域的各个环节进行有效的组织、协调、服务、监督和控制,以推动社会的和谐发展,提升社会整体福祉水平。随着社会经济的快速发展,政府单一治理在应对社会复杂性问题时显得捉襟见肘,决策滞后、资源分配不均等问题日益突出。为了有效应对这些挑战,就需要引入多元主体参与社会治理,其中就包含社会团体。社会团体在接受国家委托或移交的任务以及增进社会事业公益性上作出了积极的贡献,这是社会团体参与社会治理行使自治权的体现。"社会权力从本质上说属于社会自治的范畴,社会规范实际上是社会权力的一种表征"(季卫华,2016b),由此可以见得,团体章程作为一种社会规范形式,是社会团体行使社会权力的直接体现。这种承载着社会权力的规范形式,在公共治理领域,有效地填补了国家法在立法层面的空白,充分体现了团体章程的有效性。

另一方面,团体章程的直接效力来源于社会团体成员对章程的遵循。章程是为了维护和增进共同群体的利益,经过各方协商所达成的规范性约定。它不仅体现了成员的共同意志和期望,还为社会团体有序运作提供了明确的行为准则和保障。通过遵守章程,成员们能够有效维护彼此的共同利益,促进群体目标的顺利实现。团体章程的制定源自社团成员的地位、职业、习惯及其相互关系,是一种社会自发行为而非受限于法律的授权。"当一个人承认一个规则

---

① 例如,《中国档案学会章程》第六条在阐述中国档案学会的业务范围时,于第四款指出,"接受有关部门委托对国家经济建设中的重大决策进行科学论证和咨询,提出建议"。

有约束力,并把它作为他和其他人不可自由改变的东西加以接受时,他可能相当直观地领会到该规则在给定的环境中要求什么,并会在对规则和规则要求什么不加思索的情况下行事。"(哈特,1995)也就是说,如若社团成员均以团体章程行事,在这个规则范围内,社团成员便自发形成了一个内部遵循的行为规范。在社团范围内,社团成员行事均依照团体章程进行。团体章程存在于参与者的意识之中,并具有自我实施的能力。团体成员遵守这些规则,是因为团体章程是由他们参与制定、认可、接受并自愿遵从的规范,在社团内部是将其视为"法"而接受的行为准则,而非出于对外部强制力的恐惧而被迫服从。因此,团体章程因社团成员的遵循而具有内在约束力,这是团体章程有效的重要依据。

(三)团体章程在治理中的积极作用

1. 促进社会团体与政府部门、社会各界之间的沟通与合作

团体章程,作为社会团体行为和决策的根本准则,明确了社会团体的性质、宗旨、任务和目标,为政府部门和其他社会主体提供了一个明确和具体的范本,使他们能够在参与社会治理和公共事务的过程中,准确地把握和理解该社团的角色和业务边界。这种明确性不仅为其他社会主体评估和判断与该团体的潜在合作价值和专业合作领域提供了便利,更重要的是夯实了其他社会主体与社团相互信任与深入理解的基础,从而促进了各方之间有效沟通和紧密协作。也就是说,通过了解团体章程可以了解到社会团体的运作框架和目标追求,确保了外界对社团工作的正确理解和期望的一致性。这就使得政府部门在制定政策或其他社会主体在探索合作机会时,能够有效识别与其目标、业务范围相契合的社会团体,从而加强政府部门、社会各界与社会团体之间的合作。这有助于各方搭建信任与理解的桥梁,为有效沟通和协作创造了条件。

另外,章程明确了关于社团内部管理机制、决策流程、会员权利和义务等内容,这又进一步提升了社会团体运作流程的透明度和运作效率,在提升其在社会治理中的参与度和影响力的同时还有助于提升社会团体与政府部门、其他社会团体及公众合作的效率,共同促进社会公正,增加公共福祉,为社会发展贡献力量。换句话说,团体章程不仅为社会团体与政府机构及社会主体之间的合作关系提供了坚实的基础,也建立了沟通和合作的平台。这份章程指明了社团活动的主要方向,通过坚持既定宗旨和目标,保证了社会团体的行动和努力能够

与社会治理的要求和期望保持一致。因此,社会团体不仅能够更为高效和有目的地贡献于社会治理的各个领域,还能确保其活动对于推动社会进步和解决现实问题是有意义和有效的。章程通过明确规定社会团体的职责、权利和义务,进一步强化了社会团体在社会治理中的作用,促进了它们与政府及其他社会力量之间的良性互动。可见,团体章程不仅是社会团体自我管理和自我发展的工具,更是使社会团体在广泛的社会治理和公共参与中发挥作用的关键。它使得社会团体的行动都能够基于一种公益性的价值观和目标,从而增强其对社会发展的正面影响,使其能够更加有效地参与到社会治理中来。

2. 团体章程为社会团体分担公共行政提供科学的行为准则

"社团配合政府分担公共服务,是现代国家有意识选择的治理路径之一。"(方洁,2020)团体章程在确保社会团体有效分担公共行政职责方面起着至关重要的作用。通过提供一套科学和系统化的行为准则,不仅可以使社团在提供公共服务和参与社会治理的过程中保持高效性和合法性,还确保了其活动与国家法律法规的一致性。这种规范化的指导机制对于增强社团内部管理的规范性、提升透明度以及加强监督机制均有积极影响,使社团能够在维护成员利益的同时,更好地服务社会大众。此外,团体章程还为社团与政府机构之间的有效合作提供了坚实的基础。它确保了双方在公共资源的分配、利用以及公共服务的提供过程中能够实现高效的信息交流和紧密的协同工作,从而优化了公共服务的管理和执行。这种协作不仅展现了政府与民间组织各自优势的互补性,还体现了现代国家治理体系对于社团角色的肯定和依赖。也就是说,社团与政府之间在公共服务领域的合作已逐渐成为现代国家治理体系中的一种有效的治理路径。这种治理模式利用社团的专业性与灵活性的优势,在提升公共服务的覆盖面、质量和效率,以及更好地满足社会多元化和日益增长的公共需求方面作出了重大贡献。同时,这种模式的实施进一步促进了政府治理的多元化和社会参与的广泛性,强化了社会自治,体现了现代治理的开放性、包容性和动态性。总之,团体章程不仅为社会团体自身的运行与发展提供了规范和指导,而且通过促进与政府的有效合作,加强了公共服务的质量和效率,为实现更加公正、高效和包容的社会治理贡献了力量。

3. 团体章程的运用有助于减少国家法治资源的消耗

团体章程,作为社会团体内部自主制定的一套行为规范与指导原则,担负着在组织内部预防和解决潜在争议的重要责任。它通过明确社团内部组织结构、会员的权利和义务、决策过程以及在发生内部冲突时的处理机制,为社团内部的和谐运作提供了坚实的基础。这一系列预设的规则和程序的有效性不仅促进了社团的自我立法,减少对国家立法资源的依赖,还有助于社团及其成员在遇到分歧或争议时有明确的参考和依据,还减轻了纠纷解决的外部需求,在一定程度上有效降低了对司法资源的依赖程度。

一方面,团体章程促进社团自我立法,有助于减少对国家立法资源的依赖。通过制定团体章程,社团能够在内部构建一套完整的自我管理和规范体系,实现自我管理、自我约束的自治目标。这一过程不仅强化了组织的自主性和独立性,提高了社团内部治理的效率和灵活性,还与国家法律形成了良性的互动。团体章程不仅有助于优化国家立法资源的分配,避免因处理社团内部的小规模或专业性争议而占用立法资源,还有助于"今后国家在对有关社团治理进行立法调整时可以充分借鉴和吸纳社团规章的相关内容"(季卫华,2015),增强未来立法活动的针对性。从更广泛的角度看,团体章程的自我立法功能,促进了社会治理的多元化和法治资源的合理化利用,有力支持了国家治理体系的高效运转。

另一方面,团体章程不仅为组织内部活动设定了清晰的行为规范,同时也建立了争议处理机制,从而在很大程度上减少了对外部司法资源的需求。团体章程作为社团活动的核心,不仅明确规定了社团成员及内部组织在日常运作中应遵循的行为标准,确保了组织行为的一致性和预测性,还规定了内部纠纷解决的办法。尽管这种纠纷解决方式无法处理成员内部的一切纠纷,但可以对一些简单的纠纷进行及时与妥善的解决。通过这种自我调解和管理的方式,团体章程使得社会团体在一定程度上减轻了对法院系统和司法资源的依赖,避免了因小争端而占用司法资源。此外,这种内部解决问题的方法也有助于维系社团成员之间的关系,避免了公开诉讼可能带来的负面影响。总而言之,团体章程的有效实施,不仅促进了社团内部的和谐,也为缓解司法系统的负担贡献了力量,体现了其在现代社会治理中的重要作用。

第六章
治理中社会规范的冲突

多元化社会规范协同共治是法治社会建设与社会治理的内在价值取向,同时也是多元主体参与社会治理的必然结果。在理想状态下,各种规范类型——包括法律规范、道德规范、习俗规范等——因来源不同,具备不同特质与优势,能在社会生活的不同领域内发挥不同作用。由此,多元化社会规范在不同的场域中互动实施,不仅能够有效地丰富和拓展社会治理的手段和途径,还能成为促进社会治理达至善治的重要手段。然而,现实情况往往与理想模型存在偏差,多元规范之间的互动并不总是能够衔接得当,相反,当人们依据不同的规则进行交往活动时,各方均按照自己原来的规则行事,那冲突在所难免(陈光,2019)。也就是说,由于不同规范之间在产生渊源、调整对象、调整方法以及所追求的目标方面的差异,它们之间的关系复杂多变,时常发生摩擦和冲突。"法律更多地体现了建构理性,而社会规范则大多自发地生成,并在长久的进化过程中经过不断的试错,作为一种最优策略保留下来。"(郭春镇 等,2017)法律规范强调明确性和强制执行,而道德规范依赖于社会共识和内在认同,习俗规范则通常根植于长期的社会实践和传统,可能与现代法律规范不协调甚至相冲突。这些差异和矛盾不仅减损了治理效能,还可能产生新的治理难题,给社会治理带来了严峻的挑战。从实践情况来看,多元化社会规范在社会治理中的冲突主要表现为三种情形,即法律规范之间的冲突、法律规范与其他社会规范之间的冲突、其他社会规范之间的冲突。

一、法律规范之间的冲突

(一)法律规范冲突的界定

起初,法律冲突的研究主要集中在国际私法领域,这是因为在全球化的背景下，不同国家或地区之间的法律系统存在着显著差异，当跨境交易或事件发生时，经常需要确定适用哪国法律，以解决涉及多个法域的法律问题。这种对法律适用规则的探究，旨在为跨国商事、婚姻继承等私法交往提供清晰的法律指导，以确保法律的正当性和预见性。然而，随着时间的推移和社会法治实践的不断发展，法律冲突的问题已经远远超出了国际私法的范畴。在国内法领域，由于法律规范的增多和复杂化，不同法律之间的冲突也变得越来越常见。这些冲突可能发生在不同法律条文之间、不同法律领域之间，甚至是不同时间阶段颁布的法律之间。例如，新颁布的法律与现有法律不一致，或者同一问题在不同法律中有不同的处理方式，这些都可能导致法律应用上的困难和混乱。为了解决这些问题，法律学者和实务界开始更加关注如何合理解决法律冲突，以确保法律体系的统一和协调。这涉及对法律冲突解决机制的研究，包括对法律冲突概念的明确、法律优先级的确定、法律解释方法的选择以及法律适用原则的制定等。这些研究旨在找到有效的方法来解决法律之间的冲突，保障法律的公正执行和社会秩序的稳定。解决法律冲突的前提，即需明确法律冲突的概念。

　　从语义层面理解法律冲突，即法律规范之间存在矛盾或相互抵触。这只是对法律冲突的一种浅层理解，实际上其涵盖的范围更为广泛。它并非仅限于法律条文内部的矛盾，并不是所有形式和所有情境下的法律矛盾或抵触都可以被视为法律冲突，也不是仅仅关注于不同法律规范之间的内容冲突。换言之，法律冲突指的是在特定情境和条件下，不同法律规范之间存在的实质性对立或抵触，这种对立或抵触不仅包含内容上的抵触，也有可能包含法律效力上的抵触。这可能导致法律适用上的困难和不确定性。因此，简单地将任何形式的法律矛盾或抵触都归结为法律冲突略有不妥。

　　有学者指出，"多个法律对一项利益关系同时具有涉及力的现象，我们称之为'法律冲突'"（沈娟，1993）。也就是说，法律冲突所蕴含的意义远不止于不同法域间利益相关的多部法律在内容上的差异，它更体现在这些法律对同一利益关系所具有的并行支配效力上。因此，我们可以将法律冲突理解为既涉及法律内容的不一致，也关乎法律效力上的相互抵触，这是不同法律规范的内容与效力是否存在冲突的双重考量。也有学者从广义角度界定法律冲突，即"法律冲突系指调整同一社会关系或解决同一问题的不同法律由于各自内容的差异和位阶的高低而导致相互在效力上的抵触"（黄进，2005）。也就是说，如果不同法律对同一问题均进行了规定,而规定之间并不一致,法律冲突便会发生,这种冲突一般是法律规定的内容上的差异导致了效力之间的抵触。还有学者综合分析法律冲突产生的相关因素,即经济因素、立法者视角因素、法律适用范围因素、法律内容差异因素以及价值取向因素等,综合考量将法律冲突界定为"由于法律产生的原因和条件不同而导致的对同一调整对象都有管辖权的法律之间内容的不一致,法官或有关专门机关认为适用不同的法律将会产生不同法律后果的法律制度现象"(董皞,2013)。综合上述观点可以把握法律冲突概念的关键,即始于内容规定的不一致,终于效力上的冲突与抵触。

由此,可以将社会治理中法律冲突的概念界定为:应用于社会治理中用以维护社会秩序的多项法律规范,因为不同法律之间内容差异而导致的效力冲突,即当多部法律对同一社会治理问题或行为作出不同甚至相矛盾的规定时,这些法律规范在效力上产生抵触或冲突的现象。此处的法律指广义层面的法律。这种冲突不仅体现在法律条文的字面矛盾上,更在于实际应用中导致的难以确定应优先适用哪部法律的问题,从而影响了法律的权威性和实施效果,给社会治理带来了一定的困难和挑战。

(二)法律规范冲突的表现

1. 纵向法律规范之间的冲突

纵向法律规范之间的冲突,指的是上下级法律规范之间在效力或内容上存在的抵触或不一致,主要表现为不同级别的法律与行政规范在管辖权重叠处的冲突。这种冲突既可能表现为不同层级法律规范在适用条件与适用范围方面的不一致,也可能表现为不同层级法律规范在规定的行为方式及其法律后果上的排他性。我国《立法法》第九十八条至第一百条①明确了几种纵向法律冲突的表现形式:全国人大及其常委会、地方人大及其常委会、国务院、地方行政机关等主体制定的法律、行政法规、地方性法规、规章等与宪法之间的冲突;行政机关制定的行政法规与全国人大及其常委会制定的法律之间的冲突;地方行政

① 《立法法》第九十八条　宪法具有最高的法律效力,一切法律、行政法规、地方性法规、自治条例和单行条例、规章都不得同宪法相抵触。
第九十九条　法律的效力高于行政法规、地方性法规、规章。
行政法规的效力高于地方性法规、规章。
第一百条　地方性法规的效力高于本级和下级地方政府规章。

机关制定的地方政府规章与地方人大及其常委会制定的地方性法规之间的冲突。这种冲突通常发生在不同层级的法律规范对同一问题有不同规定的时候。

具体来说,第一,下位法与宪法的冲突。这种冲突不仅限于法律条文的字面内容直接相抵触,更广泛地涉及下位法违背宪法所确立的基本原则和价值精神。具体来说,首先,下位法与宪法的内容直接抵触。下位法最直观地与宪法违背,即下位法在具体条文内容上与宪法规定直接相反。例如,若宪法赋予公民某项权利,而某个具体的法律却限制或剥夺了这项权利,这种情况下就产生了直接的违宪冲突。其次,下位法与宪法之间存在原则和精神上的违背。某些下位法虽然在文字上未直接违反宪法的任何条文,但其规定的内容违反了宪法的基本原则或精神。这包括对宪法确立的基本人权的无理限制、对法律应有的公正和合理性原则的忽视,或是与宪法倡导的民主、自由等价值观不一致。最后,下位法对宪法的适用范围进行了不当调整。某些法律通过对宪法明确规定的事项的适用范围进行扩大、缩小或变更,间接产生违反宪法的效果。这种情况下,下位法没有直接违反宪法的任何一个条文,但通过改变宪法条文的实际适用范围或效力,造成了与宪法规定相悖的结果。第二,其他规范形式与法律的冲突。第三,地方性规章与地方性法规之间的冲突。第二点与第三点是下位法与上位法冲突中常见的类型,即级别高的规范与级别相对较低的规范间因管辖交叉而引发的冲突。例如,基本概念、适用范围之间存在的冲突,有学者将其概括为"主体范围、适用事项范围、行为幅度范围、权利义务范围、期限范围五个维度"(马怀德,2010)的冲突;或是下位法与上位法所确定的原则和精神的抵触。例如,曾经引起广泛热议的河南"种子案"中,双方当事人产生分歧的主要原因是如何计算种子的赔偿损失,即应当依据河南省人大制定的地方性法规《河南省农作物种子管理条例》还是《中华人民共和国种子法》。其中《河南省农作物种子管理条例》第三十六条规定的"种子的收购和销售,必须严格执行省统一价格政策"①与《中华人民共和国种子法》立法精神中明确的种子价格应由市场决定内容相抵触。如此一来,基于不同法律规定必定会造成不同的判决。再如,《行政处罚法》第十条第二款规定,限制人身自由的行政处罚,只能由法

---

① 《河南省农作物种子管理条例》第三十六条:种子的收购和销售,必须严格执行省统一价格政策,不得任意提价。省没有规定统一价格的种子,由市(地)、县级农业行政部门和物价部门共同商定。

律设定。那么除法律外的其他规范形式,不论是行政规章还是地方性法规均不能规定限制人身自由的行政处罚。

2. 横向法律规范之间的冲突

横向法律规范之间的冲突,是指在同一法律层级内部,不同法律或法规之间产生的矛盾和抵触现象。这种冲突具有一个显著的特征,即涉及冲突的规定都处于相同的法律层级,它们之间在法律效力方面不存在明确的高低差别。横向法律规范之间的冲突通常包括特别法与一般法之间的冲突,以及新法与旧法之间的冲突。一方面,特别法与一般法的冲突体现在,特别法往往针对某一具体事项或领域进行规定,而一般法则提供更为普遍适用的法律原则。当两者在具体案件中的应用产生分歧时,就需要仔细权衡,确定哪一个法律更为适用。另一方面,法律体系需要不断更新以适应社会的发展,新法的出台往往是为了解决旧法中存在的问题或适应新的社会情况。然而,在新旧交替的过程中,可能会出现两者规定不一致,甚至相互矛盾的情况。在这种情况下,如何确定新旧法律的适用顺序和范围,就成了一个需要法律解释和司法实践来解决的问题。

第一,特别法与一般法之间的冲突是法律实践中经常遇到的问题,特别是在具有多层次和广泛覆盖的法律体系中更为常见。特别法通常是针对特定情况或特定对象的需求而设计,旨在处理具体的、独特的法律问题。例如,《治安管理处罚法》与《行政处罚法》即为特殊法与一般法的关系。相比之下,一般法提供了更为广泛的规范,适用于普遍的情形和更大范围的主体。

在实际应用中,特别法与一般法之间可能会在多个层面产生冲突,包括法律内容上的差异、不同法律适用的主体间的差异、适用条件及例外规则的不一致,以及行为产生的法律后果的不同。这些冲突可能导致同一行为在法律上获得不同的解释和效力评价,从而增加了法律应用的复杂性和不确定性。一般法是为了提供广泛适用的规范和原则,而特别法是为了解决特定的、紧急的或特殊的情况而设计的法律。在某些情况下,特别法明确提供了一般法中规定的例外情形,这些例外可能会与一般法的基本原则产生冲突,特别是在赋予免责的情况下。具体来说,一般法可能对某些商业行为或环境破坏行为规定了严格的责任,以保护消费者权益或环境安全。然而,特别法可能因应特定的经济政策或紧急情况,对某些企业或行业在特定时间内赋予免责,以促进经济发展或应对危机。这种免责的特别规定可能与一般法旨在维护公平正义、环境保护等基本原则相抵触。这种立法策略虽然可以迅速有效地解决特定问题，但同时也可能与一般法长期坚持的原则相抵触。再如，《行政处罚法》第三十三条 ①、《道路交通安全法》第一百零七条 ②、《道路交通安全违法行为处理程序规定》第四十三条 ③ 均规定了适用简易程序的具体情形。其中《行政处罚法》第三十三条中提到，对公民处五十元以下罚款，对法人或其他组织处一千元以下的罚款，行政机关作出警告处罚的可以适用简易程序。而在《道路交通安全法》与《道路交通安全违法行为处理程序规定》中将简易程序的适用情形限定在对道路交通违法行为人警告及二百元以下罚款。可以看出，作为一般法的《行政处罚法》与作为特殊法的《道路交通安全法》和《道路交通安全违法行为处理程序规定》对于同一问题的处理结果略有不同，对于公民处以五十元以上二百元以下罚款的情形是应当依照《行政处罚法》的规定适用普通程序还是可以依照《道路交通安全法》与《道路交通安全违法行为处理程序规定》适用简易程序存在争议。

第二，新法与旧法之间的冲突。新法与旧法之间的冲突是一个在法律体系中常见且复杂的现象，特别是在法律不断发展和完善的过程中尤为明显。一般情况下，分析新法与旧法之间的效力冲突问题的前提是，新法与旧法必须为同一机关制定；新法与旧法都是有效法（刘志刚，2012）。法律必须适应社会进步和时代变迁的需求，因此，随着社会和技术发展，立法机构需要制定新法以应对新情况，如新兴技术的监管问题、环境保护的新标准或对经济实践的新规范。这些新法律旨在更有效地规范社会行为，保护公民权益，促进社会公正和经济发展。然而，新法律的制定和实施过程中往往伴随着与现有法律体系中的旧法

---

① 《行政处罚法》第三十三条　违法事实确凿并有法定依据，对公民处以五十元以下、对法人或者其他组织处以一千元以下罚款或者警告的行政处罚的，可以当场作出行政处罚决定。当事人应当依照本法第四十六条、第四十七条、第四十八条的规定履行行政处罚决定。

② 《道路交通安全法》第一百零七条　对道路交通违法行为人予以警告、二百元以下罚款，交通警察可以当场作出行政处罚决定，并出具行政处罚决定书。

③ 《道路交通安全违法行为处理程序规定》第四十三条对违法行为人处以警告或者二百元以下罚款的，可以适用简易程序。

律的摩擦。在新法律出台时，可能没有充分考虑到与现行法律的兼容性，或者在新旧法律交接过程中缺乏足够的缓冲期，从而导致法律的应用出现重叠或冲突。新法可能在某些方面与旧法直接矛盾，或新法在某些条款上提供了更新的指导，而旧法则可能在同一问题上有过时的处理方式，导致法律实施者在具体案件的法律适用上出现困惑，在解释和执行时难以决定应依据哪一法律条文。这种冲突不仅可能引起法律实施的混乱，还可能对公民的法律预期造成困扰，影响法律的稳定性和可预测性。再如，新法与旧法之间存在的法律定义的差异导致的法律冲突。新法在制定时可能会重新定义某些法律概念或术语，或引入全新的定义。这些新定义与旧法中的定义存在差异，导致在法律解释和应用时出现不确定性。又如，新法与旧法之间存在法律责任的变更导致的法律冲突。新法对违法行为的法律责任可能进行了调整，如改变罚款金额、刑罚种类或程度。如果旧法中的责任规定未被及时更新，这种变化可能导致新旧法规定间的直接冲突，使得法律适用存在不一致。最后，新法与旧法之间存在管辖权的重叠或缺失，也会造成新法与旧法之间的冲突。新法在调整法律管辖权时可能未完全考虑与旧法的协调，结果是在某些法律事项的管辖权归属上可能出现重叠或缺失。这不仅可能导致多个机构或法院对同一事项主张管辖权，也可能在某些区域形成法律的真空地带。这些潜在冲突都体现了法律体系内部的复杂性和多样性，也反映了法律在制定和实施过程中需要不断调整和完善的现实。

（三）法律规范冲突的原因

1. 立法界限不清，制定主体多元化、多层次及主体权限不明

"法律规范本身也具有'多元'性。"（王鸾鸾，2022）根据《立法法》的规定，现阶段，享有立法权的主体及权限分别为：全国人大及其常委会有制定与修改法律的权力；国务院根据宪法和法律，制定行政法规；省、自治区、直辖市的人民代表大会及其常务委员会可以制定地方性法规；国务院各部、委员会、中国人民银行、审计署和具有行政管理职能的直属机构，可以制定规章；省、自治区、直辖市和较大的市的人民政府，可以制定规章。[①]《国务院办公厅关于加强行政规范性文件制定和监督管理工作的通知》（国办发〔2018〕37号）中提到，行政机关或者经法律、法规授权的具有管理公共事务职能的组织可依法制定涉及公

---

① 详见《立法法》第七条、第五十六条、第六十三条、第七十一条、第七十三条。

民、法人和其他组织权利义务,具有普遍约束力的规范性文件。[①]有学者将我国的立法体制概括为"一元、两级、多层次"(刘志刚,2014),可以看出,能够制定对公民、法人、其他组织具有普遍约束力的规范的主体一般具有多元性或多层级的特点,上至全国人大及其常委会、国务院,下至地方人大及其常委会、地方人民政府。"它是中央统一领导和一定程度分权的,多级并存、多类结合的立法权限划分体制。"(张文显,2011)但这种立法界限不清,制定主体多元化、多层次及主体权限不明导致法律冲突的情况时有发生。

第一,立法界限不清意味着不同立法机构在制定法律时,其职责和权限范围可能存在重叠或模糊地带。这种模糊性可能导致多个主体对同一事项制定出不同甚至相互矛盾的法律规定,致使对同一事项或问题存在不同的理解或处理。这不仅会让公众感到困惑,也会让执法者在实际操作中面临两难的选择。例如,生态环境部制定了一套环保标准,而地方政府为了推动当地经济发展,则可能出台较为宽松的环保法规。除了环保领域,这种立法界限不清导致的问题在其他领域也同样存在。比如在经济政策、城市规划等方面,都可能因为立法界限不清而出现多重规定甚至矛盾的情况。法律冲突不仅削弱了法律的权威性和公信力,也影响了社会的公平与正义,使得法律的实施和执行变得复杂,而且也增加了法律适用的不确定性。

第二,制定主体的多元化和多层次性进一步增加了法律冲突的可能性。在一个法律体系中,除全国人大及其常委会、地方人大及其常委会、地方各级政府外,行政机关或者经法律、法规授权的具有管理公共事务职能的组织也可以制定规范性文件,这些规范性文件同样作为行政执法的依据,这大大增加了法律冲突的可能性。因为,"行政机关既作为立法者又作为执法者,依据部门制定的法律规范可能会维护本部门利益"(徐加喜,2012)。各行政机关所制定其他规范性文件若不能与现行法律、规章的内容与精神相一致,即会出现法律适用上的冲突。同时,授权立法也增加了法律冲突的可能性。"由于授权主体不明确,

---

① 《国务院办公厅关于加强行政规范性文件制定和监督管理工作的通知》中提到,行政规范性文件是除国务院的行政法规、决定、命令以及部门规章和地方政府规章外,由行政机关或者经法律、法规授权的具有管理公共事务职能的组织(以下统称行政机关)依照法定权限、程序制定并公开发布,涉及公民、法人和其他组织权利义务,具有普遍约束力,在一定期限内反复适用的公文。

授权标准不清晰,授权对象范围未加界定,授权范围宽范模糊等原因,造成授权立法中立法权限的不确定性。"(沈秀莉,2001)立法主体水平不一,增大了授权立法内容的不确定性,进而导致了法律冲突。此外,立法主体权限的不明确同样是造成法律冲突的一个重要因素。当立法主体在没有明确界定其法定职责和权限的情况下进行法律制定时,其立法行为可能超出了其本应有的权力范围,从而与其他主体的立法产生冲突。这种权力的越界不仅可能导致法律的效力受到质疑,也可能引发法律制度内部的权力斗争,从而影响法律的整体执行和社会治理的效率。总之,立法界限的不清晰、立法主体的多元化及多层次性,以及立法权限的不明确,共同构成了法律冲突发生的土壤。

2. 欠缺统一完备的备案体系

引起法律冲突的另一个原因是,我国欠缺一个统一和完备的备案制度以及对下位法的监督机制。在理想的法律体系中,所有的法规、政策以及规范性文件都应当通过一个中心化的系统进行详细备案和及时审查,以确保新制定的法律或对现有的法律修改能够与现有法律、法规协调一致。然而,在实际操作中,往往由于缺少这种全面的监督和备案机制,在制定新的法律时可能未能充分考虑其与现行法律的兼容性。特别是在处理下位法与上位法、特殊法与一般法以及行政规章、地方政府规章与法律之间的关系时,这种缺失可能导致严重的法律冲突。这些冲突不仅仅是理论上的问题,它们在法律实施过程中会产生具体而深远的影响,可能导致法律执行的不确定性和不一致性,从而影响法律的有效性和公正性。例如,没有明确机构负责监督检查新的地方政府规章是否与国家法律相冲突,这可能会导致在实施层面上的法律矛盾,进而影响法律的执行效果和公正性。

法律备案机制仍不完善。自1979年起,我国就实施了地方性法规的备案工作,这一制度的确立标志着立法工作向着更加规范化和系统化的方向发展。然而,在1993年以前,很多法规主要停留在备案阶段,并未被深入审查。这意味着,虽然地方性法规已经按照规定进行了备案,但其内容是否符合宪法和法律的原则、是否存在潜在的问题或冲突,并未得到有效的核查。随着时间的推移和法治建设的深入推进,我国对法规的审查工作逐渐受到了重视。1993年7月1日成为一个重要的转折点,根据全国人大常委会的要求,备案的地方性法规开始接受审查。但是,备案审查的全面性带来了实际操作上的困难,备案审查客观存在着两个问题。

第一,地方人大每年制定的法规数量极多,达到 1 800 多件之多,甚至在数量较少的年份也有 700 多件,要求专门委员会对这些庞大数量的法规进行一一审查显然是不现实的。这导致了审查工作难以覆盖所有法规,甚至有报道称,截至 1997 年 6 月,一些专门委员会还未完成对 1994 年报备案的法规的审查工作。

第二,审查工作缺乏必要的权威性。目前的审查多由专门委员会中的少数工作人员负责,其审查意见虽然以专门委员会的名义提出,但由于这些意见并非来源于常委会本身,因此在权威性上有所不足。当地方人大常委会对审查结果有异议时,这种缺乏权威性的审查意见往往难以被采纳,导致审查工作流于形式(蔡定剑,1999)。2000 年《立法法》出台,其中第一百零九条规定了我国法律备案的几种情形,[①] 从而与《地方组织法》关于规章备案的规定相衔接。《法规规章备案条例》与《监督法》中也明确了法规、规章、规范性文件的备案情形。但从现实来看,实践中仍存在以下问题:一是多头备案的问题使审查流于形式,导致备案资源的浪费和形式审查的各行其是,从而影响了报备工作效率,降低了备案主体的报备积极性;二是各级机关按照要求备案后,却欠缺主动审查,通常情况下,只有在国家机关或者公民、法人、其他组织提出审查要求或者审查建议下,才被动启动审查程序;三是对报备的地方性法规、规章等是否具

---

① 《立法法》第一百零九条　行政法规、地方性法规、自治条例和单行条例、规章应当在公布后的三十日内依照下列规定报有关机关备案:

(一)行政法规报全国人民代表大会常务委员会备案;

(二)省、自治区、直辖市的人民代表大会及其常务委员会制定的地方性法规,报全国人民代表大会常务委员会和国务院备案;较大的市的人民代表大会及其常务委员会制定的地方性法规,由省、自治区的人民代表大会常务委员会报全国人民代表大会常务委员会和国务院备案;

(三)自治州、自治县制定的自治条例和单行条例,由省、自治区、直辖市的人民代表大会常务委员会报全国人民代表大会常务委员会和国务院备案;

(四)部门规章和地方政府规章报国务院备案;地方政府规章应当同时报本级人民代表大会常务委员会备案;较大的市的人民政府制定的规章应当同时报省、自治区的人民代表大会常务委员会和人民政府备案;

(五)根据授权制定的法规应当报授权决定规定的机关备案。

有合法性的审查标准不明确,在实际审查过程中可能需要依靠审查人员的专业判断和自由裁量,欠缺统一明确的标准;四是审查过程未全程公开,程序是否合法合规欠缺公开监督;五是缺乏有力的法律责任的问题。尽管《法规规章备案条例》第二十条明确了不报送规章备案或者不按时报送规章备案的责任问题①,但这种责任只是一种原则性规定,存在可落实性差、处罚较轻的问题(张一鸣,2019)。由此,备案制度的不完善,使法律冲突问题增加。由于备案制度存在漏洞,许多法律和规章在未经充分审查的情况下便得以实施,这不仅导致了与现行法律的冲突,也引发了一系列的法律实施问题。这种情况下,缺乏有效的监督和审查机制使得冲突法规得以存续,难以及时纠正或调整,从而使法律体系的整体一致性和效力受到损害。随着法律冲突的不断累积,其对社会治理的影响愈发明显,不仅损害了法律的权威性,也降低了公众对法律制度的信任和依赖,进一步削弱了法律在维护社会秩序和正义中的作用。

二、法律规范与其他社会规范之间的冲突

法律与其他社会规范之间的冲突一直是理论界与实务界热议的话题。这种冲突核心体现在社会治理的复杂性中,因为社会治理本质上是基于规则的治理。社会实践不仅受到法律的指导,同时也受到多种其他社会规范如道德规范、民俗习惯、乡规民约等规范的影响。

从宏观层面来看,法律旨在维护社会的最基本秩序和调节社会生活的基本关系,如维护公平、正义、平等,保护公民的基本权利等。而从微观层面看,道德规范、民俗习惯、乡规民约等其他社会规范则更多地影响着基层社会的日常交往和人的行为标准,它们往往根植于深厚的文化传统和历史背景中。在理想的状态下,法律和其他社会规范应该是相辅相成的,共同为人们的生产与生活提供指引,规范人们的行为,从而为社会发展创造一个和谐有序的环境。然而,现实情况往往不尽人意。在实际社会中,尤其是在民事活动领域,法律与民俗习惯、乡规民约等其他社会规范之间的冲突时有发生。这种冲突可能源于其他社会规范的不同特性与法律的普遍性原则之间的天然张力。例如,在一些地方,

---

① 《法规规章备案条例》第二十条　对于不报送规章备案或者不按时报送规章备案的,由国务院法制机构通知制定机关,限期报送;逾期仍不报送的,给予通报,并责令限期改正。

传统的习惯和民俗可能与国家法律关于财产、婚姻、继承权等方面的规定存在明显的冲突。这些地方性的规范虽然在当地社区得到普遍遵守,但当这些习惯与法律规定相冲突时,就可能导致法律难以执行,甚至使法律的效力受到质疑。此外,这种冲突还可能削弱法律的正当性和权威性,当地居民可能会优先遵循根深蒂固的习惯而非国家法律。换句话说,在社会治理中,法律与其他社会规范共同调整社会关系时,常会发生规范冲突的情况。

(一)法律与其他社会规范之间冲突的表现

1. 法律与其他社会规范有时存在内容上的直接对立

内容上的直接对立是法律与其他社会规范冲突的最直接表现。当法律与其他社会规范发生冲突时,直接反映的就是社会价值观和法律体系之间的对立,这种冲突会给社会主体造成甄别行为准则的困惑。法律作为一种正式的规范,拥有强制执行力,而其他社会规范则通常基于传统、习俗或道德观念,具有非强制性质。这种冲突揭示了社会变迁中法律适应性的挑战以及文化差异的影响,表现为一种权威与习俗的矛盾。这种对立不仅体现了法律与社会规范在内容和性质上的差异,还反映了社会内部对于正义与合理性的不同理解。法律往往追求普遍性和一致性,试图为社会行为设定明确的边界和规则,而其他社会规范则更多体现了地域性、文化细节和历史传承的多样性。这种差异导致在实际操作中,即使法律有明文规定,人们的行为仍可能受到其他社会规范的强烈影响。从实践层面看,法律与道德规范、民俗习惯、乡规民约等冲突较为明显。

第一,法律与道德规范的冲突。法律与道德规范同作为社会规范的一种形式,在社会治理中起着十分关键的作用,二者共同反映的是社会主体对具体行为的价值评价,均为一种评判行为的标准。理论上讲,二者应该协调一致。但从实践层面来看,法律规范和道德规范因为它们各自的基础、目标和应用方式的差异而经常会产生冲突。这通常表现为两种形式,即合乎法律但与情理相悖、合乎情理但与法律相斥。

一方面,实践中存在合乎法律但与情理相悖的情形。有学者称其为"不道德选择的合法性",即主体在行动选择时,可能基于自利或对抗性的动机,对他人造成一定的伤害。这种行为虽在道德层面违背了公众普遍接受的道德标准,可能遭到社会舆论的指责,然而,当这些行为进入法律审判的领域时,它们却可能被视为具有某种道德正当性,并因此受到法律的保护(褚丽 等,2013)。这种情况反映了法律与社会道德标准之间的张力和不一致,法律在保护个体行为时可能给予的道德合理性解释,与社会道德感受存在显著差异。法律规范是由国家制定的正式规则,具有强制性和普遍适用性。它们旨在维持社会秩序和保障公共利益,通过立法程序明确规定允许和禁止的行为。法律的执行通常伴随着国家强制力的支持,违反法律规范会导致明确的法律后果,如民事责任、刑事责任与行政责任。相反,道德规范源于社会共识和文化传统,是对个人行为的内在评价标准,更多地依赖于个人的良知和社会的道德压力。道德规范不具备法律的强制执行力,个体对它们的遵守更多依赖于个体的自觉和社会舆论的影响。道德的核心是对"对"与"错"的判断,这种判断往往是主观的和多元的。冲突发生时,通常是因为法律的规定与道德观念不一致。实践中常见的情况即为婚姻家庭关系中,配偶、父母、子女的扶养、赡养、抚养关系。例如,梁月状告父母案即为合乎法律但与传统的互敬互爱家庭观念相悖的实践案例。①

另一方面,实践中还存在合乎情理但与法律相斥的情形。这些情形通常涉及道德、伦理与法律规定之间的复杂关系。道德和伦理规范通常是基于文化传统、人际关系和社会共识形成的,强调个人对社会责任和人际关系的维护。这些规范在社会生活中有着深刻的根基,常常是人们行为判断的直接依据。在实际情况中存在一些行为虽然从人情和道德角度看是合理的,却与法律的规定相冲突。这种情形体现了道德、伦理与法律之间的复杂交织与潜在对立。因为,法律作为社会规范的另一种形式,其制定和执行往往追求公平性和普遍性,不一定能充分考虑到个别情况下的人情世故和道德情感。例如,"于欢辱母杀人案"②中,杜志浩的辱母行为严重违法、亵渎人伦,应当受到惩罚和谴责。于欢在母亲受到侮辱和伤害时,出于保护母亲的本能,采取了防卫行为,最终导致了一人死亡、三人受伤。从情理的角度来看,于欢的行为是出于对母亲尊严的捍卫,是人之常情,并且需要明确的是,于欢及其母亲苏银霞享有人身自由和人格尊严的法定保护。但是,于欢所采取的防卫举措逾越了法定的界限,因此,他必须依法担负起相应的刑事责任。按照《中华人民共和国刑法》的相关规定,应当将于欢的行为界定为防卫过当,并判定其构成故意伤害罪。这种合乎法律的判

---

① 详见《今日说法》父母走上被告席(2011.3.14)

② (2017)鲁刑终 151 号

决与情理之间的冲突即为法律与道德之间的冲突表现。

第二，法律与民俗习惯、乡规民约的冲突。法律与民俗习惯之间的冲突通常源于它们各自的来源、目的和适用范围的差异。法律是国家权威制定的规范，具有普遍性和强制性，旨在维护社会秩序和保障公民权益。而民俗习惯则源自长期的社会实践和文化传承，根植于特定社区或群体中，具有地方性和选择性。当法律规定与民俗习惯相冲突时，可能会引起社会成员的不适或抵触，因为这些民俗习惯往往与社区成员的身份认同和文化价值观紧密相连。民俗习惯与现行法律规范之间的冲突体现在多个层面，尤其是在刑事法律领域和民事法律领域。

在刑事法律领域中，少数民族的传统习俗有时与现行的法律规定产生激烈的冲突。"如藏族的'赔命价'习俗，直接否定了国家法的适用；流行在我国多地的'闹人命'习俗，使得刑事案件转化成了民事案件；在我国的一些地方，民俗习惯认定事实婚就是合法婚姻，事实婚的婚内强奸不认为是犯罪。"（吕复栋 等，2014）这些传统的裁决方式或赔偿习惯可能将本应受到刑事制裁的行为转化为民事纠纷，从而在一定程度上否定了国家法律的普遍适用性。这种实践不仅在罪与非罪的认定上有所区别，还可能在刑罚的裁量程度上显示出差异。再如，"贵州剑河南明镇中寨村村规民约规定，'严禁任何人到本村范围内河流炸鱼、电鱼、毒鱼，如发现违约者，全村每户至少1人到违约者家杀猪吃庖汤，若谁家不去人，回来就到谁家杀猪吃'"（刘洋，2018），显然"到违约者家杀猪吃庖汤"或到未参与的人家"杀猪吃"均没有法律依据，强行实施甚至还可能会触犯《刑法》第二百六十八条中的"聚众哄抢罪"。[1]

在民事法律领域，尤其是婚姻家庭关系里，民俗习惯同样与国家法律存在冲突。例如，在瑶族曾有"瑶族女不外嫁"的传统，即"一准令盘王孙女，不嫁于百姓为婚者。……强夺猺（瑶）人妻女，罪论不得轻恕"（林源，2018）。这种规定显然与法律中规定的婚姻自由相违背，有些地区甚至存在包办婚姻、买卖婚姻的情况，这些习俗通常被社区广泛接受，并在某种程度上对当事人产生约束力，即使这些行为已不符合国家法律的要求。再如，"女儿不分遗产"的习俗

---

[1] 《刑法》第二百六十八条　【聚众哄抢罪】聚众哄抢公私财物，数额较大或者有其他严重情节的，对首要分子和积极参加的，处三年以下有期徒刑、拘役或者管制，并处罚金；数额巨大或者有其他特别严重情节的，处三年以上十年以下有期徒刑，并处罚金。

在一些地区根深蒂固,影响着人们对女性继承权的看法和实际操作。这些习俗的存在不仅体现了法律与民俗之间的冲突,也凸显了法律在实际执行过程中需要考虑的地方文化和社会实际情况。

2. 法律与其他社会规范在执行层面的冲突

在社会生活中,法律与其他社会规范在执行层面也存在冲突。这些冲突主要表现在二者对某些行为的处理程序与处理结果不同而带来的期望与实际的偏差。法律作为一种具有普遍性和强制性的社会控制手段,旨在通过明确的规定来维护社会秩序和公共利益,而其他社会规范则更依赖于长期形成的传统、习俗和道德规范,它们在社区中的被接受度往往决定了其执行的有效性。这种基于不同根源和目的的执行方式差异,使得同一社会内对相同行为的处理和评价可能存在显著分歧。这些分歧不仅揭示了法律规范与其他社会规范在运用中的张力,也体现了它们在维护社会功能和文化价值方面的复杂交互和相互影响,同时增大了社会治理的难度。

第一,法律与其他社会规范在执行方式层面的冲突。法律与其他社会规范在执行程序上的差异是冲突的另一表现。法律规范通常是通过正式的立法过程制定,并由政府机构执行,包括司法系统和执法部门。这些规范的执行依靠明确的法律文本、严格的程序规定和具有约束力的判决。法律的强制执行和普遍适用性旨在保证社会的公正与秩序。相比之下,其他社会规范如习俗、传统和道德规范,往往是由部分社会成员共同维护和传承,其执行依赖于社会共识和道德压力而非强制性法律手段。这些规范通常没有书面的规定,执行过程更加灵活和非正式,依赖于个体内心的道德判断和社区的意见领袖或长者的指引。当法律规范与社会规范在执行过程中发生交叉时,就容易产生冲突。法律可能要求按照特定程序处理矛盾和冲突,例如通过法庭审理来确定责任和处罚,而在某些地区,传统的解决方法可能更倾向于通过家族长老的调解或社区会议来达成和解,强调恢复关系而非制裁。这种在执行程序上的差异导致了对相同问题的处理方法、时效上的冲突。

第二,法律与其他社会规范在执行结果层面的冲突。法律与其他社会规范在执行结果层面的冲突表现为相同或类似的情形依据法律与其他社会规范处理的结果不一致。法律规范旨在通过正式的制裁和裁决来维持社会秩序和公平正义,其执行结果往往强调规则的普遍性和一致性,保证法律面前人人平等。

而其他社会规范,包括传统、习俗和道德规范,更多强调的是社会和谐和人际关系的维护,其执行结果更侧重于部分区域内的接受度和个人之间的和解。当法律的执行结果与社会规范的期待发生冲突时,会产生一系列社会动摇。例如,法律可能规定某种行为为犯罪,违反者需受到法定刑罚,如罚款或限制人身自由。然而,在某些地区,如果这种行为是出于长期认可的传统或习俗,该地成员可能期望通过更为宽容的方式处理,如道歉或经济赔偿,以保持人际关系和社区的内部和谐。这种在执行结果上的差异可能导致法律裁决在某些地区遭到反对甚至抵制,使得该地区成员将法律视为对传统的侵犯或不尊重,从而降低法律规范的实际效力和权威。同时,当法律裁决与其他社会规范相悖时,可能在社区内部产生裂痕,一部分人支持法律的执行,而另一部分人则倾向于遵循传统习俗。此外,当法律的严格执行对部分社会成员造成普遍的不利影响时,比如导致家庭破碎或社区成员的经济困难,也可能引起对法律正义性的质疑,影响法律的社会接受度和执行效果。可见,在实践中法律与其他社会规范在执行结果层面的冲突也是十分明显的。

(二)法律与其他社会规范之间冲突的成因

1. 法律与其他社会规范的起源差异

法律是通过正式的立法程序制定的,旨在提供一个权威性的行为规范,以维护社会秩序、保障公民权利并规范政府行为。法律通常被视为统治阶级博弈的产物,其核心关注点是维护整体社会的秩序稳定和保障公民的基本利益。在这种框架下,法律不仅作为治理工具,而且反映了一种权力结构。通过制定和执行法律,社会力量得以平衡,公共利益得到实现。与法律相比,其他社会规范如道德和习俗则源于更加复杂且微妙的社会实践。这些规范通常不是通过正式立法过程形成的,而是通过长期的历史演进和社会生活中的不断实践、试错与博弈逐渐演化而来。它们根植于社会文化和传统之中,更多地关注于指导个人行为和维护社区内部的和谐。道德规范往往体现了社会的伦理价值观和行为期望,而民俗习惯则代表了部分区域特定的生活方式和相互间的交往规则。由于法律和其他社会规范在起源上的本质差异,它们在具体应用时容易发生冲突。当法律规定与根植于人们日常生活中的习俗和道德观念相冲突时,便可能导致居民在遵循法律与跟随传统习惯之间产生矛盾。例如,《民法典》第一千一百二十六条规定了"继承权男女平等",而某些民俗传统可能只允许男性继承财产,这种情况下法律与习惯之间就会发生冲突,这种冲突是对法律权威和适用性的挑战,也对部分地区传统观念和内部和谐的挑战。

2. 法律与其他社会规范的作用机制不同

法律与其他社会规范之间的冲突往往源于它们在作用机制和实施方式上的根本差异。这些差异在很多情况下不仅导致了规范内容上的直接对立,还影响了社会成员的行为模式和社会治理的整体效率。具体而言,法律与社会规范之间作用机制的差异主要表现在以下几个方面。

第一,权威性与自发性的对立。法律是由国家或政府通过正式的立法过程制定的,具有普遍的约束力和强制执行的权威性。它通过法律文本明确规定了允许和禁止的行为,违反法律的自然人、法人、非法人组织将受到相应的法律制裁。相比之下,道德规范和文化习俗通常是社会成员长期行为和信仰积累的结果,它们更多依赖于社区成员的自觉遵守和内在认同,缺乏法律那样的强制执行机制。

第二,普遍性与局部性的对立。法律旨在适用于所有人,其规定必须在整个国家或管辖区内统一执行,以保证法律的公正性和社会秩序的稳定。而其他社会规范,如习俗或道德往往具有很强的地域性和文化特异性。再如,团体章程、行业规章的适用具有一定的区域性,它们在不同的区域内或文化中可能表现出截然不同的内容和执行方式。这种普遍性与局部性的差异导致法律在实施时可能与某些地区深根深蒂的规范发生冲突。

第三,形式与非形式的对立。法律的制定和实施是一个高度正式化的过程,内容包括详尽的法律文本、严格的程序和明确的法律后果。而其他社会规范则通常是非形式的,它们可能没有书面的规定,而是通过口头传承、模仿行为或社会惯例来维持。这种形式与非形式的对立使得法律在应对快速变化的社会现象时可能显得僵化,而其他社会规范则可能在缺乏明确界定的情况下导致解释上的不一致。

第四,法律与其他社会规范的更新速度不一致。法律的修改和更新通常需要经过复杂严格的程序,这可能导致法律对社会变迁的响应较慢。相比之下,道德规范和文化习俗可能更快地适应社会变化,因为它们不需要正式的修订流程。这种更新速度的不同可能导致新出现的社会现象在法律框架内找不到适当的处理方式,而其他社会规范已有了解决方法。

第五,法律与其他社会规范的价值取向差异。法律规范的执行通常强调遵循严格的程序正义,并且依靠一套专门的执法和司法体系来保障其实施。这种方式确保了法律应用的一致性和可预测性,强调过程中的公正性和透明度。相反,其他社会规范的执行则表现出更多的灵活性,其中程序正义和实质正义的界限往往模糊不清,二者常常交织在一起。这种灵活的执行方式反映了对社会具体情境的敏感性和适应性。实际上,法律规范与其他社会规范之间的冲突有时正源于法律实施中对程序正义的严格遵循。这种坚持可能在处理涉及深层社会价值和文化习俗的问题时,与更加注重结果和道德考量的规范发生碰撞。

3. 法律与其他社会规范的社会认可度不同

中国作为一个地域广阔、人口众多的国家,拥有极为丰富的自然状况和文化多样性。这种多样性不仅体现在自然景观和生活习惯上,更深刻地表现在各地的文化传统及规范形式上。正因如此,"追求统一性和确定性、超越特定时空的国家法律与植根于具体社会生活的社会性规范所承载的地方性的正义、内部逻辑之间在某些情况下不可避免地发生矛盾"(王启梁,2016)。而且,法律与其他社会规范之间存在的冲突很大程度上可以归因于它们在社会认可度方面的差异。这种差异影响了公众对不同规范的遵守程度和态度,从而在实际执行和日常生活中引发冲突。

因此,法律的遵守不是建议性的,而是强制性的。违反法律将面临法律制裁,如民事责任、刑事责任与行政责任。法律的权威性和强制性赋予其较高的社会认可度。相较于法律,其他社会规范如道德、传统习俗等往往是基于特定文化、历史背景和社区实践逐渐形成的。这些规范虽然在特定社群或文化圈内可能具有很高的认可度和遵守率,但它们的适用范围相对局限,且通常不具备法律规定的普遍性和强制性。其他社会规范的遵守更多依赖于个体的道德自觉和社区压力,而不是外部强制力。当法律规定与其他社会规范不一致时,人们往往面临道德、习俗和法律的双重压力。在这种情况下,如果其他社会规范在某个社群中的认可度高于法律,人们可能更倾向于遵循这些传统规范而非法律。例如,在某些文化中,传统的家庭和婚姻观念可能与现代法律关于性别平等和个人权利的规定存在冲突。在这些场合,即便法律提供了新的规范,社会成员也可能因为深植于心的传统观念而难以接受法律的规定。这种情况下,法律与其他社会规范之间就容易产生冲突。

4. 法律与其他社会规范之间的价值观念存在差异

在结构复杂的现代社会中,法律与其他社会规范作为维持社会秩序的重要工具,往往因价值观念的不同而产生冲突。价值观念,作为个人或集体对于何者重要、何者正确的根本信念和态度,是塑造社会行为模式和建立规范体系的核心要素。法律的制定与执行,通常基于普遍认可的价值观念,如公平、正义、平等和秩序,旨在提供一个统一且可预见的行为框架。而其他社会规范,则更多地反映了特定社群的文化传统、习俗和道德观念,旨在维护部分区域内部的和谐与稳定。法律与其他社会规范往往因价值观念的不同导向而在实际应用中产生冲突与碰撞。

法律,作为现代社会的基本规则体系,其核心在于维护社会秩序、公平正义以及保护公民权益。法律的制定和执行,往往基于普遍认可的道德原则和法理,力求跨越文化和社会背景的差异,实现广泛的社会一致性。法律的普遍性、权威性和强制性,使其在社会治理中发挥着至关重要的作用。它强调的是普遍适用的公正原则,旨在构建一个公平、有序的社会环境,确保每个公民的基本权利和自由得到保障。相比之下,其他社会规范则更多地体现了特定社群成员的文化传统、习俗惯例以及内部和谐的需求。这些规范的形成,往往源于长期的历史积淀和文化传承,其权威性和执行力依赖于部分区域内部的共识和相互监督。它们强调的是区域内部的和谐与团结,以及对于传统和习俗的尊重。这种价值导向,使得社会规范在维护区域特定价值观和文化连续性方面发挥着不可替代的作用。它们为社群成员提供了一种归属感,帮助他们在社会环境中找到身份认同和行为准则。

正是法律与其他社会规范在价值导向上的差异,成了两者冲突的根源。法律追求的是普遍适用的公正原则,而其他社会规范则更多地关注特定社群的文化传统和内部和谐。这种价值观念的差异,就可能引发规范之间的紧张关系。以法律与习俗惯例的冲突为例。在某些地区,传统习俗可能认为某些行为是合理的。例如,"民间仍有影响广泛的早婚、习俗婚礼、婚约彩礼等婚俗,在与法律规定的最低婚龄、登记程序、自愿合意等产生冲突"(曹薇薇,2023),这种冲突不仅可能导致法律执行困难,还可能引发社会不满和矛盾。社群成员可能认为法律干涉了他们的传统习俗和自由,而法律则可能认为这些习俗违反了法律的基本原则和相关规定。

三、其他社会规范之间的冲突

其他社会规范之间的冲突是基层社会中一个广泛存在但常被忽视的问题，在日常生活中频繁地造成各种矛盾和治理难题。这些冲突往往涉及多样的社会习惯、文化传统或地域特定的实践，而这些实践在不同的社区间可能表现出显著的差异性和多样性。在一个多元化社会中，当不同地区的社会主体在工作、教育或其他公共空间中相遇时，各自的规范可能因解读和实践的差异而引发冲突。这些冲突可能表现为简单的误解，也可能演变成深层的社会分歧，影响社区关系和社会整体的和谐。此外，随着全球化和社会流动性的增加，更多的个体和家庭跨文化、跨地域迁移，使得这些规范冲突更为常见。新来者与本地居民之间可能在生活习惯、价值观念等方面存在显著差异，这不仅挑战着个体的适应能力，也考验着社区的包容性和整合机制。

（一）其他社会规范之间冲突的表现

其他社会规范是一个极为复杂和多维的体系，它们不仅塑造和影响个体与集体的行为模式，还在一定程度上约束着社会主体的活动。在特定的区域内，个体的行为往往受到多种规范的同时影响，从而在不同规范间可能产生冲突，显现出规范体系的复杂性和多元性。以道德规范与民俗习惯的冲突为例，这种冲突凸显了其他社会规范的复杂层次。作为社会文化的两个重要维度，它们之间既相互依存又时常产生冲突，这种冲突深刻地反映了人类社会的多元性、复杂性和变迁性。道德规范，根植于人们内心的良知与责任感，是对善恶、是非、美丑等价值判断的高度概括，它要求个体在行为上追求自我完善，在社会中实现公平正义。这些规范可能包括诚实、正义和公平等价值观，虽不具备法律的强制执行力，但其对个体的社会信誉和道德形象有着深远的影响。民俗习惯，则是历经岁月沉淀的社会共识，它蕴含了地域特色、文化传统和群体记忆，规范着人们的日常生活，塑造着社会的行为模式。其根植于社区的历史和文化传统之中，不仅反映了该社区内部长期以来形成的生活方式和行为习惯，还是社区成员身份和归属感的重要标志。这些习惯可能包括但不限于婚礼仪式、节日庆典和丧葬活动等，不仅被广泛接受，还被视为维护社会秩序和文化遗产的关键。

在理想状态下，道德规范和民俗习惯应当相辅相成，各司其职，共同为构建和谐有序的社会治理体系贡献力量。然而,道德规范和民俗习惯并非总是和谐共生的。在某些情况下,它们之间的冲突显得尤为突出。这种冲突首先体现在价值观念的层面。道德规范强调的公正、平等、尊重人权等普世价值,与某些民俗习惯中蕴含的性别歧视、种族偏见等陈旧观念形成了鲜明对比。例如,在一些地区,重男轻女的传统习俗仍然根深蒂固,这与现代社会倡导的性别平等理念格格不入,引发了对女性权益的深切关注和广泛讨论。道德规范和民俗习惯在行为模式上也存在冲突。道德规范要求人们遵守社会公德、职业道德和家庭美德,倡导诚信、友善、负责任的行为方式。然而,一些"恶俗"却可能鼓励或默许一些不道德的行为,如过度消费、攀比之风等。这些行为不仅违背了道德规范的内在要求,也对社会风气和个体发展产生了负面影响。以婚丧嫁娶为例,高额的礼金和繁复的仪式不仅加重了人们的经济负担,还可能助长不良的社会风气,与勤俭节约、简约朴素的道德观念背道而驰。

(二)其他社会规范之间冲突的原因

1. 文化差异造成的冲突

文化差异是社会规范冲突的一个重要根源,尤其是当涉及同一类别的社会规范在不同地域范围内的适用时,这些差异的影响尤为显著。文化可以被定义为一个社会或群体共同遵循的生活方式、价值观、信仰、民俗习惯和艺术表达等元素的综合体。这些文化元素不仅塑造了个人的日常行为和社交方式,也构成了每个地区独特的文化背景,并进一步形成了特定的社会规范。文化的独特性通常源于其历史、地理、经济和社会结构等方面的差异。当两种或多种不同的文化在某一社会情境中相遇时,即便是在追求共同社会目标的过程中,也可能因对规范的不同理解和实践而产生冲突。此外,文化差异导致的规范冲突不仅表现在行为的外在表达上,还更深刻地体现在对规范的理解和接受程度上。不同文化对同一规范的理解可能截然不同,这种理解上的差异往往是由于文化中价值观和信仰的不同。因此,在不同文化的交互中,即使是表面上相同的规范,也可能因为背后价值观的差异而导致不同的解读和实践。

2. 调整范围重叠导致的冲突

调整范围重叠作为其他社会规范冲突的核心原因,涉及多个规范或行为指南在相同的社会环境中适用,但导向的行为标准不一致甚至直接对立。这类现象通常在其他社会规范未能清晰界定适用范围时显现，导致在特定行为或决策面前，不同规范展现出竞争或冲突的态势。规范的这种模糊边界往往与社会的动态性密切相关。随着时间的推进，新的社会现象和行为模式迅速涌现，需要相应的规范进行引导和管理。然而，其他社会规范的制定和更新也需要一定的时间，且受到现有文化、政治和社会结构的深刻影响，可能无法与社会变迁的速度保持同步。因此，当新旧社会实践相交叠时，规范的应用范围可能发生重叠，从而在实际操作中造成冲突。进一步地，个体在社会中的多重身份也为规范冲突提供了温床。社会成员常常需要在不同的社会角色之间切换，如在家庭、工作和公共生活等领域中的角色，每一个都可能有其独特的规范要求。这些角色所附带的规范有时互补或相互矛盾。因此，个体在尝试满足一个角色的规范要求时，可能会违背另一个角色的规范，尤其是在角色的行为和责任上有所冲突时。这种规范重叠与冲突不仅在理论上是对社会结构和文化动态的反映，也在实践中对社会治理和个体行为产生了深远的影响。

四、多元化社会规范冲突的后果

社会规范在社会治理中的地位越来越重要，不仅规范了社会主体的行为，调节主体之间的利益关系，还维护了社会秩序和公正。其中，法律提供了决策的基础，确保了政策的一致执行，并在解决社会冲突中发挥着不可替代的作用。其他社会规范以其灵活性为纠纷解决提供了更多选择。然而，当法律体系内部的规范之间、法律规范与其他社会规范之间、其他社会规范之间发生冲突时，这种不协调可能严重影响规范的有效性以及社会的稳定性。这些冲突可能源自时间上的差异而导致的新旧规定的不一致，也可能源自文化差异、调整范围重叠导致的规定的相互抵触。这种多元化社会规范之间的冲突不仅增加了社会治理的难度，即要求政策制定者和执行者在考虑决策时必须平衡多方利益和价值观，确保各类群体的需求得到合理的考量和满足，还可能加剧社会分裂，增强群体间的隔阂和对立，从而对社会的整体稳定性构成威胁。多元化社会规范的冲突不仅会动摇法律的权威性，削弱公众对法律公正性和一致性的信任，还可能会使得社会主体从事社会活动时面临因规范差异而带来的困惑。从长远来看，如果这种规范冲突不被妥善解决，它不仅会降低社会治理的效率，还可能损害法治环境，影响社会的整体稳定和发展。因此，确保多元化社会规范之间的和谐与一致性，对于加强社会治理具有至关重要的意义。

1. 规范冲突会直接影响规范的有效性

规范冲突在多元化社会中普遍存在,并对规范的有效性产生了直接的负面影响。这种影响主要体现在削弱规范的权威性、预测性和降低规范的普遍接受度等方面。当社会中存在不同的文化和价值观时,对同一规范的解读和应用可能会出现分歧,这减弱了规范的统一性和标准性,导致规范在不同社会群体中的执行效果差异显著,进而影响整个社会体系中规范的实际功能和效力。因此,规范冲突不仅是一个理论上的问题,更是影响规范整体效力的实际障碍。

第一,影响规范的权威性。规范之所以能在社会中发挥效力,源于其在成员间获得了广泛认可与尊重,形成了一种统一的行为准则。然而,当不同的社会群体因文化、价值观或利益的差异对规范产生不同理解,甚至持有相互对立的观点或行为标准时,规范的权威性就会遭到挑战。这种分歧不仅使得规范在全社会范围内难以获得一致的认可和遵循,还直接削弱了其作为行为指导和决策依据的功能。规范一旦失去权威性,就难以对社会行为形成有效导向,整体效力随之降低,使社会的价值导向和行为规范失去一致性,从而削弱社会的凝聚力与秩序感。

第二,规范冲突会降低社会成员对规范的遵守意愿,并削弱对规范的普遍接受度。在多元文化背景下,不同群体对规范的理解和接受程度可能各不相同,这种冲突往往使得社会成员在面对规范时产生困惑或矛盾,进而影响他们遵守规范的意愿。如果规范的内容与人们的文化价值观或个人信念相悖,他们很可能会对规范的正当性产生怀疑,甚至拒绝接受或遵循该规范。随着更多人选择性地遵守规范,社会对规范的普遍接受度将明显下降,导致不同群体间出现遵守规范的社会性分层,即某些群体对规范的遵守程度显著低于其他群体。这种情况不仅削弱了规范的社会整合功能,也使得规范在维持社会秩序、促进成员间协调方面的作用大打折扣,进而对社会的凝聚力和整体稳定性产生负面影响。

第三,规范冲突影响了规范的稳定性,而稳定性恰恰是规范能够长期有效发挥作用的关键因素。面对多元化社会中不断变化的需求与价值观,为了减少冲突,规范往往需要频繁调整或修订,以适应新出现的社会诉求。然而,这种频繁变动使得规范难以建立起明确、长期的预期,也让社会成员在适应新规范时面临更大负担。频繁地调整不仅使成员对规范的可靠性产生疑虑,还削弱了规范的权威性与一致性,使人们难以对规范保持持续的信任和依赖。随着规范的连续性与稳定性下降,社会成员的行为导向也变得更加不确定,从而可能导致社会整体的规范体系呈现出松散化和不确定性。这种情况下,规范的长效功能受限,也影响了其在维持社会秩序、促进社会合作中的核心作用。因此,规范冲突不仅挑战了规范的即时效力,更深远地影响了其持续有效性,甚至影响到社会成员对整个规范体系的信任度和依赖感。

第四,规范冲突会显著减少规范的预测性,而预测性是社会成员根据现有规范推测行为后果、作出理性选择的重要依据。规范的预测性让社会成员能够预期其行为可能带来的结果,从而避免不必要的风险和冲突。然而,规范冲突引发了解释的不确定性和执行的不一致,削弱了规范在行为导向上的清晰性和稳定性。当不同的群体或机构对规范持有不同解释,且这些解释在具体执行中各有侧重甚至相互矛盾时,社会成员会因难以预测行为后果而产生迷茫或困惑。这种不确定性不仅增加了行为的随意性,导致人们在规范指导下的行为缺乏一致性,也让规范在行为导向和秩序维持方面的作用逐渐减弱。归根结底,规范冲突通过削弱规范的权威性、普遍接受度、稳定性和预测性,逐步侵蚀了规范的整体有效性,最终影响了社会的规则秩序和成员间合作的稳定性。

2. 规范冲突增加了社会治理的复杂性与难度

在现代社会,规范冲突已成为一种普遍且复杂的问题,尤其在文化多样性日益增强的多元化社会中,这一问题尤为突出。各类社会主体积极参与社会治理,随之带来了更多的价值观、文化信仰和利益诉求,这些差异性导致人们对规范的理解和接受程度不一,从而使得规范冲突的频率和强度不断上升。这种冲突增加了社会治理的复杂性和难度,使得治理机构在制定和执行规范时,必须不断平衡各方需求。

第一,决策制定中的挑战。每个文化或社会群体都有其独特的价值观和行为准则,而这些准则可能在实际情境中与其他群体的规范产生直接冲突。这种多样性要求决策者在制定政策时,不仅要注重政策的效率和效果,还必须兼顾各个群体的需求和期望,找到适当的平衡点。决策者需要在不同的立场之间达成共识,确保政策既能获得广泛的社会支持,又能维持公平和包容性。然而,这一过程往往十分复杂,需要决策者具备敏锐的文化洞察力和高度的协商能力。政策一旦缺乏包容性或偏向某一群体,就可能加剧社会矛盾,引发信任危机。

第二，规范执行的复杂性在多元化社会中尤为突出。规范冲突导致相同的行为在不同文化群体中可能有着各异的解释和约束，这种多样性在执行层面带来了实际困难。文化间的差异有时使得规范难以做到一致执行，执行机构往往在处理具体事务时，面临不同群体的不同诉求，可能会产生执行偏差，甚至引发误解或抵触情绪。这不仅增加了管理上的复杂性，还提高了执行成本，使得规范的实施需要更多的资源和人力来调解文化差异、协调各方需求。

第三，社会活动中的不确定性增加。多元化社会中的规范冲突还可能引发社会主体在日常行为中的不确定性。由于不同文化或社会群体所遵循的规范可能存在重叠和冲突，社会成员在面对特定情境时往往难以明确哪些行为是恰当或被允许的，哪些行为是不当或应当禁止的。这种不确定性加剧了个体在进行社会活动时的困惑，特别是在跨文化互动或多元价值观碰撞的环境下，社会主体可能难以判断自己的行为是否符合社会期望。随着行为的模糊性增加，个体在决策时可能出现更多随意性或不确定性，从而影响社会的整体秩序和成员间的相互信任。长此以往，社会规范的引导作用减弱，成员对社会秩序的认同感和归属感也可能受到侵蚀。因此，规范冲突不仅影响个体行为的规范性，也增加了整个社会的行为不确定性，进而对社会的和谐与稳定产生负面影响。

3. 规范冲突显著影响了治理的效率和成本

当不同社会群体间存在对同一规范的不同理解和期望时，政策制定者在试图平衡这些多元需求的过程中面临较大挑战。这种平衡需要广泛的社会磋商、调查和分析，以确保政策既能满足多样化的社会需求，又能实现公平性和公正性。这种过程不仅耗时，还往往需要动用大量人力和物力资源，从而降低了政策制定和执行的效率。同时，规范冲突引起的社会不稳定也为社会治理带来了额外成本。社会的不稳定不仅影响日常生活的秩序，还可能导致更广泛的社会问题。这些问题要求政府增加在公共安全和社会服务上的投入，从而进一步增加治理成本。

第一，规范冲突降低了治理效率。规范冲突意味着不同的社会群体对于相同的规范可能持有不同的解释和期待。这种分歧使得制定和执行普遍适用的政策变得更加困难，因为政策制定者必须花费更多的时间和精力来协调这些不同的期望和要求。在政策执行阶段，执行机构可能需要对不同群体采取不同的策略，以应对他们对规范的不同解读，这不仅延长了决策和执行过程，也使得整个治理流程效率下降。

　　第二，规范冲突增加了治理成本。为了解决规范冲突并实现有效治理，政府和相关机构可能需要投入额外的资源。这包括进行广泛的社会咨询、开展文化教育活动，以及建立特殊的调解和裁决机制来处理规范冲突。此外，未来执行机构可能需要增加人力来专门处理因规范冲突而产生的问题。这些额外的行政和管理活动显著增加了社会治理的直接成本。规范冲突还要求现有制度必须具备高度的适应性和灵活性，以便能够快速响应文化和社会的变化。制度的不断调整和改革不仅涉及法律和政策的修改，也可能涉及治理结构和机制的重构。这些改革过程需要大量的人力物力和财力支持，包括法律审查、政策评估和公众参与等环节，这无疑增加了治理成本。

　　综上所述，多元化社会规范为社会治理提供了重要的行为准则和决策依据。多元化的社会规范反映了社会的多样性，有助于构建更加包容化的治理结构。这种包容化确保了不同文化和社会群体的需求和声音被听取和尊重，从而增强了政策的接受度和合法性。此外，多样化的规范促使决策者考虑更广泛的视角和解决方案，有助于创新和改进政策制定，使得社会治理更加灵活。然而，多元化社会规范之间的冲突也给社会治理带来了风险与挑战。规范之间的冲突可能导致政策目标不一致，增加治理的复杂性。不同规范的交叉和对立可能导致执行难度增加，降低治理效率，造成资源分配不均和社会紧张。此外，规范冲突还可能削弱规范的权威性和预测性，使社会成员在面对规范时产生疑惑和不信任，从而影响社会秩序和稳定。因此，为了充分发挥多元化社会规范在社会治理中的效用，同时使它们共同发力促进社会治理的科学化和民主化，需要正确处理多元化社会规范之间的冲突。只有这样，多元化社会规范才能真正成为推动社会进步和治理优化的积极力量。

第七章
治理中社会规范的冲突调和

在全面推进法治中国建设的进程中,多元化社会规范不仅对社会治理起到了基础性的作用,而且在维护社会秩序、协调利益关系、塑造公民行为、帮助社会维持基本的道德标准和秩序方面扮演了至关重要的角色。多元化社会规范涵盖了代表国家公权力的国家法律,同时也涵盖了代表社会权力的民俗习惯、市民公约、乡规民约等社会准则。它们与法律规范相辅相成,共同构建了一个全面的社会治理体系。但不可否认的是,多元化社会规范因产生的源头、作用机制以及所体现的价值观念存在差异而使得它们之间的冲突不可避免。这些冲突不仅直接影响了规范的有效性,还增加了社会治理的复杂性与难度,降低了社会治理的效率,增加社会治理成本。

所以,如何协调法律规范与其他社会规范之间的关系,显得尤为关键。这不仅是一个法学理论的问题,更是一个实际操作中直接关系到社会秩序和稳定的重要议题。实现法治与善治并不仅仅依赖法律规范本身的力量,更需要法律规范与其他社会规范进行有效的协调和整合,使其能够同向发力,共同应用于社会治理之中。这种整合不仅要求法律规范能够在实际操作中得到有效执行,还要求法律本身具有合理性,能够得到社会大众的广泛认同和遵守。在制定和执行法律的过程中,需要深入分析和理解各种社会规范的功能和作用,确保法律不仅在法理上正确,也在社会实践中可行。为此,需要探求缓解不同社会规范之间冲突的途径,具体可通过加强法治的共识凝聚作用,探寻支撑法律与其他社会规范关系和谐的积极因素,以法律为中心加强规范之间的协调与整合,建立完备的社会规范备案审查制度,提升公众对规范的认知和参与度的方式,协调多元化社会规范之间的冲突,使法治中国建设更加科学化和民主化,社会治理更趋近于善治,更能反映和满足公民的需求和期望。

一、加强法治的共识凝聚作用

在当今社会，多元文化、复杂利益和快速变迁的社会动态交织在一起，使得社会规范的多样性显著增加。法律、道德、习俗等多种规范并存，其中每一种规范在特定的文化背景、社会群体和历史条件下都有其存在的合理性和独特价值，但它们在现实中往往存在差异，甚至相互冲突。现代社会中个体身份的多重化趋势，使得人们可能同时受到多种社会规范的影响，因此冲突难以避免。特别是在涉及道德伦理、文化信仰以及个体权利保障等问题时，不同规范的对立显得尤为显著。此时，如果缺乏一个统一的价值共识和行为准则，社会治理难以实现协调稳定，社会秩序也将面临极大挑战。

法治在这一背景下扮演着不可或缺的角色。作为现代社会治理的基本框架，法治是以社会共识为基础的全体社会成员行为的统一指引。习近平总书记曾言："只有全面依法治国才能有效保障国家治理体系的系统性、规范性、协调性，才能最大限度凝聚社会共识。"（习近平，2023）可见法治在整合社会不同规范和价值观的过程中所具备的独特功能，这种功能的意义在现代社会治理中尤其突出。传统的法治概念主要集中在"依法对公权力进行限制"这一层面上，即通过法律手段规范和约束政府和其他公共权力的行为，以防止滥用。然而，随着社会结构的复杂化和多元化，法治的内涵和功能逐渐扩展，已经超越了传统框架下单纯限制公权力的功能。现代法治不仅仅是法律对权力的约束工具，还是连接和调和不同社会规范的纽带。法治通过明确的规则和程序，逐步将分散的社会规范整合在一个相对统一的框架下，形成多方参与、达成共识的治理结构。这种扩展的法治观念强调，不仅要通过法律手段对公权力进行约束，还应当鼓励社会各类主体，包括个人、组织、机构等多元社会力量积极参与到社会治理中。这种鼓励和引导，不仅能提升社会的自我管理能力，使公民具备更加深刻的公共意识，还能够促进法治与其他社会规范的深度融合，缓解规范之间的冲突，有助于构建更加民主和包容的社会结构。

（一）法治有助于凝聚普适价值

在现代法治社会中，法治通过凝聚共识、提炼社会各类规范的核心价值，为社会提供了一套较为统一的行为准则和价值标准。社会规范种类繁多，在调节社会行为和维持社会秩序方面各有特色和作用。然而，正因为社会规范的多样性与复杂性,在具体运作中,它们之间可能会产生冲突或不一致,进而导致社会行为的混乱甚至是价值观的对立。在这一背景下,法治作为规范整合的机制,通过从这些多样化的社会规范中提炼出具有普遍性和包容性的核心价值,推动社会共识的形成,确保社会的稳定和发展。

"价值共识是特定社会共同体在社会生产过程中,为满足共同的需求、实现共同的利益,通过社会交往实践对社会生活中的某一价值观念所达成的相对一致的理解和认可。"(宋小红,2016)一个社会的和谐和稳定,取决于其成员对共同价值观的认同和尊重,尤其是在现代多元化的社会中,价值共识尤为重要。法治作为现代社会的治理模式,在凝聚社会共识、整合多元规范方面起着至关重要的作用。法治的共识凝聚作用是基于道德、民俗、惯例等多元社会规范,通过法治的这种价值凝聚,社会主体可以在遵循多元规范的同时,形成对法治理念的共同理解和尊重,从而实现规范之间的协同与和谐。

要通过共识凝聚,缓解规范冲突,首先需要识别和整合不同社会规范中的共同价值。这些价值往往包括公平、正义、和谐、秩序等,尽管各类规范的表现形式不同,但这些基本价值却在社会成员心中占据了重要地位。例如,正义不仅是法律的重要追求,同时也是道德、民俗习惯等规范追求的理想状态。法治通过识别和提炼社会成员共同认可的价值观,将这些价值观通过政策宣导或法律条款的形式予以明确,加强多元化社会规范协同,发挥共识的引导与规范作用。

首先,在政策引导层面,法治能够通过政策宣传和公共教育广泛传播其核心价值,确保普适价值观念深入人心,促进社会主体在日常生活中逐步内化法治精神,从而形成对法律规则与原则的自觉认同。具体来说,政府部门可通过媒体、教育体系、社区活动等多种途径,阐释公平、正义、秩序、和谐等法治所涵盖的价值观,从而为法治的推行营造良好的社会舆论氛围。例如,社区可以成为传递法治精神、推广法治共识的重要平台。在社区中,政府部门可以定期举办法治讲座、设立法律咨询活动,帮助居民解答法律问题,使他们能够在生活中自觉运用法律手段解决矛盾纠纷。此外,社区法治宣传也可以结合当地的实际问题和民众关心的热点议题,如环境保护、交通安全等,有针对性地展开。通过这种具有实际指导意义的宣传方式,社区成员更容易理解法律的作用和价值,使法治理念逐渐渗透到日常生活的方方面面。

在认知层面,法治共识的形成需要在社会成员的意识层面上不断加强法治教育,使人们在思想上理解并接受法治精神。这一过程不仅是让人们了解法律条文,更是帮助他们内化法律背后的法律原则与核心价值。例如,在学校课程中设置法治教育科目,能让学生从小建立对法律的尊重和理解;社区举办法律讲座和普法活动则使居民能够在日常生活中接触并认知法律的实际作用。此外,媒体的广泛宣传还可以提升大众对法治的整体认知,将法治理念融入公众讨论和社会舆论中。通过这种多层面的长期引导,社会成员不仅能自觉遵守法律,还会在制定和遵守其他社会规范时自然地将法治精神纳入考量。例如,公民在制定家庭规范或居民公约时,会主动融入公平、正义等法治价值,以提高这些规范的合法性和普适性。这种内化的法治精神可以在多元社会中发挥协同作用,在法律与其他社会规范之间实现互相认同与融合,从而有效推动法治价值在更广泛层面的传播与实践。

其次,法治共识的深化依赖于法律内容的不断完善与更新。社会发展迅速,新的价值观、行为方式以及社会矛盾层出不穷,法律如果不能随之调整,则可能与现实需求脱节,影响其社会影响力。法治的动态调整不仅是对社会实际需求的回应,还能促进法治共识的逐步深化。例如,随着社会对环境保护和资源可持续发展的重视,许多国家的法律体系中相继纳入环保法律条款,将环境保护的道德要求正式确立为法定义务。通过这种调整,法律不仅能够满足不断变化的社会需求,还能在社会成员中产生深远的认同作用,帮助他们理解并接受这些新增的法律内容所蕴含的正义与公共利益价值,自觉摒弃破坏环境的恶习。动态调整法律的内容,还应体现在对社会其他规范中有效价值的吸纳与借鉴。这种借鉴不仅可以增强法律的公信力和合理性,也让社会主体在遵守法律的过程中,自觉地感受到法律和其他社会规范的协同一致性,从而减少不同规范之间的冲突与矛盾。

最后,在社会认同和互动层面,法治共识的深化离不开社会主体的广泛认同和积极参与。社会认同是法治共识的基础,也是法治能够获得广泛遵从的重要前提。例如,通过民意调查、公众听证会和专家讨论等形式,公权力机关可以及时了解社会主体的价值观念,并根据反馈意见调整社会规范体系的相关内容,使其更加符合社会公众的实际需求。综上所述,法治在凝聚社会共识、推动多元规范协同方面具有重要作用。法治通过识别和提炼公平、正义、秩序等社会共性价值,将其通过政策宣传和法律加以明确,使其在社会中发挥引导和规范作用,缓解规范冲突,推动社会和谐稳定发展。

(二)法治可确保所有社会行为和决策都遵循基本的价值取向

法治作为一种社会治理框架,能够有效缓解不同社会规范之间的冲突,增强社会的稳定性和凝聚力。这一框架不仅定义了行为是否可行的边界,还宏观地界定了社会主体的权利和责任。这不仅帮助个体和组织了解其行为的界限,同时在社会互动中减少了因规范不一致或解释模糊而引发的摩擦,从而维护了社会秩序。

一方面,法治的基本价值是统一社会行为的基础。法治的基本取向在于通过社会规范的制定和实施,明确什么是可为的,什么是不可为的,为全社会确立了统一的价值取向。这种统一的行为标准使社会成员在互动中减少了主观的随意性,从而降低了冲突的可能性。无论是个人行为还是公共决策,都要在这一框架下得到确认,以维护公共秩序。例如,法治以公正、平等、权利保护等核心价值为基础,要求社会各主体在行为和决策中尊重这些价值。这种价值一致性对减少社会内的对立情绪、增强认同感具有重要意义。

另一方面,法治不仅是规范个体和组织行为的工具,更在长期发展中成为公共价值的核心体现和社会稳定的关键基石。它不仅规定了个体的权利与责任,还在更深层次上确立了社会中公正与透明的基本准则,从而使人们在处理权利与义务时产生制度性的信任感。通过建立稳定的公共信任,法治在化解社会成员间的猜疑、促进各阶层的合作上起到了至关重要的作用。可以说,法治的存在和不断完善,使得社会成员得以在一个共同认可的框架内开展活动,减轻了利益冲突和不平等对社会秩序的冲击,为社会的整体稳定和发展提供了保障。法治作为公共价值的体现,还推动了社会的整体和谐与进步。在这一框架下,个体行为符合公共利益,社会资源分配趋于合理。公共价值不仅仅停留在理念层面,还通过法治得到了具体的实践和保障。由此,社会在不同利益群体、不同文化观念的碰撞中,仍能保持基本的秩序和和谐,确保社会各个层面的稳定和进步。

总的来说,法治作为一种核心的社会治理框架,在现代社会中发挥着规范社会行为、保障社会秩序、促进公共信任、缓解规范冲突的关键作用。它规定了行为的边界和社会主体的权利、责任,为社会互动提供了统一的标准,减少了因规范解释不一而引发的摩擦。法治的基本价值在于为社会行为确立了一致性的价值导向，推动社会成员在互动中尊重公正、平等等核心原则，进而减少冲突、提升认同感。同时，法治不仅在短期内规范行为，还在长期发展中奠定了社会的信任基石，通过制度化的公正和透明机制，促进了各阶层的协同合作。作为社会公共价值的体现，法治在稳定社会秩序、推动社会进步方面具有不可替代的作用，为不同利益和文化的融合提供了和谐的保障。这种治理框架的存在和完善，有助于不同种类社会规范的协同，助力社会长远、和谐的发展。

二、探寻多元化社会规范关系和谐共处的积极因素

为有效缓解多元化社会规范之间的潜在冲突，至关重要的是深入探索并加强那些有助于促进多元化社会规范和谐相处的积极因素。这些因素的强化不仅能够促使多种社会规范之间更好地互动与融合，而且能有效促使社会主体就某类纠纷的解决达成共识，同时增强社会规范的实际适用性和有效性。通过持续的努力来强化这些积极因素，不仅可以确保多元化社会规范不断适应社会的发展需求，而且这种适应性又能进一步深化规范之间的整合。这样的整合不仅有助于减轻社会规范之间的摩擦，还有助于社会主体树立明确的规则意识。

（一）灵活的政策支持

灵活的政策支持在缓解多元化社会规范之间的潜在冲突中起到关键作用。这种灵活性意味着政策制定者和执行者在应对社会的多样性时能够适应不同背景、文化和需求的变化，从而更有效地响应社会各个层面的期望和要求。

首先，灵活的政策意味着政策的制定与执行过程中需考虑到各种社会、文化和经济背景的特殊情况。例如，对于那些具有特定文化背景的社群，可以在不影响国家法律基本原则的前提下，灵活调整政策，以尊重和维护他们的传统和习俗，这不仅认可了民俗习惯的有效性，还可以确保这些调整不会与国家法律的基本原则相冲突。这种考虑到地方特色的政策调整有助于减少法律和社会实践之间的矛盾，提高政策的接受度和效力，缓解可能因为文化差异导致的规范冲突。

其次，灵活的政策支持在缓解社会规范冲突方面扮演了极其重要的角色。政策的灵活性不仅表现在考虑和尊重多元文化背景，也包括在政策实施过程中的持续评估和必要时的调整。这种持续的动态调整过程确保政策随社会发展

持续更新，以适应新的社会状况，从而有效应对和缓解社会规范间的潜在冲突。随着社会的发展和变化，原有的政策可能不再适应新的社会状况。例如，随着技术的发展和全球化的影响，新的工作形态和社会互动方式可能挑战现有的劳动法和社交政策。如果政策不能及时适应这些变化，可能会产生规范冲突。因此，政策制定者需要定期审视现行政策的效果，根据社会反馈和新产生的需求进行适时调整。这种动态的调整过程使得政策能够持续适应多变的社会环境，并根据社会反馈和新需求进行适时调整，以便于有效应对由社会多元化带来的新挑战。

最后，灵活的政策支持不仅有助于适应社会变化，还鼓励创新和试验，这在缓解多元化社会规范之间的冲突中尤为重要。在面对社会规范冲突时，传统的解决方法可能不再适用，因此，需要采用创新的策略来应对这些挑战。灵活的政策支持鼓励创新和试验。在某些情况下，传统的方法可能无法有效解决问题，因此需要新的思路和方法。

（二）增强价值观念交流

价值观念交流在多元化社会中起着至关重要的作用，尤其是在理解和协调不同社会规范及其背后价值观念方面。通过促进跨文化的沟通和理解，价值观念交流可以显著增强社会各主体对多元社会规范的理解和认同，从而有效缓解由文化和价值差异引发的规范冲突。这种交流不仅帮助个体和群体发现和欣赏彼此的独特性，还促进了社会融合和团结。通过价值观念的交流，使得不同的社会群体能够更深入地理解彼此的行为动机和文化背景，这样的理解是减少误解和促进社会和谐的基石，也是缓解社会规范冲突的关键举措。

首先，价值观念交流有助于增进社会规范之间的理解和尊重，降低规范冲突的可能性。价值观念交流使得不同文化背景的人们有机会共享和解释各自的社会规范和价值观。这种交流不仅仅是信息的传递，更是社会主体对深层次文化的理解和尊重的建立过程。当人们了解到其他文化的价值观念和社会规范的合理性时，他们更可能展示出对这些规范的尊重和接纳，减少因误解或偏见导致的冲突。从长远看，这种价值观念也影响了新制定或约定的规范，提升了社会主体对规范的认同感。这种理解和尊重的培养，为社会多元化背景下的和谐共处提供了坚实的基础，促进了社会整体的稳定与发展，缓解了规范之间的冲突。

　　其次,价值观念交流有助于促进价值共识的形成,缓解规范因价值观念差异而产生的冲突。通过价值观念交流,不同文化中的人们可以探讨和发现共有的、普遍性的价值观念,如公平、正义、尊重。这些共识性的价值观念在形成新的社会规范时,可以作为共同的基础,确保新规范不仅适用于一个群体,还被广泛的社会成员接受。这种基于共识的规范制定有助于增加规范的普适性和接受度,减少不同群体之间的规范冲突。通过这种方式,社会成员在交流过程中能够识别和强化那些跨文化界限的基本人类价值,从而建立起跨越文化差异的共同理解。这不仅有助于缓解由于文化多样性带来的直接冲突,还能够预防潜在的不和谐因素。进一步地,这种共识的形成为多元社会的持续发展提供了坚实的道德和法律基础,确保社会改革和规范创新能够在尊重多样性的同时,得到更广泛的支持和认可。最终,这种共识的形成和普及有助于构建一个更加公正与和谐的社会环境,其中每个成员都能感到其价值观被尊重,并在社会互动中找到共鸣。

　　最后,价值观念交流提高规范的适应性,促进动态更新,有助于缓解规范之间的冲突。加强社会的凝聚力是应对不断变化的社会挑战和缓解社会规范冲突的关键策略。随着社会的发展,新的社会现象和挑战不断涌现,这些变化往往要求社会规范进行相应的调整和更新。在这个过程中,价值观念交流起到了至关重要的作用。价值观念交流使社会主体能够对这些变化保持敏感,从而及时响应和适应新的社会需求和挑战。通过跨文化和跨界别的对话,社会主体可以共同探讨和识别新出现的社会现象,如技术革新带来的职业变化、全球化对本土文化的影响,以及环境变化对社会生活的影响。这种交流不仅有助于社会成员理解和适应这些变化,还促进了不同群体之间对如何应对这些挑战的共识形成。此外,价值观念交流在更新或调整社会规范时发挥关键作用。通过广泛的社会参与,可以确保新的或调整后的社会规范更全面地反映各方面的利益和期望。这种基于广泛参与的规范更新过程不仅增强了规范的普适性和接受度,还有助于确保这些规范与社会的实际发展同步,减少规范本身可能引起的冲突。动态的更新过程通过促进更广泛的社会对话和参与,使得社会规范能够更好地适应社会发展的需求。这不仅减少了由于规范滞后于社会变化而产生的冲突,还增强了社会的整体凝聚力。社会成员通过参与规范的形成和更新过程,感受到自己的声音和需求被重视和响应,从而更加积极地支持和遵守这些规范。总之,价值观念交流是多元化社会中不可或缺的重要组成部分。它不仅促进了不同文化之间的理解和尊重,还有助于在全社会范围内形成基于共识的新规范,从而提高规范的普适性和减少社会冲突。通过这样的交流和沟通,可以有效地构建一个更加和谐、包容和稳定的社会环境。

(三)加强社会凝聚力

加强社会的凝聚力是缓解社会规范冲突的关键策略之一。社会凝聚力涉及构建一个团结、和谐的社会环境,其中成员有共同的目标和价值观,并能够在多样性中找到共识和相互尊重。在面对不断变化的社会规范以及文化多样性时,社会凝聚力的加强能够有效地减少潜在的摩擦和分歧,促进不同群体间的理解和合作。加强社会凝聚力对于缓解社会规范之间的冲突至关重要,因为它涉及构建共同的理解、尊重和目标,这些都是协调不同社会规范并解决冲突的基础。

一方面,加强社会凝聚力可以促进不同社会群体间的理解。当人们对彼此的文化背景、信仰和生活方式有更深入的了解时,他们更可能展现出尊重和容忍的态度,从而减少因误解或偏见引起的冲突。另一方面,加强社会凝聚力还意味着社会各方面都参与到规范的制定和调整中,确保政策和规范的制定过程公开透明,每个群体的声音都被听到。这种包容性的决策过程有助于确保制定的规范不仅公正而且具有可操作性,从而在根本上减少不同社会规范间的冲突。

三、以法律为中心加强规范之间的协调与整合

虽然法律并非社会生活中唯一有效的社会规范类型,但其在所有社会规范中无疑占据了中心地位。有学者指出,"法律不是别的什么东西,而是一种预期"(魏建国,2010)。这种预期源自法律背后固有的权威性和公正性,它使得法律在众多社会规范中显得尤为重要。法律不仅是一套规则或命令,它也是一个社会共识的体现,反映了公民集体意志和社会正义。法律的制定通常经过精心设计的立法过程,包括广泛的公众咨询和多方面的专家评估,这确保了法律能广泛地反映社会的价值观和需求。与道德规范或习俗等其他类型的社会规范相比,法律的强制执行力和普遍适用性赋予了其更强的稳定性和预测性。这种稳定性和预测性是社会秩序的基石,使得个人和企业能够在明确的法律框架下规

划其行为和决策。

此外,法律的正式性和程序性使其在解决社会冲突和调整社会关系方面具有独特的优势。法律通过确立一系列清晰的法律后果和修正机制,提供了解决纠纷的正式途径,从而维护了社会公正和秩序。这种机制不仅帮助人们明确权利和责任,还促进了社会资源的合理分配和利用。从更深层次的角度讲,法律的权威性和公正性来源于它所体现的普遍价值和社会目标。社会成员对法律的尊重和遵守不仅因为法律有强制性,还基于对法律所维护的正义和秩序的信任和预期。因此,法律不只是社会规范中的重要形式,更是文明社会运作的核心。通过不断地评估和适应社会变迁,法律持续地发挥着塑造社会行为、维护社会秩序和促进社会进步的关键作用。因此,将法律置于中心位置,确保其他社会规范在不违背法律规定的前提下制定,是一种协调不同规范之间的关系并缓解潜在冲突的有效方法。法律的权威性和普遍适用性提供了一个坚实的框架,可以确保所有社会规范都能在一个共同认可的界限内运作,从而维持社会秩序和减少规范间的摩擦。

(一)确立法律的中心地位

明确法律在社会规范中的中心地位,可以为其他社会规范的制定与修改提供明确的标准与依据,有助于不同社会规范之间的协调。多元化社会规范依据同一标准进行制定与修改,在一定程度上能保障规范内容的一致性,从而减少规范之间的冲突。法律提供了一套明确的标准和依据,使得其他社会规范在制定和修改过程中能够遵循一致的原则。这种统一的法律基础有助于保障不同规范之间内容的一致性,减少了由于规范冲突所带来的社会成本和不确定性。因此,通过加强法律的中心作用,可以有效地促进多元化规范的和谐整合,从而维护社会秩序和增强法律的普遍适用性。这不仅提高了法律和规范的实施效率,也加强了社会治理的整体效果。

法律作为最高层次的社会规范,不仅代表了社会的基本价值观和原则,还通过其普遍的适用性和强制性,为其他所有社会规范提供了一个坚实且明确的标准和框架。法律为制定其他规范提供了基础依据。在法律框架之下,各种政策、行业标准和社区规则的制定必须遵守法律设定的界限和指导原则。这种顶层设计上的统一性确保了所有下级规范在目标和方法上的一致性,避免了各个规范在实施时出现根本性的冲突。而且,法律通过解决和预防潜在的冲突,减少规范间的摩擦。当规范之间出现冲突时,法律提供了解决这些冲突的法律依据和程序,如司法裁决和行政调整。这种解决机制不仅可以处理已经发生的冲突,也通过预示可能的法律后果,防止冲突的发生。此外,法律在社会规范中的中心地位还体现在其对社会行为的普遍引导作用上。法律不仅直接规定了禁止或者允许的行为,还通过制定反映社会公共利益和道德标准的规范,间接引导其他社会规范的制定。这样的引导作用确保了社会规范系统的协调发展和有效运作。

以法律为中心的规范体系在社会治理中扮演着至关重要的角色,特别是在促进规范的适当修改和缓解规范之间的冲突问题上。以法律为中心有助于确保规范更新的合法性和适时性。法律提供了一个明确的框架,指导其他规范的制定和修订。在这个法律框架内,随着社会变迁和技术发展,相关规范可以得到适时更新,以适应新的社会需求和挑战。例如,随着数字技术的进步,相关的隐私保护法律也需要相应更新,以保护个人数据不被滥用。通过确保这些更新遵循法律原则,可以有效防止更新后的规范与现有法律体系产生冲突。而且,法律不仅规定了行为准则,还提供了解决规范冲突的具体机制。当不同规范之间发生冲突时,这些法律机制可以公正地解决争议,确保所有行为和规范调整都符合法律的基本原则。

以法律为中心的治理模式确保了不同规范之间的内容趋向一致,显著减少了潜在的冲突。通过强化法律的中心地位,可以确保在制定和执行各种规范时,各项政策、规章和标准都能够有效地相互协调和兼容。这种协调不仅局限于法律内部,而且扩展到了行业规章、团体章程等社会规范之中。法律为社会各领域提供了坚实的基础和明确的指导原则。在此基础上,从宏观政策到微观操作规程,所有规范都必须依法制定,确保与法律不仅不冲突,而且相互支持。这种基础性作用使得法律成为评估和修订其他规范的核心标准,从而确保整个规范体系的统一和逻辑一致性。在多元化的社会中,不同领域和层级的规范可能各有侧重,但以法律为中心可以有效统一这些多样化的标准。同时,通过确保所有规范的制定和实施都依据统一法律框架,可以大幅度提高和改善政策的执行效率和效果。法律提供的指导原则和执行机制为解决规范冲突提供了依据,使得即使在复杂的规范体系中,也能找到快速且公正的解决方案。

（二）提升法律的规范整合功能

以法律为中心有助于实现规范之间的整合，确保它们能够共同支持同一套目标和原则，而不会互相冲突或重复。在现代社会治理中，法律作为社会规范的最高和最权威的形式，发挥着不可或缺的作用。以法律为中心进行规范整合强调了法律在统一社会行为标准、指导各类社会实践中的核心地位。这种整合方式不仅有助于避免不同规范之间的冲突和重复，还能确保各类规范能共同支持并推动实现社会的整体目标和基本原则。

具体来说，这一策略要求在制定和执行任何社会规范时，都必须首先考虑现有法律的要求和限制。这包括乡规民约、行业规章、团体章程等多种形式的非法定规范。例如，一个行业协会在制定行业标准和操作规程时，不仅需要确保这些规程符合相关法律，还需要反映出法律的精神和原则，如公平竞争、消费者权益保护和环境保护。此外，以法律为中心的规范整合还赋予法律最终解释权和调整权。这意味着当社会规范与法律发生冲突时，法律提供了一个权威的解决方案。法律的这种权威性确保了在面对规范冲突时，可以依据法律进行适当的调整，以实现规范的一致性和协调性。通过法律解决冲突不仅有助于维护法治原则，也支持了社会的公正、安全和公共福利等更广泛的原则。实施以法律为中心的规范整合有助于构建一个更加有序和协调的社会规范体系，促进法律的普及和遵守，加强了法律的普遍适用性和权威性。最终，这种以法律为中心的规范整合策略不仅提高了法律的执行效率，还强化了社会治理的整体效果，促进了社会的和谐与进步。

实施以法律为中心的规范整合是一个涵盖所有社会成员的全面的过程，所涉及成员包括个人、企业、非政府组织及政府机构。这种整合策略要求每一个社会成员在其日常行为和决策中不仅要考虑到法律规定，更要将其作为行动的首要依据。通过这种方式，法律不仅成为一个抽象的规范集，还转化为社会行为的具体指南。在个人层面上，这意味着公民应当具备基本的法律知识和意识，能够理解并遵守日常生活中的法律规定，如交通法规、税法。

对于企业而言，以法律为中心的规范整合要求他们在所有商业操作和策略决策中严格遵守法律法规。这不仅包括遵守我国《公司法》《劳动法》《环保法》等，也涉及在面对复杂商业决策时如何优先考虑法律的约束和指引。例如，在开展新的业务领域或开拓市场时，企业除了需要遵守行业规章等，更需要进行彻底的法律合规性评估，确保所有操作符合法律的要求。

非政府组织也需在其运作和倡议推动中考虑法律规定。在推动社会变革和提供社会服务时，必须确保其活动不仅遵守国家法律，还要有助于推动法治的发展和完善。

政府机构的角色则是确保法律的正确实施和执行，同时在政策制定和公共服务提供中体现法律精神。政府应作为遵守法律的模范，确保政策制定过程公开透明，依法行政，以增强公众对法律的信任。这种全方位的以法律为中心的规范整合策略有助于构建一个更有序和协调的社会规范体系，促进法律的普及和遵守。此外，这种做法增强了法律的普遍适用性和权威性，提高了法律的执行效率。最终，这不仅提升了社会治理的效果，还促进了社会的整体和谐与进步，实现了法律预设的社会正义与公共利益的目标。通过这样的系统整合，法律真正成为维护社会秩序和引导社会进步的关键工具。

四、建立完备的社会规范备案审查制度

"制度是一系列被制定出来的规则、守法程序和行为的道德伦理规范，它旨在约束追求主体福利或效用最大化利益的个人行为。"（道格拉斯·C. 诺思，1994）备案审查制度是有关部门将情况用书面形式报告给主管部门，供存档备案，以备进行事后的审查和监督的制度。党的二十大提出，要"完善和加强备案审查制度"（习近平，2022），这是以习近平同志为核心的党中央在新的历史征程上对规范合法性与合宪性提出的更高要求。此次将备案审查制度首次写入党的全国代表大会报告，不仅显示了党对法治建设的高度重视，也标志着备案审查在治理体系中的地位和影响力得到了显著提升。这反映了党中央对法规和政策实施效果的高度关注，旨在确保所有法律法规都符合宪法和法律的最高要求，强化了法律监督机制。因此，这一提法具有里程碑的重要意义，为中国法治进程开启了新篇章，强化了依法治国的基本方略。当进一步探究备案审查制度的深层意义时，会发现其覆盖的范围远不止法律法规的备案，而是扩展到一切可进行备案的社会规范。备案审查制度的核心作用在于其能有效地缓解不同社会规范之间的潜在冲突，确保规范具有较高的明确性和可预测性。通过这种制度，可以对新提出的或现有的规范进行全面审查，识别并调和其中可能出现的冲突，从而保证新制定的规范与社会的期望及已经备案的规范内容保持一致。这不仅有助于构建一个更加和谐、有序的法治环境，还能够增强公众对

法律法规的信任和依从度,最终促进社会的稳定与发展。

具体来说,完备的备案审查制度通过严格的程序检查和法律分析,确保进行备案的规范都具有明确的法律依据和清晰的规范内容。这种明确性有助于社会成员更好地理解他们的权利和义务,同时也减少了因规范含糊不清而导致的解释和执行上的误差,这对维护法律的权威性和一致性至关重要,并使社会主体能够根据这些稳定和可预见的规范进行长远规划,减少因突如其来的规范变化而引起的经济和社会成本。

另外,备案审查制度的一个核心作用是识别不同规范间的潜在冲突,并提供解决方案。这种制度能够通过对规范生效后进行审查,及时发现规范之间在内容上或效力上存在的冲突,并经由备案机关提出建议,以此避免已备案的规范之间的冲突,也为新规范的制定提供了明确的样本。此外,社会的发展是动态的,人民的需求和期望也在不断变化。备案审查制度使多元化社会规范在制定和修改时必须考虑当前的社会期望和需求。这种机制鼓励规范制定者聆听和反映公众的声音,确保新的规范不仅具有合法性还兼具合理性,能在社会文化和道德层面上得到广泛认同。因此,社会治理本质上是规则之治,如何确保这些规则能够有效地运作并减少冲突至关重要。为了实现这一目标,将社会规范纳入备案审查程序是一个关键步骤。通过这种方式,可以系统地评估规则的适用性和有效性,确保它们能够在不同情境下公正地引导和约束行为,从而提升整体的社会治理效率。

(一)加强法律法规的备案审查

上文提到,虽然《立法法》第一百零九条中明确规定法律法规备案的几种情形,但实践中仍存在审查流于形式、欠缺主动审查、审查标准不明确、审查过程未全程公开以及缺乏有力的法律责任的问题。为了充分发挥备案审查制度在法治建设中的功能,具体可以从以下方面进行完善。

首先,为深入贯彻落实关于完善和加强备案审查制度的决定,需全面理解该决定的重大意义。此举措既是响应党中央的部署要求,也是为了加强宪法的实施与监督,以及时应对新形势下备案审查面临的新任务。通过此策略,备案审查制度将更有效地保障宪法和法律的实施,维护国家法制的统一,从而推动备案审查工作向更高质量的方向发展。实施这一决策意味着备案审查制度建设步入新的历史阶段,这对于完善具有中国特色的宪法监督制度、推动全面依法治国具有里程碑意义。要实现这些目标,首先需要在全社会内明确备案审查制度的重要性和其在国家治理体系中的核心位置。可以通过广泛的宣传活动和深入的解读来提升公众对该制度的理解和支持,确保各界能够充分认识到其在法治国家建设中的关键作用。同时,制定明确的指导思想、原则和目标是必不可少的,以保证备案审查工作不仅遵循法律规定,还能有效适应时代的变化和需求。这包括确保所有的法律和规章在备案审查时都得到公正、透明的处理,以及建立一套反映时代精神和公众期待的审查标准。

其次,完善与统一关于备案审查的有关规定。目前关于备案审查的规定分散在多个不同的法律和规章中,这种分散性导致了法律规定之间的不一致和冲突,尤其是备案审查的主体、客体、标准和结果存在差异,增加了备案审查的难度方面。例如,我国《宪法》《立法法》《监督法》以及《法规规章备案条例》都包含了关于备案审查的相关规定,但由于这些规定并非由同一主体制定,导致内容存在差异。具体来看,备案审查的主体在不同法律中有所不同。《立法法》规定,有权进行备案审查的主体包括全国人大常委会、国务院、省和自治区人大及其政府。而根据《监督法》,备案审查的主体扩大到县级以上人大及其常委会。备案审查的对象,也由《立法法》中规定的行政法规、地方性法规、自治条例和单行条例、规章扩展到《监督法》中的县级以上人大常委会决议、决定以及县级以上人民政府决定、命令等规范性文件(封丽霞,2018)。这种规定的不一致不仅导致了备案审查的范围和责任主体之间的混淆,也增加了法律实施的复杂性。此外,不同的法律针对备案审查的客体和标准也存在差异,实际操作中难以形成统一的审查标准,这可能影响到法律的权威性和实施效果。为了解决这些问题,需要对现有的备案审查规定进行整合和统一。这包括明确备案审查的统一主体、统一的审查对象以及审查标准和程序。这样的改革不仅能够提高备案审查的效率和透明度,还能够确保不同法律之间协调一致,有效维护法律的严肃性和权威性,最终推动法治国家建设向更高水平发展。

为了推进备案审查工作的制度化和规范化,首先需要解决的是确保现有法规的备案审查内容之间的衔接与统一。这一步骤关键在于消除法律间的冲突,统一法律标准和程序,确保备案审查的逻辑和标准在各个层面上的一致性,从而提高法律执行的效率和公正性。此外,为了进一步加强备案审查的法律基础,可制定统一的备案审查法律法规,具体可包含以下内容:明确备案的时间和格式要求,确保所有备案材料的标准化和系统化;规定主动审查的条件,明确何种情况下需要启动主动审查,以及如何处理这些情况;详细规定审查要求与建议的接收、处理与办理过程,确保审查建议得到适当考虑和快速响应;规定相关工作情况的对外公布,增加透明度,让公众了解备案审查的进展和结果。将这些规定法律化不仅将增强备案审查工作的权威性,也有助于推动全国人大常委会备案审查工作的规范化和常态化,最终有效缓解法律规范之间的冲突,促进法律的统一执行和国家治理能力的提升。这些步骤是确保备案审查制度能够有效执行,并在我国法治建设中发挥核心作用的关键。

其次,明确审查意见中的督促对象、督促方式与督促内容。审查意见是强化备案审查职能的重要方式,是备案审查制度缓解规范冲突的具体举措。新修订的《立法法》中第一百一十条明确规定,全国人大专门委员会和常务委员会有权对"同宪法或者法律相抵触"或"认为存在合宪性、合法性问题"的条例进行审查、提出意见。[①] 审查意见作为一种外部监督形式,相较于机关内部的纠错机制,其优势在于能够提供更加客观合理的意见和建议。由全国人大专门委员会和常务委员进行监督可免受制定机关内部利益的影响,从而增强了意见的中立性与公正性。同时,审查建议兼具政治和法律的双重督促效果。

从法律角度来看,制定机关若遵循审查意见,便不会触发法律程序,反之则会导致督促反馈、撤销等程序的相继启动;从政治角度来看,审查意见是一种政策性标准的运用,是一种评价备案条例是否与党中央的重大决策部署、国家的重大改革方向一致的审查,带有一定的政治属性。此外,这种方式主要通过沟通与协商实施,具有相对较弱的强制性,但也更易于被接受和实施,有助于提升整体治理效果(温泽彬 等,2024)。因此,为充分发挥审查意见在备案审查中的

---

① 《立法法》第一百一十条　国务院、中央军事委员会、国家监察委员会、最高人民法院、最高人民检察院和各省、自治区、直辖市的人民代表大会常务委员会认为行政法规、地方性法规、自治条例和单行条例同宪法或者法律相抵触,或者存在合宪性、合法性问题的,可以向全国人民代表大会常务委员会书面提出进行审查的要求,由全国人民代表大会有关的专门委员会和常务委员会工作机构进行审查、提出意见。

前款规定以外的其他国家机关和社会团体、企业事业组织以及公民认为行政法规、地方性法规、自治条例和单行条例同宪法或者法律相抵触的,可以向全国人民代表大会常务委员会书面提出进行审查的建议,由常务委员会工作机构进行审查;必要时,送有关的专门委员会进行审查、提出意见。

积极作用,缓解法律冲突,需要进一步明确审查意见中的督促对象、督促方式与督促内容。

一是需要明确审查意见中的督促对象。完善审查意见首先需要明确的是,审查意见中需要督促谁进行改正。一般情况下,审查意见的对象就是指法律规定中制定法规、条例的机关。特殊情况下,审查意见的对象会通过移送审查的方式,由地方人大延伸至地方政府及其职能部门。二是需要加强审查意见中的督促方式。以沟通与协商为主的审查意见,更易于被接受,但实践中仍存在一些问题。一般情况下,审查意见的督促方式表现为"个案指导",即审查具体法规、条例,并对具体法规、条例提出建议,而并不审查具有类似情况的法规、条例,类似情况可能需要多次处理,这就导致了审查意见存在"效率低"的问题。并且,审查意见公开程度弱,应当在肯定其督促实效的同时,加强来自社会的监督,以强化"审查意见"督促纠错功能。三是需要明确审查意见中的督促内容。"督促什么"是审查意见中的重要问题。在审查意见中,明确督促内容是关键环节之一,明确关键内容才能确保审查工作达到预期效果。审查意见包含两部分内容,即被审查法规、条例是否具备合宪性、合法性、适当性的定性问题,以及对被审查法规、条例定性后的处理问题。审查意见应明确指出所审查的法规或条例是否与宪法、现行法律相符,以及是否存在法律上的矛盾或冲突。这涉及对法规或条例的内容、形式和实施条件的全面评估。在确认法规或条例的合宪性、合法性和适当性之后,审查意见应进一步提出处理建议,并督促相关部门采取行动,确保法规或条例的实施与法律规定保持一致。当然,为了确保审查工作的持续性和有效性,未来还可以建立一个反馈和评估机制,让社会公众和利益相关者能够对已修改或正在实施的法规提供反馈。此外,审查机构应定期对这些法规的实际效果进行评估,以评估改进措施的实际影响,并根据需要进行进一步的调整。

最后,要充分发挥多元社会主体在审查意见反馈机制中的作用,重视地方备案审查制度建设。可利用现代网络技术创建一个备案审查信息平台,提升备案审查工作的数字化和智能化水平,进而提升备案审查机关的工作效率和能力。根据党中央的要求,所有规范性文件都应纳入备案审查范围,并禁止地方政府发布具有立法性质的文件。可利用这一契机,推动各省、自治区及直辖市的人大常委会建立省级法规、规范性文件的数据库,加快推进规范性文件备案审查制度的建设。各地应根据相关决议的内容,尽快制定或修订本地区规范性文件备案审查的规定,从而巩固备案审查制度的建设成果。在实际审查各类法律、法规、规章、条例及其他规范性文件的过程中,可运用大数据、云计算等先进的智能技术进行文本核查、条文比对和关联性甄别。这些技术的应用不仅能节省大量的人力资源,减少繁复的工作,还能显著提升书面审查的效率和准确性。

此外,信息技术的广泛应用在提升备案审查流程的效率和透明度方面发挥了关键作用。通过建立一个集成化的网络平台,可以实现备案审查的关键时间节点的有效控制和监督,确保审查活动按照既定时间表顺利进行。平台还支持审查格式和标准的统一,避免了由地区差异引起的不一致性,从而提升了审查工作的规范性和一致性。更进一步,该信息平台可以实现全国人大与国务院备案系统之间的数据实时同步和共享。这种同步不仅限于数据交换,还包括审查结果和更新的法规信息,使得中央和地方政府之间、不同政府部门之间能够实时共享重要信息。这样的数据共享机制为决策提供了即时的支持,增强了政策的响应速度和适应性。通过这种"上下联通"的信息流通方式,可以显著提高政府工作的协调性和效率,确保法律法规的实施与监管无缝对接。这不仅增加了制度的透明度,还能有效与高效地缓解法律冲突,让公众能更好地理解和监督政府活动,还通过提高法规执行的一致性和公正性,推进法治国家的建设。这种信息技术的应用还有助于发现和解决法规实施中可能出现的问题,从而持续完善和优化法治框架和政府治理结构。

(二)加强其他社会规范的备案审查

其他社会规范在维护社会秩序和促进社会和谐方面扮演着越来越关键的角色。随着社会发展和技术进步,社会成员参与社会事务的频率和深度逐渐增加,从而产生了更多样化的社会规范。这些规范涵盖从商业行为到个人行为等各个领域,它们对社会成员的行为模式和相互作用有着深远的影响。为了最大化地发挥其他社会规范在社会治理中的作用,提升其一致性和明确性,对其他社会规范实行备案审查就显得尤为重要。通过备案审查,可以系统地评估各类社会规范的合法性、合理性及其与现有法律的兼容性。这一过程有助于识别并解决潜在的冲突,确保各项规范在更广范围内的有效协调和执行。同时,备案审查还可以加强规范的透明度,使公众能够更好地理解并遵守这些规范。公众对规范的认知和接受程度是实现规范效力的关键。此外,这一过程还促进了社会法治化的有效落实。通过将其他社会规范纳入法治框架中审查,不仅提升了规范的法律地位,还强化了规范的普遍适用性。总体而言,对其他社会规范进行备案审查是实现国家和社会生活法治化的内在要求。这一机制不仅有助于缓解规范间的冲突,提高规范的明确性和适用性,同时也是促进规范一致性和协调性的有效手段,从而为构建一个更加和谐、有序的社会提供支持。

其他社会规范的多样性和广泛性确实给备案审查工作带来了一定的挑战。其他社会规范不仅种类繁多,而且覆盖了从传统习俗到现代行为准则的各个层面,这些规范是社会秩序和行为标准的外在体现,同时也是社会结构和文化多样性的反映。由于涵盖面广泛,其他社会规范的备案和审查工作似乎是一个庞大而复杂的任务。然而,从社会实践的角度来看,这种工作不仅是必要的,也是可行的。在中国这样一个网格化社会结构中,每一个机构、组织单元乃至个人都是社会网络的一部分(刘作翔,2022)。这种结构特点使得其他社会规范可以通过各自的组织体系进行管理和监督。这些组织体系可以是村委会、居委会、社区组织、行业协会等,它们各自负责相关领域的规范制定和执行。正是通过这样的组织体系,可以实现对看似庞大和杂乱的社会规范的有序管理。在这个网格化的社会中,每一个社会规范的制定主体的活动与其制定的规范都有明确的隶属关系和责任归属。通过这种结构,其他社会规范可以被分解为更小、更具体的单位,每个单位都有明确的负责组织和管理机构。这种分解不仅使得备案和审查工作的可操作性增强,也有助于提高效率和精确度。例如,某个行业协会可能负责制定该行业内的职业行为规范,而地方政府可能负责制定公共场所的行为准则。这样的分工和归属很清晰,使得即使是范围甚广的其他社会规范也能够被有效地管理和审查。对每种规范进行登记、监督和管理的责任主体明确,可以实现规范的精确执行和及时更新。因此,尽管其他社会规范繁多且涵盖范围广,但通过利用中国特有的网格化社会结构,结合各级组织体系的有效管理,确实可以实现对社会规范的有效备案和审查。这不仅有助于维护社会秩序和促进法治建设,也是实现国家和社会生活法治化的内在要求,能够促进规范的一致性和协调性,提高其适用性和执行效率。但是,需要客观承认的是,网格化的备案审查方式,即便具备一定的组织和结构优势,仍面临几个重要的挑战,这些挑战影响了审查的效果与公正性。

首先,这种备案审查通常遵循"谁制定,谁备案,谁审查"的原则,这基本上构成了一种自查模式。自查模式的主要问题在于可能缺乏必要的客观性和公正性。当一个组织或机构在没有外部监督的情况下自行审查其制定的规范时,可能无法公正无私地识别和纠正这些规范中的问题。

其次,进行备案审查的主体一般为居委会、村委会、行业组织、社会团体等,可能缺乏足够的法律专业知识或者对更广泛的法律环境理解不足,这可能导致他们无法精确判断该社会规范是否与现行的法律规范相抵触。如果一个地方性的规范与国家法律或更高级别的法规相冲突,而审查者未能识别出这种冲突,审查的效果和法律的统一性便会受到影响。

最后,网格化备案审查模式的困难通常在于处理地域差异引起的规范冲突。不同地区因文化、经济、社会背景的差异可能形成不同的社会规范,当这些地域性强的规范在更广泛的范围内或国家层面上进行统一审查时,可能难以找到一个平衡点来解决这些差异造成的冲突。这种模式下,地域间的差异和特殊性可能被忽略,从而影响规范的适用性和公平性。

(三)确立分种类,多层级的备案审查制度

建立一个分种类、多层级的社会规范备案审查制度对于有效管理和监督社会规范具有重要意义。这样的制度可以更好地应对社会规范的复杂性和多样性,确保各类规范都能得到适当的处理,并适应不同地区和群体的具体需求。

一方面,应当制定明确的分类标准,将其他社会规范按照其性质、影响范围、制定主体等因素进行细分。每个类别下的规范应由相应的部门负责备案审查,以确保专业性和针对性的管理。

另一方面,应当制定多层级审查的审查制度。由其他社会规范的制定机关如社区、村委会负责对社会规范进行初步的备案与审查,注意收集和审查最接近民众日常生活的规范,重点是规范的实用性和接受度。同时还需要上报地方人大常委会备案。这一层级的审查应更注重规范与地方实际情况相适应和与地方法规相一致。其次,需要提高网格化备案审查的客观性与公正性,可以考虑引入外部独立机构进行审查,或者由地方人大常委会在现有结构中增设审查团,提高专业性。具体而言,一是可以引入外部独立机构进行审查。设立或引入由法律专家、学者及行业专业人士组成的独立审查机构,这些机构能够提供更加客观公正的审查意见。独立机构可以定期对地方审查结果进行抽查,确保地方审查活动的合规性和标准的一致性。二是增设审查团队以提高其多样性

和专业性。地方人大常委会可以在现有结构中增设多元化的审查团队,团队成员除具备应有的法律知识外,还可以具备不同的专业背景和行业经验,以增强审查的全面性和针对性。这些团队可以针对特定领域或复杂问题进行深入分析和审查,确保所有社会规范都经过严格的专业评估。三是提升审查人员的法律知识和专业能力。定期为审查人员提供法律和相关专业领域的培训,更新他们对最新法律发展和审查技术的了解。四是派遣专员提供专业法律指导。地方人大常委会定期指派专员至居委会、村委会、行业组织和社会团体等基层审查主体,直接提供法律指导和支持。这些专员不仅负责指导,也负责监督和评估基层审查活动的合法性和有效性。五是建立定期审议和反馈机制。对于那些地方人大常委会不能明确判断是否与现行法律产生冲突的社会规范,应定期向全国人大常委会报告,由更高层级的法律专家团队进行审议。对于那些被发现与现行法律内容或精神相违背的社会规范,全国人大常委会应及时反馈,并指导地方审查机构和制定主体进行必要的修改和改正。通过这些改进,可以使网格化的多种类、分层级的社会规范备案审查方式更为有效和公正。

结　语

现代社会的突出特征表现在其高度的信息化、全球化和多元化。信息技术的迅猛发展打破了传统的时间和空间限制,全球化使不同国家和地区的人们更加紧密地联系在一起,而文化、经济和政治的多元化则使得社会结构更加复杂。这些变化对社会管理提出了更高的要求,传统的自上而下的管理模式难以应对快速变化的社会环境和多样化的社会需求。社会治理是一种相对现代的治理模式,它不仅是政府的责任,还与所有社会主体,如政府机构、商业组织、非政府组织、社区和个人等息息相关。这种模式强调的是"共治",即所有相关主体共同参与治理活动,通过对话和协商来形成决策和解决问题。

在分析社会管理与社会治理的不同模式时,可以清楚地看到社会治理的优势和其对现代社会发展的适应性。社会治理模式提供了一个更为广泛和包容的框架,这不仅有助于提高治理效率,还能更好地促进社会的整体进步。社会治理模式的根本在于其多元化的参与主体和基于规则的治理方式。这种模式鼓励和依赖于不同社会主体的积极参与,从而使治理过程更加民主化和科学化。政府不再是唯一的决策者,而是众多参与者中的一员,其角色从控制者转变为协调者和引导者。这种转变有助于政策的制定更加符合民众的实际需求和期望,也增强了政策执行过程的合理性和有效性。

在实施社会治理时,规则的建立和执行成为维护社会秩序的关键。通过公开透明的规则制定过程,社会治理确保了不同利益群体能在平等的基础上参与到社会活动中来。在此基础上的治理不仅提供了解决冲突的框架,也是预防冲突的重要工具。此外,规则提升了治理活动的预测性和稳定性,为社会发展提供了必要的稳定环境。

然而,社会治理面临的挑战同样不容忽视。多元化的社会主体意味着多样化的利益和观点,这在一定程度上增加了决策的复杂性和执行的难度。社会规范之间的冲突也在所难免,特别是在权力分配、价值观念、文化背景等方面存在差异的情况下。这些冲突不仅测试着社会治理体系的弹性，也挑战着社会整体的和谐与稳定。为了应对这些挑战，加强法治和规则的协调性是至关重要的。法治不仅提供了解决冲突的法律基础，还通过法律的普遍性和权威性来强化社会规范之间的和谐关系。通过加强法治的共识凝聚作用，探寻多元化社会规范和谐共处的积极因素，并以法律为中心加强规范之间的协调与整合，使社会治理模式能够更好地适应社会发展的需求。这不仅促进了社会治理结构的完善，也为社会的稳定和发展提供了坚实的基础。此外，通过建立和完善社会规范备案审查制度，可以确保各种规范在实施前经过充分的评估和调整，以减少规范实施过程中可能出现的问题。同时，通过协调社会规范之间的关系，确保它们不仅能够共存，而且能够形成合力，共同应用于社会治理中，也是现代社会治理模式成功实施的关键。这种协调不仅是规范之间的简单平衡，更是通过深入的对话、共识建设和法规整合，使不同的规范能够相互支持、相互补充，最终形成一个协同的治理体系。

参考文献

[1] 埃里克·A.波斯纳.法律与社会规范[M].沈明,译.北京:中国政法大学出版社,2004:10.

[2] 彼埃尔·德·塞纳克伦斯,冯炳昆.治理与国际调节机制的危机[J].国际社会科学杂志(中文版),1999(01):91-103.

[3] 卞辉.农村社会治理中的现代乡规民约研究[D].咸阳:西北农林科技大学,2015.

[4] 波斯纳.法律与社会规范[M].沈明,译.北京:中国政法大学出版社,2004:16,18.

[5] C.Л.采帕耶夫,段和珊.社会规范与社会关系[J].国外社会科学,1988(07):49-50.

[6] 蔡定剑.法律冲突及其解决的途径[J].中国法学,1999(03):49-59.

[7] 曹薇薇.后法典时代婚俗引致纠纷司法解决路径的审视和优化[J].东方法学,2023(02):179-194.

[8] 陈光.论法治社会建设中的多元规范及其结构[J].时代法学,2019,17(03):12-27.

[9] 陈寒非.乡村治理法治化的村规民约之路:历史、问题与方案[J].原生态民族文化学刊,2018,10(01):79-87.

[10] 陈金钊.多元规范的思维统合——对法律至上原则的恪守[J].清华法学,2016,10(05):32-50.

[11] 陈可.党内法规的功能定位和价值取向(上)[J].理论学习,2017(07):48-51.

[12] 陈来.西方道德概念史的自我与社会[J].山东师范大学学报:人文社会科学版,2019,64(05):1-11.

[13] 陈林林,严崴.公序良俗的法理分析:性质、类型与适用[J].南京社会科

学,2021(02):93-100.

[14] 陈佩. 社会自治中的纠纷解决机制研究 [D]. 北京:中共中央党校, 2016.

[15] 陈伟东,张彩云. 我国城市社区居民公约何以有效?——基于制度层级的分析 [J]. 北京行政学院学报,2023(03):70-79.

[16] 陈永奎,蓝晓宁. 法律与非正式规范的效应分析 [J]. 西北民族大学学报:哲学社会科学版,2006(01):52-55.

[17] 褚丽,彭凤莲. 道德与法律冲突的深层原因及消解的基本理路 [J]. 求索, 2013(12):88-90.

[18] 崔文星. 民法总则专论 [M]. 北京:法律出版社,2012:112.

[19] 道格拉斯•C. 诺思. 经济史中的结构与变迁 [M]. 陈郁,罗华平,等译. 上海:上海三联书店、上海人民出版社,1994:225-226.

[20] 迪特尔•施瓦布. 民法导论 [M]. 郑冲,译. 北京:法律出版社,2006:475-476.

[21] 董皞. 论法律冲突 [M]. 北京:商务印书馆,2013:39.

[22] 董鸿扬. 论社会规范 [J]. 学术交流,1988(05):105-109.

[23] 方洁. 论社团分担公共行政任务及其合法性 [J]. 浙江学刊,2020(03):115-123.

[24] 封丽霞. 制度与能力:备案审查制度的困境与出路 [J]. 政治与法律, 2018(12):99-113.

[25] 付子堂,等. 马克思主义法律理论的中国实践与发展研究 [M]. 北京:中国人民大学出版社,2020:15.

[26] 甘葆露. 道德概论 [M]. 北京:高等教育出版社,1990:106.

[27] 高景柱. 哈耶克视野中的自由与平等:一个批判性的考察 [J]. 中国人民大学学报,2020,34(05):89-99.

[28] 高俊杰. 论行业自治的正当性 [J]. 深圳大学学报:人文社会科学版, 2017,34(03):94-100.

[29] 公丕祥. 民俗习惯司法运用的理论与实践 [M]. 北京:法律出版社, 2010:3.

[30] 郭冰娜. 无规矩不自由 [J]. 红旗文稿,2017(03):38.

[31] 郭春镇,马磊.对接法律的治理——美国社会规范理论述评及其中国意义[J].国外社会科学,2017(03):113-124.

[32] 郭剑平.治理视野下民俗习惯与新农村建设研究[M].北京:中国政法大学出版社,2017:167-168.

[33] 郭剑平.关于我国公序良俗原则司法适用的法理思考[J].河南社会科学,2020,28(09):80-86.

[34] 郭薇,常健.行业协会参与社会管理的策略分析——基于行业协会促进行业自律的视角[J].行政论坛,2012,19(02):57-62.

[35] 郭晔.全面依法治国新时代的法治规范渊源[J].法制与社会发展,2022,28(02):5-27.

[36] 哈特.法律的概念[M].张文显,等译.北京:中国大百科全书出版社,1995:138-139.

[37] 哈耶克.法律、立法与自由[M].邓正来,等译.北京:中国大百科全书出版社,2000:54.

[38] 哈耶克.自由秩序原理[M].邓正来,译.北京:生活·读书·新知三联书店,1997:199-200.

[39] 韩升,张瑜.新时代社会治理共同体的价值共识凝聚[J].学习论坛,2021(05):73-79.

[40] 何勤华,袁晨风."公序良俗"起源考[J].南大法学,2022(04):40-61.

[41] 何士青,许英达.乡规民约塑造乡村善治的博弈论分析[J].武汉科技大学学报:社会科学版,2022,24(05):519-527.

[42] 黑格尔.法哲学原理[M].范扬,张企泰,译.北京:商务印书馆,1961(2021重印):2.

[43] 胡启忠.论民族地区的法律变通[J].西南民族学院学报:哲学社会科学版,2002(07):82-101,276.

[44] 黄涧秋."法律万能论"推动"盲目立规"[J].人民论坛,2008(19):40-41.

[45] 黄进.国家私法[M].北京:法律出版社,2005:10.

[46] 季卫华.社团规章的治理逻辑与法治依赖[J].天津行政学院学报,2015,17(06):98-103.

[47] 季卫华. 社团规章与合作治理 [D]. 南京:南京师范大学,2016a.

[48] 季卫华. 合作治理视域下社团规章的主要效力及其实施机制 [J]. 河北法学,2016b,34(03):111-120.

[49] 姜洪超,高庆荣. 道德修养 [M]. 北京:中国经济出版社,1990:8.

[50] 金炳华. 哲学大辞典 [M]. 上海:上海辞书出版社,2001:221.

[51] 敬乂嘉. 购买服务与社会治理 [M]. 上海:上海人民出版社,2016:2.

[52] 凯尔森. 法与国家的一般理论 [M]. 沈宗灵,译. 北京:商务印书馆,2013:156.

[53] (汉)孔安国,传. [唐] 孔颖达,等正义. 尚书正义 [M]. 上海:上海古籍出版社,1990:9.

[54] 雷磊. 法律规则的逻辑结构 [J]. 法学研究,2013,35(01):66-86.

[55] 李辰. 新时代乡村文化价值重构 [J]. 山东农业大学学报:社会科学版,2022,24(01):7,57-62.

[56] 李德旺. 作为职权转移机制的行政授权 [J]. 法学家,2023(03):161-174,195-196.

[57] 李红勃. 行业规章参与社会治理的理论证成与法治化路径 [J]. 中州学刊,2023(10):57-64.

[58] 李素芳,等. 社会道德规范 [M]. 北京:中国社会出版社,1998:6.

[59] 李天相. 市民公约在城市生态环境治理中的运用 [J]. 社会科学战线,2021(11):217-227.

[60] 李鑫. 法律原则适用的方法模式研究 [M]. 北京:中国政法大学出版社,2014:29.

[61] 李远龙,黄昊明. 会流转的财产——隆林彝族财产继承习惯法研究 [J]. 首都师范大学学报:社会科学版,2018(04):38-47.

[62] 李泽泉. 坚持以社会主义核心价值观引领文化建设 [J]. 红旗文稿,2021(02):34-36.

[63] 梁治平. 清代习惯法:社会与国家 [M]. 北京:中国政法大学出版社,1996:1.

[64] 梁治平. 法律的文化解释 [M]. 增订本. 北京:生活·读书·新知三联书店,1994:83.

[65] 林剑.社会规范领域中的义务与责任[J].学术月刊,2010,42(10):14-20.

[66] 林源.瑶族婚姻家庭习惯法中妇女权益保障价值论析[J].民族论坛,2018(01):12-19,24.

[67] 刘盼,彭薇,方晶.社会规范助推公众政策遵从——基于可循环餐具使用意愿的实验研究[J].中国行政管理,2023,39(10):109-120.

[68] 刘伟.正确认识我国经济发展大势[J].中国产经,2023(17):118-123.

[69] 刘艳红.公私法一体化视野下公序良俗原则的刑法适用[J].现代法学,2020,42(04):140-155.

[70] 刘洋.苗族理词:苗族地区基层社会治理的调适规范[J].贵州社会科学,2018(09):117-122.

[71] 刘银良."公序良俗"概念解析[J].内蒙古大学学报:人文社会科学版,2004(06):6-11.

[72] 刘颖.论社会规范在法治建设中的作用[J].暨南学报:哲学社会科学版,2016,38(03):1-10.

[73] 刘志刚.法律规范的冲突解决规则[M].上海:复旦大学出版社,2012:141-142.

[74] 刘志刚.法律规范冲突的解决方法[J].政法论丛,2014(05):3-14.

[75] 刘作翔.具体的"民间法"——一个法律社会学视野的考察[J].浙江社会科学,2003(04):19-26.

[76] 刘作翔.论建立分种类、多层级的社会规范备案审查制度[J].中国法学,2021(05):141-160.

[77] 刘作翔.构建分种类、多层级社会规范备案审查的具体机制[J].法学论坛,2022,37(02):45-59.

[78] 刘作翔.规范体系及其社会规范的研究价值和意义[J].法学教育研究,2023,41(02):3-22.

[79] 吕复栋.民俗习惯的司法适用[D].南京:南京师范大学,2014:71-87.

[80] 吕复栋,于佳虹.民俗习惯与国家法的冲突及解决[J].扬州大学学报:人文社会科学版,2014,18(03):39-43,58.

[81] 麻美英.规范、秩序与自由[J].浙江大学学报:人文社会科学版,2000

（06）：115-122.

[82] 马怀德. 我国法律冲突的实证研究 [M]. 北京：中国法制出版社，2010：17.

[83] 马克思，恩格斯.《马克思恩格斯全集》（第六卷）[M]. 北京：人民出版社，1961：291-292.

[84] 马克思，恩格斯.《马克思恩格斯全集》（第三卷）[M]. 北京：人民出版社，2002：329.

[85] 马克思，恩格斯.《马克思恩格斯选集》（第一卷）[M]. 北京：人民出版社 2012a：164.

[86] 马克思，恩格斯.《马克思恩格斯选集》（第二卷）[M]. 北京：人民出版社，2012b：684.

[87] 马克思，恩格斯.《马克思恩格斯选集》（第三卷）[M]. 北京：人民出版社，2012c：471.

[88] 马克思，恩格斯.《马克思恩格斯选集》（第四卷）[M]. 北京：人民出版社，2012d：558-559.

[89] 马克斯·韦伯. 论经济与社会中的法律 [M]. 张乃根，译. 北京：中国大百科全书出版社，1998：20-21.

[90] 马克斯·韦伯. 社会学的基本概念 [M]. 胡景北，译. 上海：上海人民出版社，2000：39.

[91] 莫广明. 中国共产党党内法规实施机制研究 [D]. 武汉：武汉大学，2020.

[92] 欧爱民. 党内法规的双重特性 [J]. 湖湘论坛，2018，31（03）：54-64.

[93] 欧炯明. 关于自觉性和自发性范畴 [J]. 云南社会科学，1999（S1）：35-39.

[94] 潘海生. 苗族理师在纠纷解决中的地位和作用——以婚姻纠纷为例 [J]. 凯里学院学报，2015，33（02）：76-79.

[95] 庞德. 通过法律的社会控制 [M]. 沈宗灵，译. 北京：商务印书馆，2009：27-29.

[96] 彭小龙. 规范多元的法治协同：基于构成性视角的观察 [J]. 中国法学，2021（05）：161-181.

[97] 齐飞．国家治理体系中的乡规民约［D］．北京：中共中央党校，2015.

[98] 秦正为．习近平"四个全面"战略布局的逻辑关系［J］．长白学刊，2015（03）：17-21.

[99] 曲艳红．我国民族地区传统社会规范的法治价值——一种多元视阈内的法学理论探讨［J］．满族研究，2019（04）：1-6.

[100]《人民日报》评论员．推进中国式现代化必须进行伟大斗争［J］．理论导报，2023（02）：20-21.

[101] 沈娟．冲突法及其价值导向［M］．北京：中国政法大学出版社，1993：6.

[102] 沈秀莉．论法律冲突及其消解——兼评《立法法》之相关规定［J］．山东大学学报：哲学社会科学版，2001（06）：54-60.

[103] 舒国滢．法理学导论［M］．北京：北京大学出版社，2019：100.

[104]（汉）司马迁．史记［M］．易行，孙嘉镇，校．北京：线装书局，2006：488.

[105] 宋保振．强化规范意识：建构社会主义法治体系的逻辑基点［J］．安徽行政学院学报，2015，6（02）：84-89.

[106] 宋才发，刘伟．发挥乡规民约在乡村治理中的法治作用［J］．河北法学，2020，38（06）：2-12.

[107] 宋小红．价值共识及其形成路径探析［J］．中国特色社会主义研究，2016（03）：64-69.

[108] 穗积陈重．法律进化论：习惯与法律［M］．曾玉，译．北京：中国法制出版社，2023：34.

[109] 孙玉娟．我国乡村治理中乡规民约的再造与重建［J］．行政论坛，2018，25（02）：46-49.

[110] 谭伟平，刘克兵．侗族习惯法和平理念在乡村治理中的作用探析［J］．长沙大学学报，2023，37（01）：37-43，56.

[111] 天津市和平区小白楼街道开封道社区［J］．社会与公益，2019（02）：37.

[112] 王安平，时克文．论领导道德规范的他律性和自律性［J］．理论探讨，1994（06）：47-48.

[113] 王昌林．深刻认识我国经济发展的底气、优势和机遇［J］．理论导报，2023（11）：53-56.

[114] 王乐．试论道德治理的三个阶段［J］．伦理学研究，2016（05）：78-82.

[115] 王利明. 良法与善治 [M]. 北京:北京大学出版社,2015:14-17.

[116] 王鸾鸾. 社会治理规范协同的宪法学分析 [D]. 武汉:中南财经政法大学,2022.

[117] 王启梁. 基层农村的规范体系与社会秩序的实现——基于法律人类学的视角 [J]. 广西民族学院学报:哲学社会科学版,2006(01):121-126.

[118] 王启梁. 国家治理中的多元规范:资源与挑战 [J]. 环球法律评论,2016,38(02):5-19.

[119] 王巍. 马克思道德概念的两种理解——基于《共产党宣言》的分析 [J]. 江西社会科学,2016,36(07):28-34.

[120] 王勇. 论党内法规的双重属性:硬法与软法 [J]. 沂蒙干部学院学报,2022(03):24-32.

[121] 韦志明,张斌峰. 法律推理之大小前提的建构及习俗的作用 [J]. 山东大学学报:哲学社会科学版,2009(02):23-30.

[122] 魏德士. 法理学 [M]. 丁小春,吴越,译. 北京:法律出版社,2003:49.

[123] 魏建国. 论转型期法律与其他社会规范之间的关系——以理论理性、实践理性为视角的分析 [J]. 社会科学研究,2010(04):74-78.

[124] 魏治勋. 民间法思维 [M]. 北京:中国政法大学出版社,2009:23.

[125] 温泽彬,李昱辰. 论备案审查意见的督促纠错功能 [J]. 西南政法大学学报,2024,26(01):14-26.

[126] 吴元元. 认真对待社会规范——法律社会学的功能分析视角 [J]. 法学,2020(08):58-73.

[127] 习近平. 在庆祝中国共产党成立 95 周年大会上的讲话 [M]. 北京:人民出版社,2016:25.

[128] 习近平. 高举中国特色社会主义伟大旗帜为全面建设社会主义现代化国家而团结奋斗 [N]. 人民日报,2022-10-26(001).

[129] 习近平. 习近平著作选读(第二卷)[M]. 北京:人民出版社,2023:226,381.

[130] 夏家善. 古代家规 [M]. 天津:天津古籍出版社,2017:1.

[131] 肖贵清,杨万山. 全面从严治党的时代意义及基本途径 [J]. 山东社会科学,2015(07):17-23.

[132] 熊节春. 善治的伦理分析 [M]. 北京:中国社会科学出版社,2014:14-16.

[133] 熊黎明. 坚持德治与法治相结合　促进社会和谐发展 [J]. 社会主义论坛,2023(12):10-12.

[134] 熊娜,段磊. 党内法规调整范围的政治性标准 [J]. 河南社会科学,2023,31(12):78-87.

[135] 徐加喜. 论行政执法的法源冲突及其解决途径 [J]. 政治与法律,2012(03):10-18.

[136] 徐秦法. 社会治理中的信仰价值研究 [M]. 北京:光明日报出版社,2010:20.

[137] 徐宗良. 道德问题的思与辩 [M]. 上海:复旦大学出版社,2011:16-17.

[138] 许宝君. 社区居民公约的制定逻辑及效力检视——基于两类公约的比较分析 [J]. 社会主义研究,2021(03):114-121.

[139] 杨丹. 少数民族习惯在行政诉讼中的作用、性质和使用指导原则 [J]. 湖北民族学院学报:哲学社会科学版,2017,35(02):62-67.

[140] 杨德群. 公序良俗原则比较研究 [D]. 长沙:湖南师范大学,2014.

[141] 杨德群,欧福永. "公序良俗"概念解析 [J]. 求索,2013(11):171-174,204.

[142] 杨文义. 农村社会治理现代化实践的法治路径探讨 [J]. 河南科技学院学报,2021,41(05):51-57.

[143] 杨之英. 着力实现法治和德治相得益彰 [J]. 新湘评论,2019(23):44.

[144] 于飞. 公序良俗原则研究 [M]. 北京:北京大学出版社,2006:20-21.

[145] 于飞. 基本原则与概括条款的区分:我国诚实信用与公序良俗的解释论构造 [J]. 中国法学,2021(04):25-43.

[146] 于飞. 《民法典》公序良俗概括条款司法适用的谦抑性 [J]. 社会科学文摘,2022,(10):109-111.

[147] 俞可平. 治理与善治 [M]. 北京:社会科学文献出版社,2000:5.

[148] 俞可平. 政治与政治学 [M]. 北京:社会科学文献出版社,2003:17.

[149] 俞可平. 论国家治理现代化 [M]. 北京:社会科学文献出版社,2014:68.

[150] 袁银传,郭亚斐.试论当代中国价值共识的凝聚机制[J].思想理论教育导刊,2018(07):74-78.

[151] 詹姆斯·N.罗西瑙.没有政府的治理[M].张胜军,刘小林,等译.南昌:江西人民出版社,2001:5.

[152] 张殿军,于语和.民俗习惯的司法适用:路径及其走向[J].重庆大学学报:社会科学版,2012,18(02):122-128.

[153] 张广利,刘远康.城市社区软法之治——以上海市Y居民区《住户守则》为例[J].长白学刊,2020(02):119-125.

[154] 张明新.从乡规民约到村民自治章程——乡规民约的嬗变[J].江苏社会科学,2006(04):169-175.

[155] 张文显.法理学[M].北京:高等教育出版社,2011:193.

[156] 张文显.法理学[M].北京:高等教育出版社,2018:66.

[157] 张一鸣.地方政府规章备案审查制度:历史与现实[J].齐齐哈尔大学学报:哲学社会科学版,2019(04):19-23,32.

[158] (清)张玉书,等.康熙字典[M].北京:警官教育出版社,1993:994.

[159] 中共中央党史和文献研究院.习近平关于城市工作论述摘编[M].北京:中央文献出版社,2023:149.

[160] 中共中央关于全面推进依法治国若干重大问题的决定[N].人民日报,2014-10-29(001).

[161] 中共中央文献研究室.习近平关于社会主义文化建设论述摘编[M].北京:中央文献出版社,2017:106.

[162] 中共中央宣传部,国家发展和改革委员会.习近平经济思想学习纲要[M].北京:人民出版社:学习出版社,2022:63.

[163] 中共中央宣传部,中央全面依法治国委员会办公室.习近平法治思想学习纲要[M].北京:人民出版社、学习出版社,2021:14.

[164] 中国社会科学院语言研究所词典编辑室.现代汉语词典[Z].第七版.北京:商务印书馆,2020:909,1403.

[165] 中国社团研究会.中国社会团体研究[M].北京:中国社会出版社,1992:4,7.

[166] 周赟.法理学[M].北京:清华大学出版社,2013:197.

[167] 朱锦红. 基层社会治理能力法治化路径探析 [J]. 中国市场, 2016 (37): 191-192.

[168] 朱力. 社会规范建设的困境——三种理性人的策略性选择 [J]. 探索与争鸣, 2009 (10): 44-48.

[169] 朱仕金. 中国古代乡约新探 [M]. 北京: 中国政法大学出版社, 2021: 77.

[170] 庄平. 社会规范系统的结构与机制 [J]. 社会学研究, 1988 (04): 7-16.